车联网项目
质量管理实战

李泳◎著

人民邮电出版社
北京

图书在版编目（CIP）数据

车联网项目质量管理实战 / 李泳著. -- 北京：人民邮电出版社，2023.7
ISBN 978-7-115-61122-2

Ⅰ．①车… Ⅱ．①李… Ⅲ．①汽车－物联网－质量管理 Ⅳ．①U469-39

中国国家版本馆CIP数据核字(2023)第017715号

内 容 提 要

本书首先讲述了车联网项目质量思维和质量能力基础架构；然后以一个车联网智能产品案例为切入点，详细介绍了如何分析需求、制订质量计划，以及硬件、固件、平台、Web端和APP端的交付过程；最后讨论了如何对产品进行质量评估。

本书适合测试人员、开发人员、软件质量保证人员阅读。

◆ 著　　　李　泳
　责任编辑　谢晓芳
　责任印制　王　郁　焦志炜

◆ 人民邮电出版社出版发行　北京市丰台区成寿寺路 11 号
　邮编　100164　电子邮件　315@ptpress.com.cn
　网址　https://www.ptpress.com.cn
　三河市祥达印刷包装有限公司印刷

◆ 开本：800×1000　1/16
　印张：19　　　　　　　　　　　2023 年 7 月第 1 版
　字数：422 千字　　　　　　　　2023 年 7 月河北第 1 次印刷

定价：89.80 元

读者服务热线：(010)81055410　印装质量热线：(010)81055316
反盗版热线：(010)81055315
广告经营许可证：京东市监广登字 20170147 号

前　　言

编写背景

在移动互联网时代，手机 APP 开始成为万物互联的智能产品。智能产品通常包括硬件传感器、嵌入式固件、大数据平台、Web 端和 APP 端。从功能上看，硬件传感器负责数据的采集。嵌入式固件通过无线网络对数据进行上报。数据到达网关后，由网关对数据进行解析和路由，然后大数据平台对数据进行分布式存储、计算和挖掘分析，并为上层应用程序提供数据接口。Web 端及 APP 端调用数据接口进行业务处理和信息展示。

整个产品开发过程分为软件开发和硬件开发两部分。硬件开发包括硬件设计、结构设计、外形设计、嵌入式开发、生产制造、质检等方面。软件开发包括平台开发、Web 开发、APP 开发，涉及架构设计、数据存储、接口定义、用户体验设计等内容。从以上内容可以看出，硬件和软件的结合丰富了应用的场景，同时开发规模、复杂度、场景环境等因素让智能产品的开发方式面临极大的挑战。要想发布一款成功的智能产品，需要软件开发团队与硬件开发团队密切协作，从需求设计开始，就保持软硬件功能高度对齐，并在开发过程中进行持续评审和验证，以确保软件与硬件在功能上匹配对应。这迫切需要一套完整的质量体系来指导和规范质量交付过程。

本书结合一个车联网智能产品案例，展示了如何构建软件与硬件一体化的质量体系。

基于这个质量体系模型，本书详细介绍了智能车载终端硬件、大数据平台、客户端程序的质量管控过程，并围绕这些过程，提供了软件与硬件的测试设计用例和开发脚本，帮助读者从头搭建产品质量体系，发布高质量的智能产品。

学习建议

这是一本写给项目经理、质量管理人员、测试工程师的书。学习本书需要具备一定的质量管理、测试设计实践经验，了解质量评估方面的知识。具体的学习建议如下。

- ❑ 思考如何对当前的产品质量成熟度进行评估。你可以先思考当前工作中产品的发布决策是如何做出的。如果由你负责评估产品发布，你会从哪些方面评估产品的成熟度？

- ❑ 对比和参考。本书是一本针对车联网产品质量体系的参考书，可以应用在类似的物联网产品上。在学习过程中，你也可以参考类似主题的其他资料。通过对比和参考同类资料，你可以更全面地学习和理解知识点，进而加强和巩固所学的内容。

本书内容

本书共 13 章。

第 1 章介绍车联网产品的特点、应用场景和面临的质量挑战，讨论车联网产品质量管理纲要。

第 2 章讨论车联网产品质量能力基础架构的关键元素。

第 3 章介绍车联网案例项目的需求。

第 4 章讲述项目质量计划。

第 5 章讨论硬件的评审和测试设计。

第 6 章讲述固件的评审和测试设计。

第 7 章介绍硬件生产质量与质检。

第 8 章讨论硬件售后质量管理。

第 9 章介绍平台评审和测试设计。

第 10 章讲述 Web 端评审和测试设计。

第 11 章介绍 APP 端评审和测试设计。

第 12 章介绍系统质量评估。

第 13 章讲述使用质量评估。

本书特色

本书具有如下特色。

- ❏ 全面,提供软件和硬件一体化的质量解决方案,全面覆盖硬件产品、大数据平台、Web 端和 APP 端的质量控制活动。

- ❏ 系统,覆盖组织级质量体系建设,包括团队构建、质量方法、度量分析和知识管理等内容。

- ❏ 实用,结合热门车联网产品,提供硬件、平台、客户端的测试设计,便于用户操作和应用,降低产品发布风险。

本书每章的内容虽有一定的联系,但相互独立,读者可以按照顺序阅读,也可以根据自己的兴趣选择性阅读相关章节。

服务与支持

本书由异步社区出品，社区（https://www.epubit.com）为您提供后续服务。

提交勘误信息

作者、译者和编辑尽最大努力来确保书中内容的准确性，但难免会存在疏漏。欢迎您将发现的问题反馈给我们，帮助我们提升图书的质量。

当您发现错误时，请登录异步社区，按书名搜索，进入本书页面，单击"发表勘误"，输入相关信息，单击"提交勘误"按钮即可，如下图所示。本书的作者和编辑会对您提交的相关信息进行审核，确认并接受后，您将获赠异步社区的100积分。积分可用于在异步社区兑换优惠券、样书或奖品。

与我们联系

我们的联系邮箱是 contact@epubit.com.cn。

如果您对本书有任何疑问或建议,请您发邮件给我们,并请在邮件标题中注明本书书名,以便我们更高效地做出反馈。

如果您有兴趣出版图书、录制教学视频,或者参与图书翻译、技术审校等工作,可以发邮件给我们;有意出版图书的作者也可以到异步社区投稿(直接访问 www.epubit.com/contribute 即可)。

如果您所在的学校、培训机构或企业想批量购买本书或异步社区出版的其他图书,也可以发邮件给我们。

如果您在网上发现有针对异步社区出品图书的各种形式的盗版行为,包括对图书全部或部分内容的非授权传播,请您将怀疑有侵权行为的链接通过邮件发送给我们。您的这一举动是对作者权益的保护,也是我们持续为您提供有价值的内容的动力之源。

关于异步社区和异步图书

"**异步社区**"是人民邮电出版社旗下IT专业图书社区,致力于出版精品IT图书和相关学习产品,为作译者提供优质出版服务。异步社区创办于2015年8月,提供大量精品IT图书和电子书,以及高品质技术文章和视频课程。更多详情请访问异步社区官网 https://www.epubit.com。

"**异步图书**"是由异步社区编辑团队策划出版的精品IT专业图书的品牌,依托于人民邮电出版社的计算机图书出版积累和专业编辑团队,相关图书在封面上印有异步图书的LOGO。异步图书的出版领域包括软件开发、大数据、人工智能、测试、前端、网络技术等。

异步社区

微信服务号

目　录

第 1 章　车联网项目质量思维……………1
- 1.1　车联网和 OBD 接口……………………2
  - 1.1.1　车联网………………………………2
  - 1.1.2　OBD 接口……………………………3
- 1.2　车联网终端产品………………………5
  - 1.2.1　前装 T-BOX …………………………5
  - 1.2.2　后装 OBD 产品 ………………………6
  - 1.2.3　后装 ADAS、DMS …………………6
  - 1.2.4　V2X 终端 ……………………………7
- 1.3　车联网应用场景………………………7
  - 1.3.1　车队管理……………………………9
  - 1.3.2　汽车金融风控………………………9
  - 1.3.3　汽车后服务…………………………10
  - 1.3.4　UBI …………………………………10
  - 1.3.5　道路和事故救援服务………………11
- 1.4　车联网功能架构………………………12
  - 1.4.1　管的功能……………………………13
  - 1.4.2　云的功能……………………………13
  - 1.4.3　端的功能……………………………14
- 1.5　车联网质量管理挑战…………………15
  - 1.5.1　开发模式挑战………………………16
  - 1.5.2　产品需求挑战………………………17
  - 1.5.3　产品设计挑战………………………17
  - 1.5.4　供应链挑战…………………………19
  - 1.5.5　产品测试挑战………………………20
- 1.6　车联网产品质量管理纲要……………22
  - 1.6.1　质量管理思维模型…………………22
  - 1.6.2　质量体系模型………………………23
  - 1.6.3　组织质量方针和目标………………23
  - 1.6.4　质量能力基础架构…………………25
  - 1.6.5　系统质量计划………………………26
  - 1.6.6　质量度量评估………………………28
- 1.7　小结……………………………………29

第 2 章　质量能力基础架构………………30
- 2.1　质量感知与范畴………………………30
  - 2.1.1　质量需求……………………………30
  - 2.1.2　质量定义……………………………31
  - 2.1.3　质量成本……………………………32
- 2.2　质量体系简介…………………………33
  - 2.2.1　质量体系的好处……………………33
  - 2.2.2　常见的质量体系……………………34
  - 2.2.3　质量与测试的区别…………………39
- 2.3　质量能力基础架构的组成……………39
  - 2.3.1　团队构建……………………………40

	2.3.2	过程定义	44
	2.3.3	技术与工具	47
	2.3.4	度量评估	50
	2.3.5	项目管理	52
	2.3.6	风险控制	53
	2.3.7	协同机制	53
	2.3.8	知识管理	54
2.4	质量能力进阶		55
	2.4.1	亡羊补牢阶段	56
	2.4.2	循规蹈矩阶段	56
	2.4.3	未雨绸缪阶段	57
2.5	小结		58

第 3 章 案例项目需求 60

- 3.1 项目背景介绍 60
- 3.2 项目总体需求 62
  - 3.2.1 基本要素 62
  - 3.2.2 使用场景 63
  - 3.2.3 业务需求 64
- 3.3 硬件需求分析 67
- 3.4 平台需求分析 68
- 3.5 Web 端需求分析 70
- 3.6 客户端需求分析 70
- 3.7 小结 72

第 4 章 项目质量计划 73

- 4.1 需求与质量目标 74
  - 4.1.1 需求回顾 74
  - 4.1.2 质量目标 74
- 4.2 质量团队 75
  - 4.2.1 质量改进部 75
  - 4.2.2 质量委员会 76
- 4.3 质量流程 78
  - 4.3.1 硬件质量控制 79
  - 4.3.2 软件质量控制 80
- 4.4 测试设计模型 84
  - 4.4.1 质量属性 84
  - 4.4.2 测试方法 85
  - 4.4.3 用户场景 86
  - 4.4.4 基于质量属性测试设计 87
- 4.5 测试执行策略 88
  - 4.5.1 测试阶段活动 88
  - 4.5.2 用例执行策略 89
- 4.6 产品质量评估 90
  - 4.6.1 内部质量验收 91
  - 4.6.2 外部质量验收 91
  - 4.6.3 使用质量验收 92
- 4.7 风险控制 93
- 4.8 小结 95

第 5 章 硬件评审与测试设计 97

- 5.1 质量需求 97
  - 5.1.1 用户关注点 97
  - 5.1.2 产品质量属性 97
- 5.2 硬件开发过程 98
- 5.3 需求与设计评审 100
  - 5.3.1 硬件需求评审 100
  - 5.3.2 硬件功能框图 101
  - 5.3.3 硬件设计评审 104
- 5.4 硬件测试工具 104
  - 5.4.1 硬件测试仪 104

  5.4.2 工装测试架 ················ 106
 5.5 硬件测试设计 ················ 106
  5.5.1 测试思维导图 ··············· 107
  5.5.2 功能测试 ················· 108
  5.5.3 可靠性测试 ················ 110
  5.5.4 兼容适配性测试 ·············· 114
  5.5.5 易用性测试 ················ 115
 5.6 小结 ······················ 116

第 6 章 固件评审与测试设计 ················ 117
 6.1 质量需求 ··················· 117
  6.1.1 用户关注点 ················ 117
  6.1.2 系统质量属性 ··············· 118
 6.2 固件开发过程 ················ 118
  6.2.1 程序编译过程 ··············· 119
  6.2.2 设备通信协议 ··············· 120
 6.3 需求评审与设计评审 ············ 121
  6.3.1 需求评审 ················· 121
  6.3.2 功能框图 ················· 124
  6.3.3 代码评审 ················· 125
 6.4 固件测试工具 ················ 130
  6.4.1 静态分析工具 ··············· 130
  6.4.2 OBD 模拟器 ··············· 130
 6.5 固件测试设计 ················ 131
  6.5.1 测试思维导图 ··············· 131
  6.5.2 数据协议测试 ··············· 132
  6.5.3 功能测试 ················· 134
  6.5.4 性能测试 ················· 140
  6.5.5 可靠性测试 ················ 142
  6.5.6 兼容性测试 ················ 144

  6.5.7 安全性测试 ················ 145
  6.5.8 可维护性测试 ··············· 146
 6.6 小结 ······················ 147

第 7 章 硬件生产质量与质检 ················ 148
 7.1 生产质量需求 ················ 148
  7.1.1 质量需求 ················· 148
  7.1.2 生产质量属性 ··············· 149
 7.2 供应商选择 ·················· 149
 7.3 生产加工质量协议 ·············· 154
  7.3.1 验收标准 ················· 154
  7.3.2 质保期 ·················· 155
  7.3.3 技术支持 ················· 156
  7.3.4 品质红线 ················· 156
 7.4 硬件生产过程 ················ 157
  7.4.1 生产过程 ················· 157
  7.4.2 纠正措施 ················· 162
 7.5 硬件出货验收 ················ 163
  7.5.1 缺陷等级 ················· 164
  7.5.2 抽样方案 ················· 164
  7.5.3 验收流程 ················· 167
  7.5.4 包装标准 ················· 167
  7.5.5 外观标准 ················· 167
  7.5.6 结构标准 ················· 169
  7.5.7 功能标准 ················· 169
  7.5.8 实车测试 ················· 170
 7.6 小结 ······················ 170

第 8 章 硬件售后质量管理 ················ 171
 8.1 售后需求概述 ················ 171
  8.1.1 售后重要性 ················ 171

8.1.2　售后服务内容……171
　　　8.1.3　售后质量指标……172
　8.2　售后服务流程……172
　　　8.2.1　售后人员职责……173
　　　8.2.2　问题等级定义……173
　　　8.2.3　问题处理流程……174
　　　8.2.4　问题描述要素……175
　　　8.2.5　售后管理规定……175
　8.3　售后常见问答……176
　　　8.3.1　设备安装……176
　　　8.3.2　使用问题……177
　　　8.3.3　离线排查……178
　8.4　不良品分析报告……178
　　　8.4.1　8D问题解决法……178
　　　8.4.2　8D报告……180
　8.5　质量改进措施……183
　　　8.5.1　订单需求配置……184
　　　8.5.2　生产质量度量……185
　　　8.5.3　鱼骨图分析……185
　　　8.5.4　质量标准化机制……186
　8.6　小结……186

第9章　平台评审与测试设计……187
　9.1　质量需求……187
　　　9.1.1　质量挑战……187
　　　9.1.2　质量属性……188
　9.2　开发过程……188
　9.3　需求与设计评审……191
　　　9.3.1　需求评审……191
　　　9.3.2　功能框图……192

　　　9.3.3　数据模型……193
　9.4　测试工具……196
　　　9.4.1　负载模拟器……196
　　　9.4.2　接口测试工具……196
　9.5　测试设计……196
　　　9.5.1　测试思维导图……196
　　　9.5.2　功能性测试……197
　　　9.5.3　性能测试……200
　　　9.5.4　可靠性测试……203
　　　9.5.5　安全性测试……206
　　　9.5.6　可维护性测试……207
　9.6　模拟器工具开发……208
　　　9.6.1　工具原理……208
　　　9.6.2　测试代码……209
　9.7　小结……214

第10章　Web端评审与测试设计……215
　10.1　质量需求……215
　　　10.1.1　用户关注点……215
　　　10.1.2　质量属性……216
　10.2　开发过程……216
　10.3　需求与设计评审……218
　　　10.3.1　需求评审……218
　　　10.3.2　功能框图……219
　　　10.3.3　代码评审……220
　10.4　测试工具……221
　　　10.4.1　功能测试工具……221
　　　10.4.2　性能测试工具……222
　10.5　测试设计……223
　　　10.5.1　测试思维导图……223

		10.5.2	功能测试……224
		10.5.3	性能测试……226
		10.5.4	可靠性测试……227
		10.5.5	兼容性测试……228
		10.5.6	安全性测试……229
		10.5.7	易用性测试……231

- 10.6 测试脚本开发……231
  - 10.6.1 API 测试……231
  - 10.6.2 UI 测试……234
- 10.7 小结……239

第 11 章 APP 端评审与测试设计……240

- 11.1 质量需求……240
  - 11.1.1 用户关注点……240
  - 11.1.2 质量属性……241
- 11.2 开发过程……241
- 11.3 需求与设计评审……242
  - 11.3.1 需求评审……243
  - 11.3.2 功能框图……244
  - 11.3.3 代码评审……244
- 11.4 测试工具……245
  - 11.4.1 功能测试工具……245
  - 11.4.2 车机消息模拟器……246
- 11.5 测试设计……246
  - 11.5.1 测试思维导图……246
  - 11.5.2 功能测试……247
  - 11.5.3 性能测试……248
  - 11.5.4 可靠性测试……250
  - 11.5.5 兼容性测试……251
  - 11.5.6 安全性测试……251
  - 11.5.7 易用性测试……252
  - 11.5.8 探索测试……252
- 11.6 测试脚本开发……253
  - 11.6.1 接口测试脚本……253
  - 11.6.2 业务响应时间脚本……257
  - 11.6.3 UI 测试脚本……258
- 11.7 小结……260

第 12 章 系统质量评估……261

- 12.1 评估目的……261
- 12.2 质量需求……261
  - 12.2.1 内部质量需求……262
  - 12.2.2 外部质量需求……262
- 12.3 模型选择……263
- 12.4 度量选择……264
  - 12.4.1 评价等级……264
  - 12.4.2 度量指标……265
- 12.5 测试结果……266
  - 12.5.1 硬件测试结果……266
  - 12.5.2 固件测试结果……267
  - 12.5.3 平台测试结果……268
  - 12.5.4 Web 端测试结果……268
  - 12.5.5 APP 端测试结果……269
  - 12.5.6 缺陷管理……269
- 12.6 质量评分……270
  - 12.6.1 评分等级……271
  - 12.6.2 评分结果……271
  - 12.6.3 质量仪表盘……272
- 12.7 发布交付……273
- 12.8 小结……274

第 13 章 使用质量评估 ·················· 275
13.1 使用质量模型 ·················· 275
13.1.1 质量模型 ·················· 275
13.1.2 质量需求 ·················· 276
13.2 用户验收准则 ·················· 278
13.2.1 硬件验收准则 ·················· 279
13.2.2 软件验收准则 ·················· 280
13.3 验收测试用例 ·················· 281
13.3.1 硬件测试用例 ·················· 281
13.3.2 软件测试用例 ·················· 283
13.3.3 用户调查问卷 ·················· 287
13.4 验收测试实施 ·················· 288
13.5 质量评估 ·················· 289
13.6 小结 ·················· 290

第1章　车联网项目质量思维

在 5G 时代，物联网的重要应用之一就是车联网。车联网也被视为物联网体系中有产业潜力、市场需求明确的领域之一，具有广阔的发展空间。

车联网产业是汽车、电子设备、信息通信、道路交通运输等行业深度融合的新型产业，是信息化与工业化深度融合的重要方向，是全球创新热点和未来发展的制高点。车联网目前从国家标准层面完成了顶层设计，成为大力发展的重要新型基础设施。智能汽车已成为全球汽车产业发展的战略方向，未来汽车产业发展的主要任务就是构建一个完善的智能汽车产业生态体系，并强调要积极推进车载高精度传感器、车规级芯片、智能操作系统、车载智能终端、智能计算平台等产品的研发与产业化。

巨大的市场潜力让车联网成为产业关注的重点对象。OEM（Original Equipment Manufacturer，原始设备制造商）车厂、操作系统提供商、车载智能硬件厂商、TSP（Telematics Service Provider，车载信息服务提供商）、通信运营商、车载方案芯片提供商等企业都融入了产业链之中。

车联网提供的服务覆盖了新能源车监管、智能联网、车队管理、UBI（Usage-Based Insurance，基于使用量而定保费的保险）、V2X（Vehicle To Everything，车辆与万物互联）车路协同等场景需求，并通过对路况、车况和驾驶行为等车辆大数据的采集与分析，在云端绘制了人、车、路的数字画像，为智慧城市、智慧交通、创新保险、汽车金融风控等赋能。

1.1 车联网和 OBD 接口

汽车的天然属性就是移动。现在汽车已经成为除手机之外的最大的移动消费终端,车联网的愿景就是打造汽车生活生态圈,为传统的汽车插上互联网的翅膀,让人们的汽车生活更加美好。

1.1.1 车联网

车联网是物联网在汽车领域的一个垂直应用场景。它是汽车信息服务、汽车电子、通信技术、信息技术的有机结合,车联网不仅把车与车连接在一起,它还把车与行人、车与路、车与基础设施(信号灯等)、车与网络、车与云连接在一起,并以汽车为载体开展服务,实现人、路、车的有效协调。

在技术上,车联网主要依托移 4G/5G 无线通信技术、GPS(Global Positioning System,全球定位系统)位置服务、汽车 CAN(Controller Area Network,控制器局域网)总线传感器、摄像头、雷达等完成车辆行驶状态与周边环境的采集、数据的传输与处理工作。把数据上传到车云平台之后,进行数据分析和挖掘,为产业链后端广阔的汽车后服务市场提供维修、保养、保险、金融风控、车队管理等服务。

从功能上来说,车联网可以提供以下服务。

- 位置服务,以导航为主,包括路况查看、出行服务。
- 安防服务,包括车辆的防盗、事故救援等。
- CAN 数据服务,包括车况检测、获取故障码、里程油耗信息。
- 辅助驾驶服务,包括疲劳驾驶预警、盲区预警。

位置与服务和安防服务是车联网的早期应用,通过加装各种 GPS 定位设备实现。CAN 数据服务通过 T-BOX(Telematics BOX,车载远程信息处理器)和 OBD(On Board Diagnostics,车载诊断)设备实现。对于辅助驾驶服务,需要安装 ADAS(Advanced Driver Assistance System,

高级司机辅助驾驶系统）终端、DMS（Driver Monitor System，驾驶员检测系统）终端、C-V2X车路协同终端。

另外，车联网还提供智能座舱系统，这是主车厂和车联网提供商打造的前装智能座舱系统，包括车载信息娱乐系统、驾驶信息显示系统、显示终端、车身信息与控制系统等。

1.1.2 OBD 接口

智慧感知是车联网终端重要的功能之一。如图 1-1 所示，OBD 接口是汽车对外开放的数据接口。通过这个接口，车联网终端可以感知并采集汽车 CAN 总线上的各种数据。

图 1-1 车辆 OBD 接口

20 世纪 90 年代初期，SAE（Society of Automotive Engineers，汽车工程师协会）和 ISO（International Organization for Standardization，国际标准化组织）发布了一套标准，描述了 ECU（Electronic Control Unit，电子控制单元）和诊断扫描工具之间的数字信息交换。所有符合 OBD-II 标准的车辆都需要使用标准诊断连接器（SAE J1962），并通过标准 OBD-II 通信协议之一进行通信，OBD-II 首次在 1994 年引入，随后成为所有汽车和轻型卡车要满足的基本要求。

OBD 接口最初旨在通过监测主要发动机部件的性能减少尾气排放，要求各汽车制造企业按照 OBD-II 的标准提供统一的诊断模式。OBD 接口是汽车总线系统中唯一对外开放的端口。车辆 OBD 接口位置一般在仪表盘下方。车辆年检就是通过这个接口进行汽车故障诊断的。OBD 接口就像心电图的采集器，车联网终端通过 OBD 接口可以连接汽车内部的 CAN 总线，通过持续不断地感知车辆数据（包括故障码）评估车辆状况。

OBD 接口提供了一种访问多种类型数据的标准方法。OBD 接口能获取以下车辆数据。

- 实时参数，转速、速度、踏板位置、点火提前角、气流速度、冷却液温度等。
- "检查引擎"灯的状态。
- 排放控制系统状态。
- 冻结帧，故障事件发生时的参数快照。
- DTC（Diagnostic Trouble Code，诊断故障码）。
- 氧传感器测试结果。
- VIN（Vehicle Identification Number，车辆识别码）。
- 点火循环次数。
- 开启 MIL（Malfunction Indicator Lamp，故障指示灯）后行驶的里程数。

基本的 OBD 系统由一个 ECU 组成，如图 1-2 所示，它获取来自各种传感器的数据，如故障指示灯可为车主提供故障预警。现代车辆可以提供数百个参数，可以通过 DLC（Diagnostic Link Connector，诊断链接连接器）读取这些参数。通过将 OBD 设备与用户的汽车绑定，用户在手机客户端就能实时获得车况指数，实时监控车辆的行驶数据，精准统计行驶里程和油耗，分析驾驶中的急加速和急减速行为，从而改善驾驶习惯，让日常驾驶更安全。

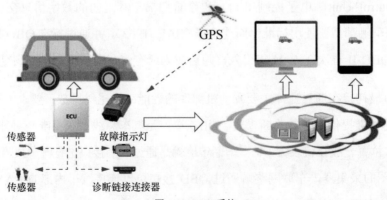

图 1-2　OBD 系统

1.2 车联网终端产品

随着信息技术的发展,出现了诸如汽车共享、网约车平台、快递物流、车联网保险、远程监控、紧急救援等多元化服务的模式。

按照汽车车载产品的装配环节,车联网产品主要分为前装 T-BOX 和后装 OBD 产品两大类。前装 T-BOX 属于汽车原厂配置,而后装 OBD 产品主要由汽车经销商、保险公司或电信运营商等后服务供应商提供。不论是前装设备还是后装设备,都用于为了获取数据,为用户提供各种用车服务。

1.2.1 前装 T-BOX

前装设备指汽车在出厂时就会安装的设备,典型的前装设备有 T-BOX 和中控屏。通常前装设备会连接车辆 CAN 总线,直接读取车辆传感器的数据。

T-Box 是汽车上用于控制和跟踪汽车状态的一台嵌入式计算机,通过 LTE(Long Term Evolution,长期演进技术)通信模块、GPS 模块、CAN 总线模块等提供路况、导航、车况信息、中控服务等,如图 1-3 所示。

图 1-3 T-BOX

T-BOX 可以实现汽车门、窗、灯、锁、喇叭等远程控制功能,如在夏季和冬季,可以提前通过手机客户端启动车辆的空调,当车辆被盗时,远程关闭发动机。

1.2.2 后装 OBD 产品

后装设备指汽车在出厂时,由汽车 4S 店或修理厂加装的设备。典型的后装设备包含 OBD 设备、胎压监测系统、智能后视镜、行车记录仪等。连接 OBD 接口的设备分为两种,分别是 OBD 终端设备以及 OBD 仪器,如图 1-4 所示。两种设备在产品形态、可获取的数据维度上均有区别。汽车检测 4S 店的专用 OBD 仪器能够读取更多的车辆数据。

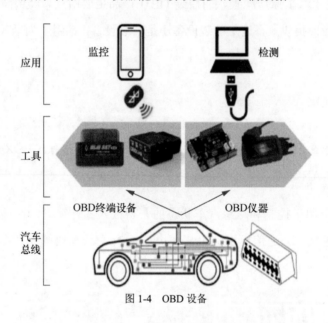

图 1-4　OBD 设备

后装的 OBD 设备不仅可以获取车辆数据,包括车速、发动机转速、水温、电瓶电压等,还可以通过计算获取一些数据,对驾驶行为(包括超速、急加速、急减速、疲劳驾驶等)进行分析。

1.2.3 后装 ADAS、DMS

ADAS 通过在车辆上加装的多个摄像头,收集车辆行驶过程中的图像数据。ADAS 利用智能算法进行物体的动态识别,对驾驶人员进行危险预警,提高汽车驾驶的安全性和舒适性。

DMS 通过实时识别司机的驾驶状态，对当前各种危险驾驶行为以及疲劳驾驶行为进行提醒，降低事故发生的概率。

1.2.4　V2X 终端

V2X 是新一代车联网无线通信技术，实现了车与人、车与车、车与路、车与物的网络连接和数据交换，如图 1-5 所示。加装 V2X 终端后，汽车可以与各种交通基础设施（如信号灯）进行通信，提供盲区预警、交通路口诱导等主动、安全的服务。在城市云计算系统的支持下，我们可以随时了解整个城市的交通流量、拥堵状况，并对所有道路车辆进行路径规划，改善城市交通状态，并大幅度地降低交通事故发生的概率。

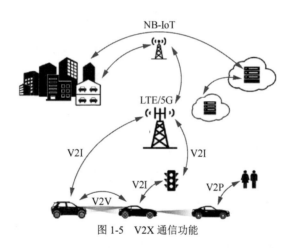

图 1-5　V2X 通信功能

1.3　车联网应用场景

近几年，车联网成为市场的热点，各种涉车的场景层出不穷。其中，打车应用更热门。

车联网的应用场景应该是针对车辆构建的商业模式。当车辆联网之后，汽车的运行状态信息都会传到云端，根据这些信息，为车主提供汽车保养、维修、保险、加油等服务。例如，当车辆仪表盘出现了一个故障码后,服务后台人员会收到告警提醒,主动联系车主,为他提供维修保养和安全指导。

本书所提到的车联网商业模式是围绕 OBD 设备展开的,车辆需要加装一个 OBD 硬件来获得各种服务。对于车联网厂商来说,有 3 种商业模式。

- 销售硬件设备:把 OBD 设备卖给车联网的下游客户,如企业车队、电信运营商、4S 集团、渠道厂商等。在国外,OBD 设备的主要使用者是个人车主,车主通常会购买一个蓝牙 OBD 设备或诊断仪器以协助进行车辆的维修。

- 收取平台服务费:平台服务通常按年收费,服务费可能包含或者不包含设备价格。一般由车联网运营商为车主提供各种用车、管车等服务,如车队管理等。

- 数据运营和广告营销:通过对车联网数据的分析,提供某种个性化的服务。目前有巨大潜在市场空间的是车联网保险,如基于用户的里程和驾驶行为为用户提供个性化的保险。

在车联网大数据应用领域,汽车数据的边界就是用户的生活边界,当前车辆数据包括用户信息、车辆基本信息、车辆保养信息、车辆保险信息、车辆行程信息、车辆状况信息。从内容上看,当前车辆数据大致可分为以下 3 类。

- 车身基础状况数据和故障码,可用于实现远程诊断,提高整车性能,降低维修费,为续保、维修保养提供依据。同时可以进行数据挖掘,如用户续保行为分析、车辆维修行为、车辆保养的平均里程数、车型故障排名,为用户用车提供更好的体验。

- 路的数据(包括交通、路况信息、停车分布、市政建设等),利用这些数据对城市拥堵进行评价,对拥堵成因及解决对策进行研究,为公众出行提供建议。比如,从车内空调和雨刮器数据可以得到天气信息等,统计事故发生的时段,如 8~9 点、12~13

点、17～19 点等。当用户驾驶车辆时，可以按照车辆的速度推送场景化的音乐，高速时提供激情澎湃的乐曲，拥堵时提供舒缓音乐。

- 人的数据（包括车主驾驶行为数据、事故车主人群画像），与保险公司出险数据结合，可用于有效地识别欺诈，进行赔付风险管控，如车辆事故后，调取车辆轨迹并进行数据分析，以此作为调查举证的依据。

车联网是汽车消费的入口，车主通常不会主动为多出来的硬件成本和联网资费买单，需要与保险公司、4S 店、运营商等机构分摊多出来的成本。车主通过贡献他的个人信息和车况信息使用车联网服务。只有增加车联网用户数，车联网才能产生价值。而要增加用户数，需要整合保险公司、4S 店、内容商、网络运营商等。按照业务特征模式，汽车后服务市场中的车联网商业模式分为车队管理、汽车金融风控、汽车后服务、UBI 与道路和事故救援服务。

1.3.1 车队管理

车队管理系统可以帮助企业解决车辆管理难、司机管理难、运营成本高等难题，真正实现管人、管车、管成本的目的，让企业管理人员随时、随地快速管理车队，了解车辆的分布和使用情况。车队管理系统的核心功能包括车辆智慧感知（实时仪表盘、车辆跟踪、行车轨迹分段），车辆预警及关怀（碰撞、低电压、拖吊、电子栅栏、离线、故障、年检、保险及保养等提醒）。

1.3.2 汽车金融风控

汽车金融风控主要用于贷款汽车的风控管理。在汽车金融业务中，由金融公司先将贷款汽车发放到各 4S 店并销售，待汽车销售完成之后，各 4S 店再将款项还给汽车金融公司。目前，4S 店汽车销售普遍采用这样的模式，这种模式的弊端是 4S 店在车辆销售之后不主动及时结款，同时汽车金融公司也不知道具体的 4S 店的销售状态和进度，因此推出了汽车金融风控系统。当汽车金融公司将贷款车辆下放到 4S 店时，将在车辆上安装 OBD 设备。汽车金融公司通过

OBD 电子围栏使车辆只能在指定的区域移动，防止 4S 店之间互相串货。通过 OBD 设备的拔插状态、行驶轨迹等判断该车辆是否已经销售给最终用户，然后汽车金融公司主动发起催款，解决 4S 店车辆销售后不及时回款的问题。

1.3.3 汽车后服务

在新车销售时，把 OBD 设备作为随车销售的大礼包进行准前装安装。基于 OBD 的车联网系统为 4S 店构建一套覆盖售中、售后的客户服务体系，4S 店可以根据车辆里程、车况等信息进行客户关怀，为车主提供保养、维修、汽车用品等方面的服务。同时，基于车辆大数据分析，帮助汽车主机厂搜集车辆的反馈，分析出驾驶者对汽车性能的潜在要求。

1.3.4 UBI

目前车险现状是，大约 87.5%的优良车主在为 12.5%的劣质客户买单。在国内，车险公司对客户的风险识别能力较弱，不知道客户的出行状况、职业特征，更不知道哪些是好客户，哪些是风险客户。另外，车险定价模式先天有缺陷，当前主要按照从车因子收取保费，影响保费最大的因素是新车购置价，而从人因子几乎不存在。指定驾驶员基本上已经成为打折因子。据相关部门数据统计，80%以上的交通堵塞、交通事故是由不良驾驶行为（如超速、乱变道、乱插队、不打转向灯、疲劳驾驶、不系安全带、不按导向车道行驶、快车道低速行驶等）导致的。

车联网技术的应用成为推动传统车险向 UBI 发展的主要推动力，保险公司推出 UBI，UBI 可以理解为基于驾驶行为的车险定价。UBI 的理论基础是驾驶习惯良好的驾驶员应获得保费优惠，保费取决于对实际驾驶时间、具体驾驶方式等指标的综合考量。同时，当车辆发生事故时，车载设备记录下的事故速度以及相关信息会使得理赔评估和处理更有效率。通过一台插入车辆 OBD 接口的设备，车载设备可以在车主开车时直接监测其驾驶行为，包括行驶的里程数、一天的驾驶时段、行驶区域、急加速、急减速、急转弯等，如图 1-6 所示。保险公司对这些数据进行分析，并按照评估结果收取对应的保费。例如，跑长途的驾驶者的保费会比跑短程的驾驶者的保费高。在不能拒绝劣质客户的情况下，保险公司可以识别出他们，然后大幅提高保费，同时降低优质客户的保费。目前，国外一些保险公司（如美国的车险提供商 Progressive 与 Allstate 公司等）使用了 UBI。

对于保险公司，通过 OBD 设备获取的高质量数据实现精准的风险预判、定价以及理赔和欺诈的预防。保险公司也可以由此推出一些新的产品和业务形态，如里程保险、车辆轮胎险、新形态的盗抢险、基于用户行为的意外险、健康险等保险产品。通过综合地区和城市数据、驾驶习惯和出行习惯数据、位置数据、出险记录数据，并结合温度、雨雪、雷电等天气情况，为用户动态设计一些新的保险产品能够帮助保险公司发掘新的业务场景，提供更好的用户服务。

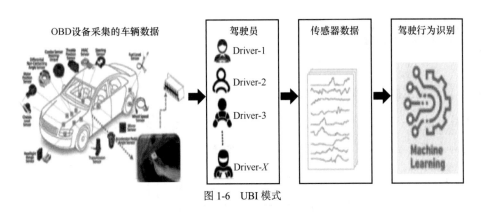

图 1-6　UBI 模式

UBI 的推广不仅可以为保险公司带来更多的利润，还可以引导驾驶人形成良好的驾驶习惯。

1.3.5　道路和事故救援服务

随着人们出行频率的增加，紧急车辆故障或事故出现的概率也增加了，道路和事故救援就显得很重要。道路救援指汽车道路紧急救援，主要帮助车主抢修故障车辆，提供诸如紧急拖车、吊车清障、现场维修、电瓶充电、更换轮胎等服务。事故救援指交通事故道路救援，包括伤员救治、道路疏导等。在车辆上加装 OBD 终端，当车辆发生碰撞后，设备会将数据上传到救援中心，车云平台对数据进行分析，主动发起救援服务并与司机确认具体情况，同时出险的用户可以通过客户端 APP 了解救援的进展状态,并对救援的过程和结果进行评价,如图 1-7 所示。

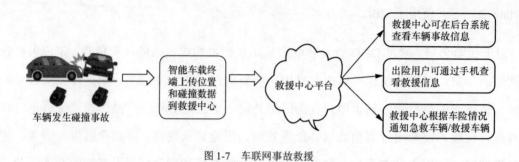

图 1-7　车联网事故救援

1.4　车联网功能架构

OBD 模式的车联网系统主要由 OBD 设备、车云平台、Web 管理服务、APP 服务模块组成,在逻辑上是一个典型的物联网系统,由数据采集、数据分析、数据展现等模块组成。对应的技术架构为"管-云-端"三层架构,功能架构如图 1-8 所示。

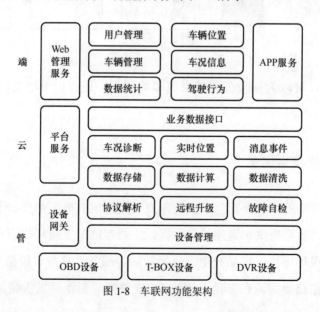

图 1-8　车联网功能架构

1.4.1 管的功能

车联网架构中的"管"表示通过具有无线通信功能的车载终端,实现车辆与云平台之间的信息交互(见图1-9)。利用蜂窝网络等通信技术,"管"层可实现车与车、车与路、车与平台、车与人等的全方位连接和信息交互。

管是汽车的入口,对应的产品是智能OBD终端,通过OBD终端,实现汽车智能感知。采集的主要数据有OBD数据、GPS数据、G-Sensor数据。OBD数据是最主要的,通过轮询汽车总线采集CAN线上的动态信息(如仪表盘信息、位置信息、故障信息、环境温度等信息),感知行车状态与环境。"管"层面的关键技术包括4G/5G车载蜂窝通信技术、汽车的智慧感知能力。

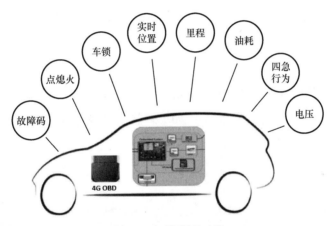

图1-9 车联网管的功能

1.4.2 云的功能

车云平台是车辆综合信息和服务中心,包括设备连接、车辆监控、数据服务等模块,如图1-10所示。设备连接模块是平台的入口,其功能是对接入的设备进行管理,对数据进行解析和转发。数据服务模块负责对解析的数据进行存储、计算、建模,进而为车辆业务管理模块提供车辆位置、状态、行为等接口服务,同时提供第三方的业务融合能力。

第 1 章 车联网项目质量思维

图 1-10 车云平台

1.4.3 端的功能

端是指用户信息展示和交互的业务端。这是用户的入口,分为 Web 端和 APP 端两部分。业务端的功能是为车主提高各种用车服务,如车辆监控/位置服务、安全服务、里程油耗/车务路线、数据报表服务等,如图 1-11 所示。

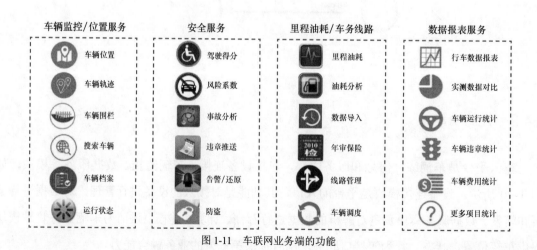

图 1-11 车联网业务端的功能

1.5 车联网质量管理挑战

当产品开发从移动互联网转入车联网之后,产品开发内容、形态、应用环境、使用场景等都发生了变化,这使企业在质量管理方面面临着严峻的挑战和考验。车质网曾经对车联网 APP 投诉做过统计,具体如图 1-12 所示。投诉最多的问题是功能无法使用,其他问题大多也和功能有关系。

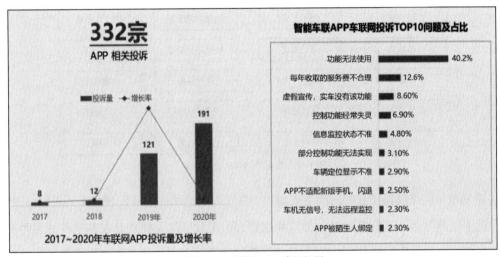

图 1-12 车联网 APP 常见问题

从功能架构上看,车联网和移动互联网似乎没有明显的区别。在终端层面,车联网使用车机终端接入,移动互联网使用手机终端接入。手机的操作系统对硬件的差异和能力进行了封装,为用户提供了统一的、标准的数据访问和展示界面,而车机则不同,需要按照特定的协议和平台通信,其中包括行业标准协议、企业私有协议、行业扩展协议等。这需要在平台侧进行额外的设备管理,进行相应的兼容适配测试。

从使用环境上看,车机是安装在车辆上的,手机是随身携带的,两者的使用环境不同。相对来说,车机的使用环境更加恶劣,受到温度、天气、地理位置、信号强度、路况等的影响。

下面从产品交付的角度介绍车联网质量管理所面临的挑战。

1.5.1 开发模式挑战

互联网的开发内容通常是纯软件的实现,几乎不涉及硬件的设计和开发,而车联网产品是带硬件终端的,因此硬件开发成了车联网中一个很重要的组成部分。通常车联网的服务供应商通过自研或者采购第三方硬件开发硬件。不论采用哪种方式,都无法绕过硬件带来的影响。图 1-13 展示了车联网产品的开发流程,车联网硬件开发额外的工作内容如图 1-13 中的虚线框所示。

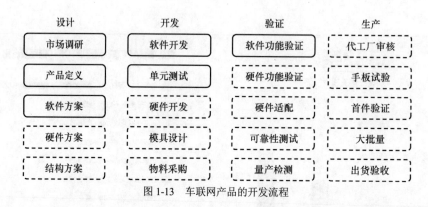

图 1-13 车联网产品的开发流程

快速发布与快速反馈是互联网的主要特点。在互联网纯软件的开发模式下,通过快速迭代,每周快速上线发布版,进行新功能的推广和试错。但车联网涉及硬件开发和软件开发两部分内容,这就要求在开发之前进行详细的市场调研和项目评审。在功能需求和产品设计明确后,才能够开始动手,否则会造成很多意想不到的问题。比如,硬件方案不支持软件展示的功能,软件需求变动需要修改硬件设计或元器件的选型,此类问题一旦发生,就会对产品团队产生巨大的影响。

车联网产品的软件团队和硬件团队是一个整体,需要进行大规模的协作。在这个过程中,需要使用详细的文档传递需求。在设计之前,进行严格的需求评审和设计评审。在研发过程中,软件团队和硬件团队要定期沟通,要严格控制需求变更,杜绝功能的变化导致对硬件进行反复修改。

车联网中相关硬件成本的投入和软件团队与硬件团队合作的问题目前很难单纯通过敏捷开发模式解决。

1.5.2 产品需求挑战

因为车联网产品涉及硬件，所以开发人员需要对需求进行严格的评审和变更控制。一旦确定设计方案，就要冻结需求。如果需求不明确，就会造成硬件成本的浪费、开发周期的失控。

追求功能完美是个巨大的陷阱，功能不是越多越好，尤其是做智能硬件开发，在进行产品定义时，不能想象得太完美。一旦超出自己的能力边界，时间和成本就会失控，因此首先需要定义一个具体的应用场景，满足客户的最小功能集合。

某公司曾经开发了市场上第一款 4G 车载设备终端，它带 Wi-Fi 功能，能够支持 5～6 人的热点连接。当时，这个产品是移动办公的天然载体，但没有注意的是，引入的 Wi-Fi 热点功能影响了流量管理。在初期使用时发现流量经常提前耗光，这导致车机的数据无法上报，遭到客户的投诉。这不仅需要额外开发流量监控、流量充值等功能，还要支持 Wi-Fi 密码和名称的修改等功能。从客户的使用场景上看，该设备终端一般用于公务车管理，没有热点的诉求管理，在设备上增加一个 Wi-Fi 模块，一方面增加了成本、降低了产品的竞争力，另一方面提高了管理开销，得不偿失。这对后续的开发也是一个教训，在随后的新产品上，Wi-Fi 作为一个选项，由客户选配。

1.5.3 产品设计挑战

本节介绍产品设计可能面临的挑战。

1. 硬件外观设计

硬件产品的工业设计一般通过委外进行。在和第三方设计机构沟通之前，团队内部需要明确思路，知道自己想要的产品是什么样的。团队对产品的卖点和使用场景及限制因素等有充分的考虑，能够在外形、材质、成本、工艺等方面进行综合评估和决策。同时，团队要和委托的设计师提前进行沟通，谨防承诺结果和设计结果有较大偏差。

2. 硬件结构设计

在设计硬件结构时要优先考虑性能因素。针对车载终端设备，射频、散热、GPS 定位信号、

LTE 通信信号、Wi-Fi 信号是关键的性能因素，在设计时需要重点规划。尤其是在车载环境下，因为车辆处于高速移动状态，所以对位置信息具有更加精确的要求。在高速移动状态下，对通信信号和定位信号也提出了较高的要求。

每辆车的 OBD 接口的位置有差异，在设计时尽可能使天线面朝车外，以增强信号的接收面积。同时，在安装上要考虑便利性和成本。有时为了节省成本会将主机和外接的天线设计为一体机，在遇到特殊的车辆时会无法走线。

另外，结构设计需要精准，单位要统一，开发板设计后要进行硬件和外壳组装验证。即使 2mm 的差别也会导致外壳无法紧密结合。

3. 硬件技术方案选型

通常激进的团队喜欢选择流行的技术和工具，保守的团队喜欢使用成熟的技术和工具。关于硬件技术方案，也存在类似的问题。硬件技术方案选型涉及主芯片方案和支撑的技术栈，相关的开发涉及 RTOS、Linux、Android 等技术栈。硬件原则上越成熟越好，但每个硬件厂家的主芯片都有生命周期，要注意芯片成熟后期的方案、存在的市场竞争风险和今后产品持续供货的问题。

要选择主流器件，如恩智浦（NXP）的 CAN 芯片是主机厂的主流方案，已被多家厂商应用，稳定可靠。原则上，不再考虑非主流的新方案，否则会带来较大的风险。同时，硬件的选型要能够支持产品量产的需要，例如，如果设备的关键芯片 MCU STM32 严重缺货并且价格涨幅较大，则需要考虑国产的 GD32 的备案，并提前进行验证与确认。

4. 产品功能设计

车联网产品在设计上需要考虑硬件、平台和客户端三者功能的对齐。以 4G 车载终端为例，最初硬件支持 Wi-Fi 功能，当客户发现流量消耗特别快的时候，提出应该可以在后台关闭该功能，在设计平台时没有考虑到这个需求。为了添加关闭 Wi-Fi 这个功能，在开发嵌入式软件时增加指令，在网关中添加指令解析，在平台中增加指令接口，在客户端增加操作界面，从下向上对整个系统都进行了修改，这对整个系统都产生了影响，开发人员在功能上重新进行了回归测试，否则会带来系统不稳定的风险。

软件版本发布后，部署的边际成本基本为零，但硬件在大规模量产后需要进行成本控制。若设计之初不考虑整机的成本和物料的通用性，则采购周期会很长，物料成本将会失控。

对于产品包装，不同的客户也需要区别对待。针对 2B 的客户，进行一般的产品包装即可；针对 2C 的客户，包装需要精心选择，在外包装上进行美化设计。

1.5.4 供应链挑战

供应链对于互联网来说是一个陌生的领域。元器件采购、生产工艺、贴片排期、组装生产等环节可能都会出问题，没有详细的计划和生产跟线，就无法确保交付的时间和质量。这也导致很多互联网厂商初次进入智能硬件领域之后碰得头破血流。通常在供应链方面，需要解决物料供应、成本控制、代工厂选择和评估等关键问题。

首先，要有可靠的物料供应链渠道资源，它们能够为产品硬件器件选型、样机、试产和量产提供物料上的保障。在软件领域内，找到有软件技能的人员；在硬件领域内，先要找专业的供应链人员，然后联系渠道供应商，为硬件团队提供各种元器件。

其次，需要建立完善的物料采购系统，要有常用物料库和备用料。在价格和供货周期上进行仔细评估，如果硬件方案成型之后物料短缺或周期拉长，则会对整个产品的交付产生致命的影响。另外，受到国际贸易的影响，进口元器件的价格涨幅较大，需要做好国产芯片的替换方案，以应对价格上涨带来的影响。对于同样规格的器件，应有很多不同的供应商。对于相同的供应商，元器件的产地不同可能会导致性能的差异，这一点尤其重要。例如，一个供应商提供的 LDR（Low Dropout Regulator，低压差稳压器）的温度有差异，经过几次客户投诉后，研发人员进行元器件的比对和追溯，发现该器件的规格和之前完全一样，但生产的批次和产地不同。

接着，对物料器件的来料检验进行严格把关和控制。在对产品进行大批量生产时，一定要对物料进行来料检验，对送样样品进行比较，对产品进行批量抽查检测，确保量产的元器件和样品是一致的，这样才能尽可能地避免隐患。例如，某方案商提供了一个新的 GPS 模块方案，模块测试报告中性能正常，样机测试效果还不错。然后，进行小批量生产，并在出租车上进行了两周实车测试，就在决定进行量产下单的时候，观察到测试车辆的轨迹开始出现问题，从第 13 天开始 GPS 没有数据了。回收设备后研发人员发现 GPS 模块没有数据输出，模块原厂的技术工程师进行定位分析后，没有明确的结果，最终放弃了这个 GPS 模块。

最后，严格控制硬件版本，原则上硬件发布后不再修改版本，否则库房将堆满了样机。

1.5.5 产品测试挑战

本节介绍产品测试时面临的挑战。

1. 测试对象和测试技术

互联网程序测试用例的设计在用户场景设计上是针对 C 端客户进行的，模拟用户的行为并进行操作，所需要的技术栈主要与手机和 Web 类的开发相关。而车联网则将这个技术范围和测试内容扩大了，测试人员需要测试车载硬件终端，需要了解基本的硬件常识、通信协议和串口命令等，需要使用万用表、示波器和频谱分析仪等工具。遇到车机路测的时候，会开车也成为一项基本技能。

2. 测试策略和方法

可以通过自动化测试提高互联网测试的效率，针对 APP 的适配性可以进行手机真机适配测试，整体的成本是可控的。而车联网产品的使用环境是汽车，要在不同的车型上安装产品，设备的兼容适配性将成为关键，而且必须进行实车的适配测试，这不但成本巨大，而且周期长。汽车的使用环境受到天气、道路状况、安装位置、GPS 定位信号等因素影响，可能会产生各种问题，这些问题无法避免，模拟软件只能进行有限条件下的功能验证，需要进行大量实车测试并通过收集数据验证。

3. 使用对象和数据访问方式

互联网的使用对象是 C 端真实客户。用户通常使用手机等客户端程序来浏览信息、提交评论和进行信息互动，大量的操作是读操作，这对数据库的查询性能提出了要求；而车联网需要处理两类数据，一类是来自硬件的车机数据，另一类是来自手机端和 Web 端的用户数据。

其中，车机数据需要按照一定的频率持续不断地提交，这对平台和数据库的性能提出了较高的要求，这也是和传统的互联网有较大不同的地方。

4. 缺陷修复成本

互联网公司的本质是商业性的，面对市场的竞争，喜欢追逐热点。互联网产品的特点是快速迭代，版本往往由时间驱动，这导致在最后上线之前没有时间进行细致的系统测试。即使之前没有做过单元测试，也匆忙上线。产品上线后，若出现问题，可以通过升级修复，其根本原因就是2C用户关注的是补贴和优惠，对一般的功能性问题容忍度较高。

同时，对于用户来说，互联网产品的缺陷修复基本是透明的。在热修复技术的支持下，用户几乎注意不到产品缺陷的修复，一切都是自动触发并完成的。

从商业模式来看，车联网主要针对B端客户。C端客户通常是个人用户。这两类用户的质量要求差别很大。B端用户是付费买家，对产品质量的容忍度非常低。一旦产品出现问题，就会造成较大的影响。小问题可能会引起客户投诉，大问题将会导致召回和索赔，并严重影响品牌和信誉。因为硬件是物理存在的，所以如果硬件发生故障，需要通过回收设备修复。这个过程涉及产品召回、工厂返修、验证测试、客户安抚等问题，并会产生巨大的成本。此类质量问题对于任何公司来说都会是一场灾难。

5. 测试环境和周期

在代码编写完成后，互联网软件产品就可以直接在本地环境下运行和使用。使用过程中发现的问题可以随时修复和升级。而车联网硬件产品需要进行外观设计、结构设计、电路设计等，PCB（Printed Circuit Board，印制电路板）贴片变为PCBA（Printed Circuit Board Assembly，印制电路板装配）后才能够开始进行软件的调试。整个过程试制成本高，周期长。同时，因为试制的样机数量少，所以无法通过工业流水线生产。

手工样机往往导致设备功能不稳定，在调试和定位上会花费很多时间。产品硬件方案封版后，将导入供应链并进行生产。在量产前还需要进行小批量首件验证，以确保后续大批量生产的质量。首件测试的时间限于1～2天。由于时间短，因此很难进行全面、系统的测试。如果硬件方案在前期没有经过详细的评审和工程样机的系统测试，一旦大批量生产，就会导致批量的问题，这个修复过程基本是不可逆的。

1.6 车联网产品质量管理纲要

车联网产品包括硬件和软件两部分。在功能设计上，车联网产品分为硬件设计、硬件生产、嵌入式软件开发、平台开发、Web 端开发和 APP 开发。车联网产品是一个非常复杂的系统。针对复杂的系统，需要借助方法论模型进行分解。

1.6.1 质量管理思维模型

我们尝试从道、法、术、器与例的维度建立质量管理思维模型，如图 1-14 所示。

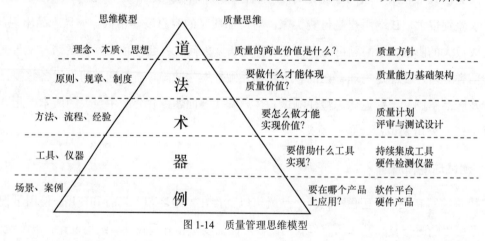

图 1-14　质量管理思维模型

道是理念和价值观，映射到质量管理上，就是质量的商业价值观，能够解决客户的哪些问题，具体表现就是组织的质量方针。

法是原则和规章制度，是"道"的实现保障，映射到质量管理上，就是质量体系和规范，具体表现就是质量能力基础架构。

术是方法和经验，是"法"的具体操作，映射到质量管理上，就是质量方法和实践经验，具体表现就是质量计划、评审与测试设计方法。

器是工具和仪器,是"术"的实施支撑,映射到质量管理上,就是各种质量工具和检测仪器,具体表现包括软件持续集成工具和硬件测试仪器等。

例就是应用场景和案例,是"器"的具体应用,映射到质量管理上,就是应用的产品。具体表现就是软件平台、硬件产品。

1.6.2 质量体系模型

基于质量管理思维模型,结合车联网产品的业务特征,建立一个抽象的质量体系架构。体系模型包括组织级质量方针、软硬件质量目标、质量能力基础架构、质量计划、硬件和软件的测试设计、软硬件系统度量、知识管理模块等,具体如图1-15所示。

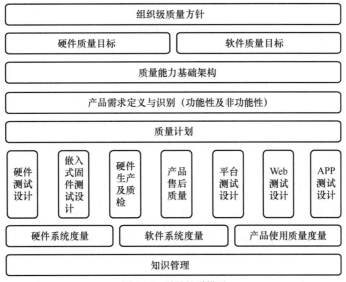

图 1-15 质量体系模型

1.6.3 组织质量方针和目标

1. 质量方针

质量方针是指组织的质量管理理念和思想,是在组织内开展质量活动的基本原则,是企业质量行为的指导准则。它表明了组织对质量的承诺和态度,需要在组织内部从上到下贯彻落实、执行。

对于产品来说,部分质量方针描述如下。

- 全员参与、持续改善,交付有竞争力的产品。
- 精益求精、持续改善,交付用户满意的产品。
- 客户至上、持续改善,交付性价比高的产品。
- 一次性把事情做好,交付让客户满意的产品。

2. 质量目标

质量目标是组织为满足市场要求和内部质量持续改进而进行的承诺,是质量方针的体现,也是组织内开展质量活动的指南和方向。在组织内制定质量目标时,首先通过了解组织内存在的问题针对性地制定对应的改进目标。部分问题样例如下。

- 当下产品存在的问题和缺陷导致客户投诉。
- 团队协作效率低下,产品生产效率低下。
- 产品不良率提高,质量修复的成本巨大。
- 和市场同类产品比较,缺乏竞争力。

其次,产品需要满足国家和行业标准的要求。然后,结合组织自身的产品业务特征,参考领域内同行的实践经验来制定。质量目标必须是具体的、可度量的、可达成的、相关的、有时间限制的。质量目标需要有一定的挑战性,如果能够轻易达成,开发人员就失去了促进持续改进的动力。

基于挑战,结合产品特征和功能模块,对车联网产品的质量目标进行分解,如图1-16所示。

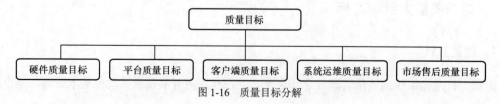

图1-16 质量目标分解

基于质量方针,以交付、有竞争力的产品为目标,对质量目标进行分解。硬件质量目标主要指硬件交付后开箱检验的合格率。

平台质量目标是指平台支持接入的车辆和用户数量,同时平台性能可以根据接入的车辆和用户数量进行扩展。

客户端质量指标是指手机端 APP 或 Web 的功能满足最终用户的使用要求。

系统运维质量目标是指产品的服务质量,包括部署和版本升级的活动。

市场售后质量目标指通过各种售后活动解决客户在使用过程中的各种问题。

以上只是部分质量指标,具体可以根据业务的需要进行增加和修改。

1.6.4 质量能力基础架构

产品或项目开发的通用元素包括人、技术、过程、工具。为了有效开展产品质量管理活动,需要尽快搭建一个质量能力基础架构,如图 1-17 所示。

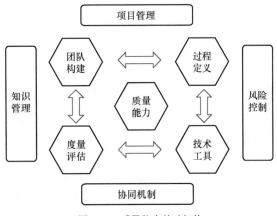

图 1-17 质量能力基础架构

首先,需要构建质量团队,定义团队的职能和职责,识别出质量人员的能力集,并开展招聘和评估。

其次,定义产品质量活动流程,作为团队人员日常沟通和工作的指导原则。

然后，根据产品的特点和团队的能力集，选择合适的开发技术栈和质量管理工具，提高开发效率，降低质量风险。

最后，持续不断地收集测试数据，促进产品的改善。

在这个过程中，需要从时间、资源、成本等方面对产品进行项目管理，并对过程成果进行整理和归档，完成知识的沉淀。同时，加强协调管理来提高团队间的协作效率，并通过风险管控发出预警，降低产品发布后面临的风险。

1.6.5 系统质量计划

车联网产品涉及硬件设计、嵌入式开发、生产制造、平台架构、Web 开发、APP 开发等方面的内容。质量管理覆盖硬件开发、软件平台开发、供应链采购和生产、售后服务等环节。需要定义系统级的质量计划，从整体上来考虑产品的质量需求，并开展有针对性的评审和测试设计来降低发布风险。

1. 质量计划

在制订质量计划时，最关键的是识别产品的质量属性，并建立产品功能、质量属性、质量子属性、测试方法、度量方法的映射关系，以提高质量活动的有效率和覆盖率。

质量是由一系列的特征属性组成的。正如评估一个人的健康情况一样，我们做体检时医生会从外部和内部两方面检查。外部检查也称为显性检查，是外在的、可以观察到的，如耳、鼻、舌、牙的状况等；内部检查包括 CT、血压、血检等项目。但这只能从物理上评估身体情况，要完整地评估一个人的健康状况，还需要从隐性部分入手，这就是心理评估。心理状况看不见、摸不着，也无法简单地使用仪器测量，但这是影响个人身体健康的重要因素。因此，要完整地评估一个人的健康状况，需要找出影响健康的各种特征因素。

车联网产品的质量评估也类似，若要全面地评估产品质量，需要提前识别出影响产品质量的各种属性。组织的质量方针和质量目标为质量评估指明了方向。在具体操作中，需要将质量目标转换为具体的质量实施策略，把质量目标转换为具体的质量属性。我们以市场质量目标为例来进行说明，站在客户使用的角度考虑车联网产品的一些需求。部分需求如下。

- 稳定性。车载设备能够在不同的路况、天气下稳定上报数据，当处于通信信号盲区时，能够自动存储数据并进行事后的上报。

- 安全性。车载设备安装到车辆上，不会引起车辆故障等。

- 效率。在功能上保证时效性，主要体现在车辆电瓶电压不足后，用户能够及时收到提醒更换的消息。若使用在金融风控设备上，当设备被拆除后能够第一时间报警。同时，设备可以实时上报车辆的位置、状态、行程等信息，让车主了解自己的驾驶行为、行驶里程和油耗等情况。

- 智能性。主要体现在数据的算法分析结果对不同用户是可读的、准确的，比如，给车主提供的故障码不应该包含大量专业词汇。通过对故障码的分析，车联网产品能告知车主故障的影响程度，并提供远程的诊断支持。

提取客户需求，归纳为质量特征，在质量指标和质量特征之间建立关联。然后，对质量特征进行细化，在参考 ISO/IEC 25010 系统和软件质量模型的基础上，为质量特征和质量属性建立映射关系，并对质量属性进行分解，进一步细化质量属性的统计粒度。这就为组织的质量方针和质量指标与质量属性建立了关联，为具体的质量设计提供了方向和指导，如图 1-18 所示。

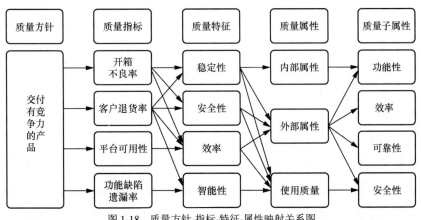

图 1-18　质量方针-指标-特征-属性映射关系图

按照这种方式，分别针对车联网产品硬件、嵌入式固件、平台、Web 端、APP 端等模块开展质量属性的设计方法，对研发内部质量、产品系统质量、用户使用质量等方面开展全面的评估。

2. 评审与测试设计

在质量体系模型中，测试设计内容主要指硬件测试设计、嵌入式固件测试设计、硬件生产及质检、产品售后质量、平台测试设计、Web 测试设计、APP 测试设计。

相关的质量活动如下。

- 评审。这是质量管理的重要手段，尤其是针对前期的产品需求、系统设计和质量计划等内容要进行重点检查和评估，以便在早期发现问题，降低后期的修复成本。车联网产品的评审可以参考业界一些现有的标准。

- 测试设计。也就是说，为具体的测试活动执行提供操作指南。在设计之前，需要熟悉产品需求规格说明书，并对需求进行评审。同时，需要对市场上同类产品进行分析和调查，了解这类产品的功能说明和操作流程。把这些信息作为测试设计的输入。提取产品需求规格说明书中的功能点作为产品测试检测点，对这些产品需求进行优先级的划分，根据重点的功能识别出产品的质量属性，并应用相关的测试方法开展测试设计。另外，基于产品的使用场景和失效模型完善测试用例。

- 确认和验证。目的是确认过程或项目的每个工作产品正确地反映了定义的要求。通过执行不同类型的测试用例确认功能、资源效率、稳定性、兼容性等质量属性的满足程度，记录验证活动的结果。

1.6.6 质量度量评估

质量度量评估的目的是度量产品需求满足客户的程度，即度量是否达到产品设计的标准并满足客户真实场景下的使用。车联网产品的质量评估包括软硬系统质量度量、产品使用质量度量两方面，它们分别从系统质量、使用质量两个维度全方位评估产品质量成熟度。

在操作过程中，需要先识别出产品的各种质量属性，明确度量的对象和度量指标，然后通过执行对应的测试用例搜集测试数据，并进行数据分析，参考业内的质量标准——ISO/IEC 25010 质量评估模型来对产品开发过程质量和用户使用质量进行系统评估，为发布产品提供参考和依据。如果公司产品质量标准高于市场同类产品的质量，那么产品质量将成为影响市场竞争力的重要因素。

1.7 小结

本章首先介绍了车联网的基本定义，然后介绍了常见的车联网终端产品，并对其商业模式进行了详细描述。结合车联网产品的特点，从开发模式、产品需求、产品设计、供应链、产品测试等方面介绍了车联网产品质量管理所面临的挑战。围绕这些挑战，本章提供了开展车联网产品质量管理的解决方案和质量体系模型。其中，质量体系模型是开展车联网产品质量管理活动的行动地图。从组织内的顶层质量方针入手，对质量目标进行解码，然后搭建质量基础体系架构。在此基础上，制订车联网产品的质量计划，为质量活动的实施提供具体的操作指南。

第 2 章 质量能力基础架构

作为产品质量从业者,我们一方面是生产者,在持续不断的开发迭代中发布产品;另一方面是消费者,在生活中不断被动地使用各种产品。在这个双重角色中,我们不断地感受着质量带来的影响和冲击。

作为产品的生产者,我们在日常的产品开发过程中往往把关注重点放在产品功能是否正确上,对产品非功能的属性(如可靠性、易用性、兼容性等)却视而不见。

作为产品的消费者,随着科技的发展和生活水平的提高,物质产品日益丰富,我们对产品的诉求有了新的变化,包括外形设计、材料质感、操作易用、安全可靠等方面,这也对质量提出了新的要求。

本章将探讨质量需求和定义,在此基础上引出车联网质量能力基础架构,并对质量能力基础架构中的关键模块进行介绍。

2.1 质量感知与范畴

2.1.1 质量需求

作者对质量最初的感知来自小时候看的 14 英寸(1 英寸=2.54 厘米)的电视机。那时的电视机经久耐用,经常邻居围坐在一起看电视剧。后来家里置换了新电视,就逐渐把老古董替换了。在多年后的某个春节,家里的电视机突然坏了,试着把这个老古董找出来,重新打开，历经沧桑的电视机的声音和图像居然依旧清晰，不得不感慨当时产品质量的优良。类似的还有 20 世纪 80 年代的永久牌、凤凰牌自行车等。可靠耐用是那时产品质量的代名词。

通常来说，质量是为产品服务的，产品是为市场成功服务的。产品市场成功的标志是用户愿意为产品买单，产品能够满足客户的需求、解决客户的问题。用户对产品的需求通常是物美价廉，物美反映对质量的适用性的要求，价廉意味着对质量的经济性的要求。

从软件行业从业者的角度来说，对质量的理解是高质量地交付产品。这包括两方面的需求：一方面是在尽可能短的时间内完成产品发布；另一方面是发布的产品没有明显缺陷，能够较好地满足用户的要求。换句话说，高质量的交付就是产品不仅质量好，而且发布速度快。发布速度快体现了流程上的迭代效率，质量好体现了满足需求的程度。

简单归纳一下，站在用户的角度看，对质量的需求是物美价廉；站在生产者的角度看，对质量的需求是发布速度快、质量好。

2.1.2 质量定义

关于质量，每个人的理解都不一样。在 ISO 9000 质量管理体系中，对质量的定义是一组固有特性满足要求的程度。在软件行业中，质量被描述为软件产品满足用户显性需求或隐性需求的程度。从这个定义来看，满足需求包含两个层次。

- ❑ 满足用户的显性需求。

- ❑ 满足用户的隐性需求。

通常情况下，用户容易表述其显性需求（如需要何种功能），但无法明确其隐性需求（如性能表现等）。除此之外，产品需求还需要满足行业规范、用户的习惯等。

如何对质量的效果进行评估？在 ISO/IEC 9126、ISO/IEC 25010 等软件质量模型中，主要从以下方面进行评估。

- 过程质量：关注软件产品整个开发流程是否规范。

- 内部质量：关注软件内部设计及静态检查是否合格。

- 外部质量：关注软件产品功能、性能的表现。

- 使用质量：关注软件系统在使用过程中的易用性、用户满意度。

对于开发人员和质量测试人员来说，需要从内部质量、外部质量及使用质量3方面度量产品的成熟度；对于客户来说，可以从外部质量及使用质量评估产品的满足程度。

2.1.3 质量成本

质量的重要性不言而喻。在产品的日常开发过程中，我们经常会面临速度、质量和成本三者的取舍。大家都觉得质量很重要，但这是一个笼统的感知，怎么才能够识别质量的重要性和影响程度呢？这需要通过金钱衡量质量成本。质量成本就是不符合要求所造成的浪费，也就是做错事情所造成的成本。这些成本可以分为预防成本、评估成本以及故障解决成本等。这些都是第一次没有把事情做对所造成的结果。

质量是为产品的市场成功负责的，从质量成本角度重新进行定义，质量就转换为一个企业追求卓越所愿意支付的市场成本。如果产品存在缺陷，轻则导致召回或退货，重则导致索赔或诉讼等，这就是为什么有些企业会将质量作为市场的生命线。

从用户的角度来讲，产品质量高而且价格越便宜越好，但从企业的角度来讲，成本越高，质量越好。换句话说，质量越好就会造成企业成本越高。实际情况是企业有营利和控制成本的诉求，因此必须在追求质量的过程中衡量成本增长率。在某种程度上，这就意味着质量并不是越高越好，质量只要能满足需求就好了。如果一味地追求极致的质量，那么成本可能倍增。就像我们在学校学习一样，若要把成绩从70分提高到80分，通过努力也许可以达到，但从80分提高到95分那就要花成倍的时间。所以需要在质量和成本之间进行平衡，以尽可能低的成本达到预期的效果，让质量投入产出的性价比最高。

2.2 质量体系简介

在介绍质量能力基础架构之前，需要先了解什么是质量体系以及其带来的好处。随着新技术的不断涌现，软件的复杂性和规模日益增加。同时，随着企业自身发展过程中的业务整合、并购，以及由此带来的跨区域管理，企业在质量管理方面面临着严峻的挑战和考验，主要表现在以下方面。

- 各个部门相互独立，项目质量控制过程、方法、技术各不相同，没有可重用的实践，持续不断地上演救火场景，因此质量成本不断增加。

- 技术和经验零散，缺乏有效的手段和机制，从而引发人员流失，然后带来经验的流失，这给企业增加了巨大的无形成本。

- 当前存在的技术配置满足不了将来业务发展的需要，同时缺乏精益求精的机制。

- 专业人员匮乏，造成无法同时支持多个客户项目，从而失去市场良机。

质量体系是组织为实现质量目标而建立的一套系统的质量管理机制，其目的是通过整合组织内的优势资源，加强内部协作，促进问题的解决，形成一致的最佳实践，以促进企业的发展。在产品的开发过程中，企业级的质量管理体系集中了专家、技术、工具、过程、经验和标准等资源，其根本目标就是追求品质、降低成本、提高生产效率、增强企业市场竞争力。

2.2.1 质量体系的好处

质量体系为组织定义了高效的管理框架，能够从短期和长期方面帮助企业提高收益。质量体系的好处主要有以下 5 点。

- 规范标准化流程。通过在组织范围内定义和实施标准的流程，有效地对风险进行控制。

- 提高质量可视化水平。采取度量的手段，使整个过程可视化，提高企业测试能力成熟度。

- 提升工程效能。通过共享专家的经验和采用统一的流程，在组织级别上减少不必要的中间环节和开销，通过在组织内全面推广项目实践的工具和自动化技术，提高整个组织的效率。

- 降低成本。通过优化资源配置、建立专业知识库，帮助企业提高生产效率、节约成本。同时，在项目实施过程中，通过专家审核减少或避免不必要的返工，降低后期的维护成本。

- 提高客户满意度。通过在项目中使用专家团队，有效降低项目风险，同时提高测试的覆盖率，从而改善项目质量，进而提高客户满意度。

2.2.2 常见的质量体系

软件产品行业中有很多常用的质量标准。本节简要介绍 3 个常用标准。

1. ISO/IEC 25010-2011

ISO/IEC 25010-2011 主要针对软件系统给出全面、综合的质量标准，以及评价所依赖的度量方法。评估内容分为系统/软件产品质量和使用质量两部分。

1）系统/软件产品质量

系统/软件产品质量是指在特定的使用条件下，产品满足显性和隐性的需求所具备能力的全部固有特性，体现了产品满足要求的程度。产品的质量属性包含功能性、性能效率、兼容性、易用性、可靠性、信息安全性、可维护性和可移植性，如图 2-1 所示。

2.2 质量体系简介

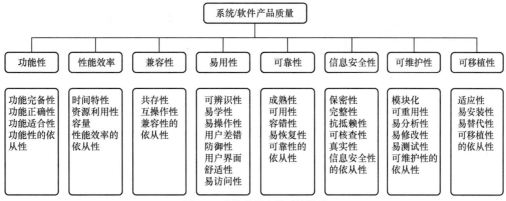

图 2-1 系统/软件产品质量模型

- 功能性，指软件所实现的功能达到其设计规范和满足用户需求的程度，重点关注完备性、正确性、适合性等。

- 性能效率，指在指定条件下软件对操作所表现出的时间特性、实现某种功能有效利用计算机资源的程度、系统可承受的并发用户数与连接数量等。

- 兼容性，涉及共存性和互操作性。共存性要求软件能与系统或第三方软件兼容。互操作性要求系统功能之间能够有效对接和交互。

- 易用性，指用户学习产品、进行操作所付出努力的程度，如安装简单、容易使用、界面友好，并适合不同特点的用户。

- 可靠性，指在规定的时间和条件下软件能维持其正常的功能操作、性能水平的程度。可用 MTTF（Mean Time To Failure，平均失效前时间）或 MTBF（Mean Time Between Failures，平均故障间隔时间）衡量可靠性。

- 信息安全性，要求数据传输和存储等方面能确保安全，包括对用户身份的认证、对数据进行加密和完整性校验，所有关键的操作都有记录，能够审查不同用户角色所做的操作，涉及保密性、完整性、抗抵赖性、可核查性、真实性等。

- 可维护性，指系统/软件产品投入运行后，当需求变化、环境改变或软件发生错误时，进行相应修改所做努力的程度，涉及模块化、可重用性、易分析性、易修改性、易测试性等。

❑ 可移植性，指软件从一个系统或环境移植到另一个系统或环境的容易程度，它涉及适应性、易安装性、易替代性等。

2）使用质量

系统的使用质量描述了产品对用户造成的影响程度。它由软件、硬件和运行环境，以及用户、任务和社会环境的特性所决定。它包括有效性、效率、满意度、抗风险性和周境覆盖率，如图 2-2 所示。

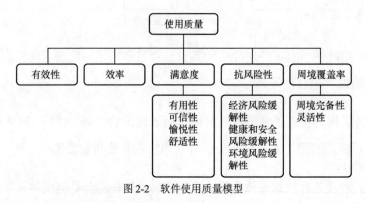

图 2-2　软件使用质量模型

有效性指用户实现目标的准确性和完备性。

效率指与用户实现目标的准确性和完备性相关的资源消耗。

满意度指产品系统在指定的环境中使用时，用户的要求被满足的程度。

抗风险性指产品在经济现状、人的生命、健康或环境方面缓解潜在风险的程度。

周境覆盖率指在指定的使用环境和超出最初设定需求的环境下，产品在有效性、效率、抗风险和满意度方面能够达到的程度。

2. CMMI

CMMI（Capability Maturity Model Integration，能力成熟度模型集成）最初是卡内基-梅隆大学软件工程研究所的一个项目，当时由美国国防部建立并资助，用于帮助政府机构评估软件承包商的质量和能力。现在 CMMI 已经成为软件企业过程能力改善的参考模型，可帮助组织简化流程，提高效率，降低软件、产品和服务开发中的风险。CMMI 包括开发模型、服务模型和采购模型 3 部分。每个模型都由一系列过程域组成。过程域定义了构建出色产品或提供出色服务所需的若干活动，企业通过实施这些活动提升能力和绩效。如图 2-3 所示，CMMI 模型把开发模型成熟度分为 5 个等级。

图 2-3　CMMI 模型

- 初始级：这是最低级别的成熟度，对应低效、不可预测的临时性流程，这个阶段缺乏开发管理制度，项目的成功取决于个别人的能力，人员的变动对组织的影响较大。

- 已管理级：建立基本的管理制度和规程，工作有章可循，初步实现标准化，开发工作基本能按标准实施，但这个阶段仍然是不成熟的，企业往往被动应付而不主动改进。

- 已定义级：组织对流程进行清晰的定义，并采取更积极主动的方法来改进，开发过程实现标准化和文档化，建立完善的培训制度和专家评审制度，全部技术活动和管理活动可控制。

- 定量管理级：组织为产品和过程建立了定量的质量目标，开发活动中的生产率和质量是可量度的，组织通过搜集、分析定量数据，可预测过程和产品质量趋势，从而及时纠正。

- 优化级：组织内流程已完全建立并正在持续改进，通过识别薄弱环节，采取新技术和新方法来预防缺陷。

3. A-SPICE

SPICE（Software Process Improvement and Capability dEtermination，软件过程改进和能力测定）是由 ISO 牵头制定的标准项目。A-SPICE（Automotive SPICE，汽车 SPICE）是汽车行业用于评价软件开发团队的研发能力水平的过程模型框架。它覆盖客户从供应商获取产品时可使用的过程,以及供应商在回应客户和交付产品时可使用的过程,包括规范、设计、开发、集成和测试所需的全过程。A-SPICE 由一系列过程组成,具体如下。

- 获取过程组,包括客户执行的过程。

- 系统过程组,包括客户和内部需求的挖掘与管理、系统架构的定义以及在系统级别的集成和测试的过程。

- 管理过程组,是指产品生命周期内组织中的管理者、参与者等相关人员可使用的过程。

- 软件工程过程组,包括软件需求分析、软件架构设计等过程。

- 重用过程组,用于系统化地在组织的重用程序中开拓重用机会。

- 供应过程组,包括供应商为了供应产品和服务所执行的过程。

- 支持过程组,包括质量保证、验证、评审、文档化、配置管理和问题管理等过程。

- 改进过程组,包括在组织单位中改进已执行过程的实践。

A-SPICE 模型如图 2-4 所示。

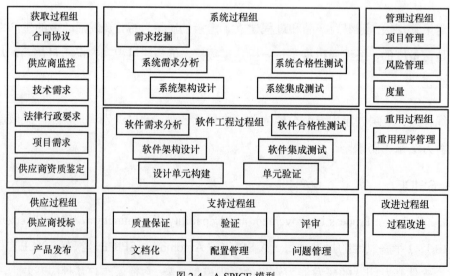

图 2-4 A-SPICE 模型

2.2.3 质量与测试的区别

在日常工作中,经常有人把测试等同于质量。质量与测试的区别如表 2-1 所示。

表 2-1 质量与测试的区别

区别	测试	质量
生命周期	只覆盖开发生命周期的一个环节	覆盖整个开发生命周期
主要活动	通过各种测试手段和工具来暴露产品的缺陷	包括评审和检查,侧重于事前评审和检查,以发现产品缺陷
实施对象	专职测试人员	专职质量人员,也包括测试人员
关注点	关注产品版本对需求的满足性	关注开发交付过程,审核是否满足流程和规范要求

从职能来说,二者是相似的,都用于改善项目质量。产品对测试人员提出了经验、技术、沟通等方面的要求,而质量体系则组织协调各方面的业务人员和技术专家,通过对过程、方法、资源进行优化和改善,达到质量控制的目的。

2.3 质量能力基础架构的组成

质量形成于产品开发过程中,涉及人、技术和过程等关键因素。人是过程的主体,过程是执行的关键活动,技术是过程执行效率的保障手段。因此需要建立组织的质量能力模型来系统覆盖产品开发中的质量活动,并为产品质量活动的开展提供机制上的保障。

本节重点介绍如何在质量保证方面为车联网产品开发提供一个系统的操作指南,为项目经理、质量管理人员、测试人员等角色提供一张全局性的地图。

质量能力基础架构是在组织内构建质量体系的参考架构,是在组织内开展质量活动的基础,也是质量人员和测试人员实施质量活动的指导。如果缺乏质量能力基础架构,在组织中开展质量活动,无异于在没有地基的情况下盖楼,最终的结果可想而知。

质量能力基础架构包括以下八大模块。

- 团队构建，用于组建开展质量活动的实施团队，包括团队愿景、团队架构、能力建设、考核评估等内容。

- 过程定义，是质量活动的过程规范和行动指南，包括开发过程、评审过程、度量过程等内容。

- 技术工具，是质量活动效率的支撑，包括各种评审和测试活动的工具等内容。

- 度量评估，是对质量结果的度量和评估，包括系统质量评估、使用质量度量评估等内容。

- 项目管理，包括对项目整个开发过程进行管控，覆盖需求、进度、成本、资源等内容。

- 风险控制，包括对项目开发交付过程的风险进行识别和预防等内容。

- 协同机制，包括在团队内部建立沟通协作、信息共享等内容。

- 知识管理，包括在团队内部进行经验分享、知识沉淀和成果管理等内容。

这八大模块如图 2-5 所示。

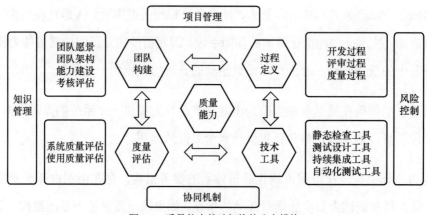

图 2-5　质量能力基础架构的八大模块

2.3.1　团队构建

质量管理团队是质量能力基础架构中最重要的一个模块，它是质量活动的执行者。观察一

2.3 质量能力基础架构的组成

个组织中质量团队的地位基本上就能够得知组织对质量的态度和重视程度。

一个团队要想长久发展，需要打造自身核心竞争力。可以从团队定位、团队架构、能力建设、绩效评估方面考虑团队建设。

1. 团队定位

在组织中，质量团队的定位大致分为 3 种。

- 以测试为中心。该类型的质量团队通常是测试技术的引领者。在组织内，以独立测试部门出现；在产品开发过程中，开展的质量活动以确认、验证等测试为主。

- 以开发为中心。该类型的质量团队通常是产品质量的推动者。在组织内，以研发效能部门出现，作为一个独立职能单元存在；在产品开发过程中，实施 DevOps 持续集成、灰度测试等质量活动。

- 以用户为中心。该类型的质量团队通常是用户体验代言人。在组织内，以质量运营中心部门出现，作为一个独立职能单元存在；团队活动以改善用户体验为主，在组织内广泛开展各种质量改进活动，鼓励全员参与，推进缺陷预防。

质量团队定位如图 2-6 所示。

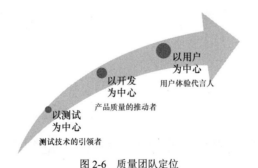

图 2-6 质量团队定位

2. 团队架构

质量团队在组织内可以是独立的监察角色，也可以是跟催角色，这取决于组织对质量团队的定位。定位决定质量团队在组织中的地位,地位决定其职能范围,职能决定其价值。若没有强有力的领导支持,则质量部门将变为摆设和形式。

质量团队架构包括两种形式:第一种是独立的部门,如图2-7所示;第二种是虚拟的组织,如质量委员会、技术专家组等,这是为在组织内开展质量改进活动而组建的特殊职能单元。这些特殊职能单元的成员通常是企业中各个职能部门的负责人或专家成员,是质量活动的督促者和实施者。

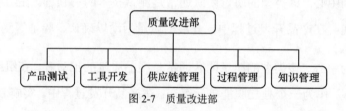

图2-7 质量改进部

技术专家组是推动质量改进活动的主要力量,专家组是采取协会的模式形成的虚拟组织,即由专人负责组织、协调,其内部成员可以是专职人员或者是各个开发团队和测试团队的专家。

车联网产品在技术上涉及硬件、嵌入式、生产制造、平台技术、客户端技术等,在业务上涉及市场、产品、运维、售后等环节,对质量团队提出了较大的挑战。为有效利用组织内各个部门的业务专家的能力,成立技术专家组,进行技术问题攻关和业务评审,如图2-8所示。

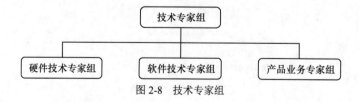

图2-8 技术专家组

构建技术专家组的步骤如下。

(1)明确组织内的质量目标、质量指标、质量分工。

（2）识别当前主要业务所需要的技能范围和专业能力。

（3）分析当前人员的技能和经验。

（4）选择相关的业务专家和技术专家，组成专家团队。

3. 能力建设

团队的质量能力通常从关键技能开始，因此需要集中精力识别出合适的人员。理想质量人员的特征如下。

- ❑ 像产品经理一样熟悉产品。

- ❑ 像开发人员一样熟悉技术。

- ❑ 像运营人员一样了解客户。

先在组织内根据业务特征梳理质量人员的技能要求，确定招聘要求和人员技能评估机制。通常质量人员的技能包括专业技能和软技能两部分。专业技能是支撑日程业务和活动的基础。对于软件行业来说，专业技能包括软件开发能力、常用测试方法和测试工具的使用等方面。软技能包括沟通表达能力、学习能力、解决问题的能力、协助能力等。

培养团队人员的执行力，使大家保持一致的步调和方向，这是培训的目标。

人员的能力是在组织内开展质量活动的保障。在组织内开展全面质量活动之前，需要先在内部团队里统一流程、统一策略、统一方法等，建立规范的体系。质量团队人员的能力建设相当重要。针对这些人员，制定系统的培训流程。培训的形式包括内部培训和外部培训。在组织内部，请有经验的人员分享经验，在产品和项目发布后总结经验。在团队内部，沉淀并传播知识，以便于在组织内的其他项目中推广。外部培训通常指邀请行业的专家来进行培训，或者参加行业大会，借鉴并参考其他公司的实践经验和教训，基于组织的实际情况进行优化和裁剪。

质量团队人员的规模和结构需要考虑项目的特点、技术要求、团队稳定性、中长期发展计划、人员成本等因素。

4. 绩效评估

针对团队人员,主要从业务技能、协作能力、成果输出、创新能力 4 个方面评估绩效,如图 2-9 所示。

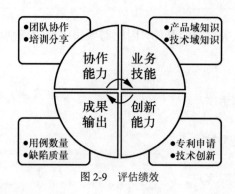

图 2-9 评估绩效

其中业务技能是工作的基础,这是团队人员的硬技能,主要包括与业务相关的产品域知识和技术域知识。从某种程度上来说,产品的业务知识比测试技术本身要重要得多,需要从用户场景、业务特征、业务流程等方面全面了解产品的细节。协作能力是人员的软技能,包括团队协作和培训分享等内容。成果输出包括各种评审检测结合和测试结果,主要体现在用例数量、缺陷质量等方面。创新能力主要体现在工作中的技术创新和专利申请上。

2.3.2 过程定义

质量能力基础架构的过程模块主要包括开发过程、评审过程和度量过程。

1. 开发过程

车联网智能硬件的开发过程包括软件开发和硬件开发两部分,如图 2-10 所示。其中,软件开发是指客户端和平台开发。无论是硬件开发还是软件开发,整体上都遵循需求分析、开发设计、编码/生产、测试验证、上线发布和监控/售后这个传统的开发过程。软件部分可以结合敏捷迭代开发的模式加快开发过程,但硬件的开发涉及硬件成本和生产周期,很难应用敏捷迭代开发方式。这也预示着硬件产品前期的功能验证和稳定性验证至关重要。产品量产后，如果出现严重的问题，就将极大地影响市场销售，甚至可能会导致产品失败。

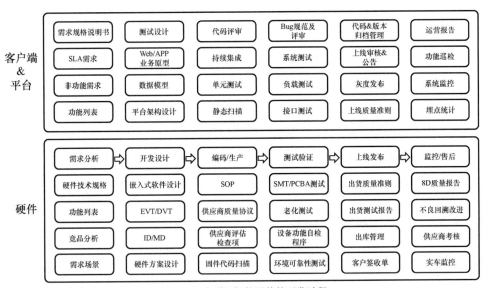

图 2-10　车联网智能硬件的开发过程

2. 评审过程

评审形式主要包括管理评审、技术评审和同行评审。评审过程如图 2-11 所示。

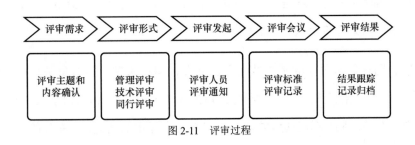

图 2-11　评审过程

管理评审的目的是监控项目的实际进展，确定项目在进度、成本、资源等方面的状态。当项目当前的状态不能满足目标或要求时，应当采取适当的纠正措施，可参考的措施如下：

- 变更项目的计划。

- 变更项目的资源。

- 变更项目的工作范围。

管理评审关注的焦点应当是项目的状态，而不应过多地涉及技术问题。技术问题通过技术评审解决。

技术评审的目的是检查软件产品是否满足规格要求和相关的标准，是否能够达到预定的目标，是否可以作为下一阶段工作的输入。技术评审一般要求参加者有相应的资历。技术评审主要关注以下方面的问题。

- 软件产品能够实现预定的功能。

- 软件产品能够覆盖所有的需求。

- 软件产品符合相关的标准和规范。

- 软件产品是一致并且完整的。

同行评审的目的是及早地和高效地从软件产品中消除缺陷，提高软件产品的质量，降低软件开发的成本。同行评审的焦点是软件产品中的缺陷，而不是该产品的生产者，同时管理者不应使用同行评审的结果评价个人行为。

技术评审和同行评审关注的都是技术上的问题，但技术评审的对象是一个完整的软件产品，从完备性和整体上检查软件产品。同行评审的对象一般是软件产品的一部分，检查的目标是软件产品中存在的缺陷。不能通过同行评审实现技术评审的功能，但充分的同行评审能够加快技术评审的进度、缩短技术评审的时间。

3. 度量过程

度量过程如图 2-12 所示。相关的步骤如下。

（1）对产品需求进行分析和归纳，找出相应的质量需求。

（2）根据质量需求的特点，选择质量模型并提取关联的质量属性。

（3）选择合适的度量指标，对质量属性进行测量。

（4）执行测试用例，对测试结果进行统计。

（5）按照评分标准对测试结果进行测量，得出测试结果。

（6）对比发布准则，评估最终的产品质量。

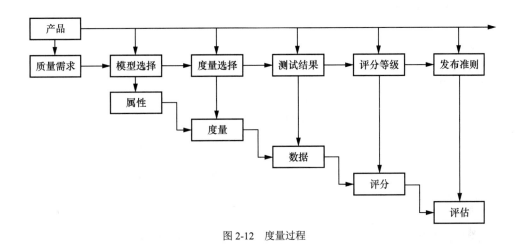

图 2-12　度量过程

2.3.3　技术与工具

质量技术主要包括评审和测试这两项活动。市场上流行的各种工具都为评审和测试提供效率支持。

1. 静态检查

在编码过程中，开发人员往往会遇到不同程度的问题，如缺乏单元测试、无足够的代码注释、存在未使用的变量和方法等问题。为了避免这些问题，开发人员应该始终遵循良好的编码习惯。同时，为了实现持续的代码集成和部署，需要使用一个工具自动检测并统计代码中的问题，因此代码质量管理工具应运而生。

SonarQube 是一个开源的代码质量管理工具，用于基于 Maven 的 Java 项目。它结合静态和动态分析工具，融入几百条代码规则，涵盖广泛的代码质量检查点，涉及架构、设计、复杂性、重复、编码规则、潜在错误、单元测试等，能够帮助开发人员降低代码复杂性，检查可能的漏洞和重复代码，优化应用程序的生命周期。通过安装插件，SonarQube 可以支持大部分主流开发语言。它能够自动统计并分析软件项目的相关质量数据，如代码行、注释率、代码复杂度、规则遵从性、包之间的依存度等，开发人员通过图标可以非常直观地看到这些数据。

2. 测试设计

测试设计包括功能测试设计和非功能测试设计两部分内容。对于功能测试，可通过等价类划分法、边界值分析法、因果图法、状态表法等方法设计用例。非功能测试包括负载测试、可靠性测试、兼容性测试、安全性测试、易用性测试等。可根据产品的特点和质量要求使用相关的测试方法与工具。

产品的质量在设计产品那一刻就基本决定了，在之后的开发、生产、测试环节把产品定义期间的缺陷逐步暴露和筛选出来，因此要重点关注产品的设计内容并加强前期评审，后期的测试就像治理污染的水源，测试自动化仅仅用于不断地提高治理的速度。

3. 持续集成

持续集成是开发人员提交代码到服务器时自动触发版本构建和执行测试脚本的过程。持续集成是快速迭代开发的基础，要求开发人员在每个功能完成后及时提交代码到代码库中，通过任务调度工具构建版本并自动执行单元测试、接口测试和功能测试脚本，以验证版本的代码分支，然后存储测试结果并发送报告给相关开发人员，如图 2-13 所示。

2.3 质量能力基础架构的组成

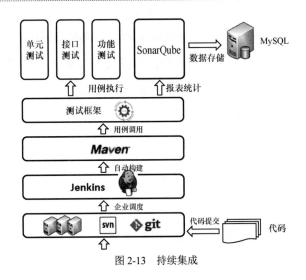

图2-13 持续集成

4. 自动化测试

正所谓"工欲善其事，必先利其器"，选择合适的测试工具能够起到事半功倍的效果。常用的自动化测试包括接口测试、客户功能测试、性能测试等。下面介绍常用的测试框架。

接口测试框架如图2-14所示。利用@DataProvider作为数据驱动，执行测试用例，并通过断言验证输出测试结果。

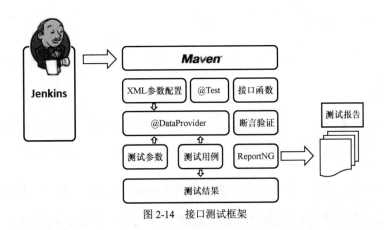

图2-14 接口测试框架

客户端测试工具主要包括移动端的 Appium 和管理端的 Selenium。客户端测试框架如图 2-15 所示。Appium 是一个开源的、跨平台的移动端自动化测试工具，可用于自动完成原生和混合移动应用程序测试，可以支持 Android 和 iOS 应用。Selenium 是一个开源的 Web 端自动化测试框架。

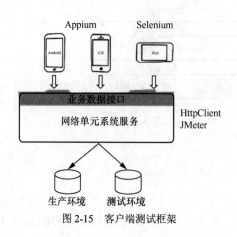

图 2-15 客户端测试框架

2.3.4 度量评估

按照质量定义，质量是产品满足要求的一种程度。度量评估是指应用特定的方法，确定被评价对象的固有特性满足要求的程度。在评估过程中，对产品的一个或多个质量属性进行测试，对比测试结果以确认是否满足产品需求定义。

在硬件终端、生产过程、软件开发和度量评估方面，车联网产品需要满足国家标准、行业标准和企业标准等。

客户对车载电子产品的安全性尤其关注，可以参考某些行业标准来提高产品安全方面的质量指标。对标准中的测试策略进行裁剪、选择来指导车联网产品的测试验证。

明确产品系统质量要求，找出相应的质量属性和质量子属性，然后定义度量属性的评价方法，即针对产品的各个模块的质量属性选择合适的测试方法，如图 2-16 所示。

2.3 质量能力基础架构的组成

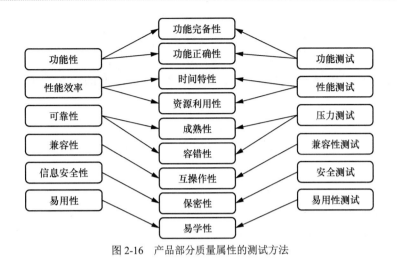

图 2-16 产品部分质量属性的测试方法

执行测试并搜集测试数据，与质量准则进行比较，为产品发布和改善提供依据，如表 2-2 所示。

表 2-2 质量属性通过准则

质量属性	质量子属性	通过准则
功能性	功能完备性	达到功能需求规格说明书中的功能项覆盖率——100%
	功能正确性	功能的测试验证通过率为 100%
性能效率	时间特性	满足接口或功能的时间响应要求，具体由产品需求定义
	资源利用性	满足接口或功能的 CPU、内存、I/O 的指标定义，具体由产品需求定义
可靠性	成熟性	在最大并发用户条件下系统正常运行几小时
	容错性	执行异常场景下的测试用例和破坏性测试用例时程序运行正常
兼容性	互操作性	支持主流的浏览器 Chrome、Firefox、IE 等；支持主流的 Android 和 iOS 版本
信息安全性	保密性	权限操作范围正常；无 SQL 注入风险；无 XSS 攻击风险
易用性	易学性	UI 布局合理，显示准确；UI 用词、术语定义准确；图片内容与功能主题一致；

2.3.5 项目管理

项目管理的目的是确保产品的成功交付,需要考虑成本、时间、质量等因素的平衡。项目管理的主要内容如下。

- ❑ 项目立项,包括项目的商业价值、目标客户、市场价值、产品功能、成本要求、上线时间等。

- ❑ 计划制订,制订产品硬件开发、软件开发、硬件生产、联调测试、试用验收等节点的时间进度表,并安排相关的人员。

- ❑ 进度管控,对产品开发生命周期中的活动进行过程跟踪,在团队间协调问题和进度,确保上下游的工作有序开展,问题得到有效解决。项目进度管理如图 2-17 所示。

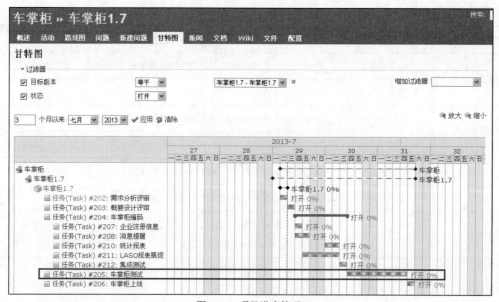

图 2-17 项目进度管理

- ❑ 项目验收,组织市场、产品、研发、测试、运维等团队的人员进行产品体验和试用,并与质量测试团队一起评估产品的成熟度和发布风险。

2.3.6 风险控制

风险控制是一个比较大的主题。风险控制是质量能力基础架构模型的一部分，我们关注的重点是如何识别出影响质量的风险因素，然后找到方案来改善。对此使用逆向思考的方法，先思考出现哪些情况一定会导致项目质量不合格，然后思考我们应该怎样避免这些情况，并在条件允许的情况下进行针对性的改善。在此列出部分造成项目质量不合格的因素。

- ❏ 市场不清晰，客户不明确，产品需求不准确，产品盲目开发。

- ❏ 团队缺乏沟通机制，市场、产品、开发、供应链、质量、测试、运维团队各自行事，缺乏信息的共享、交流。

- ❏ 产品需求变更缺乏管理，按照敏捷的方式对硬件进行迭代开发。

- ❏ 追求产品的外观设计，不考虑产品性能和结构要求。

- ❏ 硬件团队盲目采用新硬件方案和器件；软件团队不考虑团队技能，一味追求流行技术架构和工具。

- ❏ 生产商缺乏类似行业产品的生产加工经验，在流水线中完全采用熟练工带徒弟模式，没有明确的作业指导书，人员流动频繁，缺乏质量控制。

- ❏ 没有产品评审和测试确认流程与活动，客户直接试用产品。

2.3.7 协同机制

车联网产品的开发涉及软件和硬件的开发。硬件团队包括硬件电路设计工程师、结构设计师、工业设计师、嵌入式软件工程师、硬件测试人员。软件团队不仅包括架构师、平台后端开发人员、大数据开发人员、数据库管理员、前端开发人员、Android 开发人员、iOS 开发人员、软件测试人员等，还涉及市场经理、产品经理供应链生产团队、运维团队及售后团队。整个产品团队至少有百人的规模，因此团队间协同和沟通就显得特别重要。

在组织内建立协同机制的主要活动如下。

（1）为团队建立便利的沟通环境。原则上所有的团队都需要坐在一起，团队成员互相都能看得见，有什么问题可以随时联络。交流便利是团队协同的要义。如果团队在物理上隔离，是跨区域协作的，那么需要召开定期的视频和音频会议，确保相关人员的交流，但在新产品开发前期，团队关键成员必须进行集中办公，在思想上统一，在行动上一致。

（2）建立文档机制。文档是团队间沟通和协作的基础，基于文档在各个团队之间传递信息和成果，并建立全员评审机制，在团队内部展开需求和设计的头脑风暴来完善产品。

（3）建立培训和分享机制。在产品上，全团队培训；在技术上，硬件人员给软件人员分享，软件人员给硬件人员培训，开发人员给测试人员培训，测试人员给运维人员培训，产品人员给市场人员培训。

（4）建立团队信息看板和项目仪表盘。在产品团队内，最大化地公开产品各个环节的开发进度、存在的问题。

（5）落实并推动产品关键节点的评审制度。相关环节的人员都需要参与并进行反馈。

（6）不定期开展团队建设。进行非工作上的团队活动、聚会，增加人员的了解和沟通。

2.3.8　知识管理

知识管理是组织成熟度很重要的一个组成部分，它是企业获得竞争力的源泉。通过建立一个强有力的知识信息共享平台，企业能够对组织的各种成果进行有效的管理，能够对取得的经验和能力进行沉淀，并在此基础上不断完善和提高。同时，借助这个平台，企业能够使经验、资源等信息在组织的各个部门和项目之间进行顺畅的传播，加强项目之间和部门之间的协作与配合。

知识管理的主要内容如下。

- 经验管理。
  - 标准规范，包括标准化的流程、准则、文档模板等。

- 技术培训,包括产品、技术、工具培训等。

- 项目经验,包括项目的最佳实践和失败教训。

❑ 项目成果管理。

- 文档管理,包括需求文档、设计文档、评审结果、测试报告等。

- 版本管理,包括可下载安装、刷机和升级的版本等。

❑ 创新管理,包括发明专利、软件著作权、产品认证等知识产权。

❑ 项目问题交流的平台,交流的内容包括产品开发过程中的问题、缺陷及用户体验反馈等。

2.4 质量能力进阶

在组织内实施质量体系构建活动,需要先追根溯源,找到组织内迫切需要解决的问题,对问题进行优先级的划分。然后,从最重要的问题入手,寻找合适的手段和方法,对问题的解决效果进行分析,总结经验和教训,建立知识库,并不断重复这个过程,建立组织的质量自我改进过程。

通常质量能力的提升过程分为如下 3 个阶段。

(1)亡羊补牢。犯了错误,然后修改错误,从历史中吸取教训,再改善。

(2)循规蹈矩。总结历史教训,定义操作流程和原则来指导日常工作。

(3)未雨绸缪。对现有的流程和规范进行优化,对可能发生问题的环节进行过程上的完善,预防问题的发生。

下面分别对这 3 个阶段进行详细阐述。

2.4.1 亡羊补牢阶段

处于该阶段的公司通常是初创型公司。团队人员规模在几十人，公司的商业模式处于探索阶段，产品研发模式是开发驱动方式，以快速发布产品并获取市场验证为目标。

质量现状通常是没有质量团队和过程定义，工作没有严格的内部分工，产品团队、开发团队、测试团队的职能和边界定义不清楚。人员流动性较大，内部工作产物缺乏有效管控。

存在的风险是业务靠少数技术骨干支撑，核心人员的变动对公司的发展有巨大影响，需要做好组织资产配置管理，包括代码和产品文档管理等。在这个阶段，没有测试或者有个别测试，产品质量主要靠开发人员和产品人员测试，产品问题较多。

针对此阶段的公司，关于质量策略的建议如下。

首先，构建质量团队，定义清晰的组织结构和质量分工，质量人员或者测试人员需要专职人员，职责必须落实到人。

其次，在团队中建立质量流程，由质量人员组织评审并建立缺陷管理与解决机制。

再次，建立组织级配置管理，包括文档、代码和版本管理，对组织的成果进行有效管控。

最后，进行知识管理，组织技术骨干和业务专家在团队内部开展培训，并输出文字或音视频资料，为将来加入的团队新成员提供学习资料。

简单来说，这个阶段是发现错误、解决错误的过程，在发现问题的过程中不断完善。

2.4.2 循规蹈矩阶段

处于该阶段的公司通常已经度过初创时期，团队有百人以上规模，商业模式基本清晰，业务发展较快，团队人员的整体能力参差不齐，内部沟通成本开始增加。

质量现状是公司有较清晰的组织架构，有专职测试人员或团队，产品团队、开发团队、测试团队和运维团队的定义与分工比较明确，产品按照一定的流程开发，团队内部沟通存在一定的成本，开发环境和版本凌乱，缺乏有效管控。

存在的风险是组织体量和业务规模都比较大，团队人员的变化比较大，人员的能力参差不齐，内部有开发流程但运行效率较低，团队沟通开销增大，对规模化业务发展的支撑不够，需要创建质量体系来促成组织中人员行为动作的标准化，降低成本，使效能最大化。

针对此阶段的公司，关于质量策略的建议如下。

首先，整合组织内的优势资源，建立质量管理团队，指定工作职责和分工，选择一个项目进行试点。

其次，基于项目特点，定义质量目标和质量策略。在团队角色上，需要引入SQA（Software Quality Assurance，软件质量保证）人员的角色来加强流程中关键环节的评审管控；在产品交付上，需要对开发与测试的效率进行提升；在开发过程中，建立持续集成环境，提升测试的自动化能力，让开发版本迭代可视化。

最后，建立知识管理库，对质量过程、问题、解决方案和结果进行归档。总结经验形成质量实践指南，然后总结项目的试点经验，在其他项目中进行推广。通过不断总结和完善，进一步促进实践的成熟，这将更好地帮助每一个项目提升专业化水平，提高品质。

2.4.3 未雨绸缪阶段

处于该阶段的公司通常有数百人规模，跨区域团队协作，商业模式清晰，业务成熟稳定，同时有多条产品线，团队间沟通成本高，人员整体能力不强。

质量状态是组织内已经建立了质量体系，由专门的职能团队负责过程改进和产品交付，整个过程较清晰，每个项目都能够按照工作流程来开展。

存在的风险是团队人员能力差异带来的协作开销。在小公司，开发团队往往是特种技术人员主导的，内部开销小、效率高，但对核心的技术专家依赖性较大，人员的变动对组织的影响是致命的；在大公司，则建立人员的培养和替代机制，缩小团队成员的能力差别，加强团队间协作效率，通过流程和标准化满足组织业务规模化扩张的要求。

针对此阶段公司的质量策略如下。

首先，在组织内全面开展质量改进活动，建立组织级别的质量管理体系，把组织内的职能部门都纳入质量体系中，建立组织级别的质量 OKR（Objective and Key Result，目标与关键成果）指标，每个部门的主管作为部门质量代表，承担质量指标。

其次，由 SQA 人员对组织的历史项目数据进行度量分析，列出需要改进的任务，同时在组织内收集质量改进建议，对问题进行汇总，召开评审会议，划分问题优先级。定义问题解决的标准，并落实责任人。

这个阶段的主要工作如下。

首先，优化流程，对细节进行标准化。例如，某公司以前的质量改进建议中，有一条是针对硬件的订单处理时间过长的，原因是订单信息不清晰，这造成和供应商的多次确认，延长了交货时间。因此要细化流程，使硬件订单规范化，细化订单配置清单，如硬件的型号、规格、数量、网关、端口、包装要求、附件配置、软件版本等关键信息，并建立内部的评审会签流程，确保下的订单清晰明了。

其次，加强内部环境的治理。开发环境、测试环境、生产环境中往往多个项目交错。例如，某团队曾经对软件版本升级错误百思不得其解，最终发现这是环境引发的。

再次，构建自动化平台，将简单重复的事情自动化，提高系统构建和交付的效率。

最后，进行度量分析。基于运营的数据进行度量分析，找出优化和改进的方面。

这个阶段的主要工作是从组织商业的角度来思考，如何通过质量改进支持组织业务的发展。通过质量体系把复杂的事情简单化，把简单的事情标准化，把标准的事情自动化，通过在组织内持续进行开发及交付流程的优化避免问题的再次发生。

2.5 小结

本章首先给出了质量的定义，并从成本角度分析了质量对组织的产品开发和运营发展的重要性，随后介绍了软件产品开发常用的一些质量体系。质量体系的目的是规范产品开发过程，建立标准的日常开发作业流程，让一切工作活动有法可依，为快速的市场交付提供过程上的支撑和保障。同时，质量是有实施成本的，站在企业成本的角度统筹考虑，需要在投入的人员、时间、费用和收益上进行平衡，解决组织开发过程中的效率和效能问题。

  基于实践经验，本章提出了质量能力基础架构，并对架构中的核心模块进行了详细的说明，最后给出了质量基础能力提升的策略，并结合大型、中型、小型公司的特点，给出了实践的建议。

第 3 章　案例项目需求

随着生活水平的提高，汽车逐渐成为人们重要的交通工具之一。同时，汽车也是个人的移动设备和消费终端。在车辆消费中，车险是一项重要的支出，这也让中国保险市场成为世界上很有潜力的保险市场之一。借助科技手段为车主提供个性化的保险服务，成为保险公司持续创新的动力。

本章将介绍车联网重要的应用场景——保险行业。

3.1　项目背景介绍

车联网行业的演变不仅给汽车市场带来颠覆式影响，还深刻地影响汽车后市场服务业。在传统模式中，车险主要针对事故车辆的正常流程化理赔，给车主提供的驾乘增值服务很少，客户关系管理、维护效果不明显。车联网技术为保险公司与客户建立新的契约关系提供了科技支撑。通过提供车辆运行数据画像和车险增值服务功能，帮助保险公司构建新的客户服务模式来改善用户体验。UBI 的核心概念是根据被使用车辆的相关状况，如行驶里程、行驶时间、驾驶员驾驶行为，给予个性化保费定价。车辆的状况主要从两个方面来评估：

❑　车的因素，包括车辆行驶里程和行驶时间；

❑　人的因素，包括驾龄、年龄、驾驶习惯、行车路况等。

国外 UBI 发展很迅猛，在美国、意大利、英国已成规模。全球 OBD 用户数超过 200 万。

我国也发布了相关指导意见，以鼓励保险公司丰富商车险产品，支持行业制定新能源车险、驾乘人员意外险、机动车延长保修险示范条款，探索在新能源汽车和具备条件的传统汽车中开发新保险产品。

基于国外行业的发展经验和国内政策的推动，保险公司有以下诉求。

- 希望从单一的价格核保过渡到综合服务要素核保的深化服务。单一价格竞争的基本原因在于保险产品的同质化，这并不能为客户提供差异化服务，也不能体现保险公司的综合服务能力。低价同质化竞争具有诸多弊端，既不符合车主利益，也不符合车险长期发展的趋势。保险公司必须通过提供增值服务实现保险产品差异化，使保险市场走出单一价格竞争的怪区，在差异化过程中取得更多优势。

- 创建适应中国国情的基于驾驶行为的动态保险定价机制。对于不同的投保客户，传统的保险定价策略需考虑车辆违章、出险、行驶里程。对于高端客户和低端客户，实行区分管理等。对于更细分的车主特征，运用远程信息技术，根据车主实际使用车辆的情况和保险风险、个人驾驶素质等评估，简单地说，通过测试客户在一段时间内对车辆的驾驶行为，包括恶劣驾驶行为出现的频率、道路伤害的概率等，计算个人驾驶习惯对车险动态定价的影响。

- 为车险用户提供增值的保险延伸服务。除享受保险服务之外，车主在非保险阶段同样有直接或间接地被服务的需求，例如，车辆运行部件故障检测、车辆油耗情况、保养到期提醒等。保险公司希望利用其本身的渠道资源和专业服务为客户提供衍生价值服务。

- 提升救援和理赔过程中用户的可视化体验，更好地利用信息互动提高出险的服务水平。

3.2 项目总体需求

各个保险公司纷纷开始研发车联网 UBI 产品并投入试点。为建立基于驾驶行为的动态保险的定价模型，保险公司需要完成以下工作。

首先，给车主安装 OBD 设备，实时、远程采集车辆数据，用于评估驾驶行为风险。

其次，为车主提供一个能够给用车带来实际帮助的 APP 产品，提供增值的保险服务和用户体验。

最后，有一个开放的、扩展性强的并且能够和保险公司现有系统对接的、支撑大数据分析的系统平台，对用户驾驶行为进行分析，为保险提供全方位服务延伸。

对于保险公司来说，UBI 产品服务可以增加与用户的互动，包括提供涉车的各项服务（如优惠加油、优惠洗车、违章查询、汽车商城等），将有助于提升客户续保率。同时，提供的用户驾驶行为报告、设备报警提醒、车辆故障检测等功能也能够帮助客户改善驾驶行为，降低车辆事故风险。

3.2.1 基本要素

为有效提供 UBI 服务，车联网 UBI 方案（见图 3-1）必须具备以下基本要素。

- ❑ 数据采集。要求硬件具备 OBD 接口、汽车智能传感器、CAN 解析、GPS 定位等功能，能够采集与获取车辆的动态信息，并进行数据处理、分析驾驶行为，为车辆提供智慧的感知能力和高质量的数据。

- ❑ 数据平台。数据平台需要具备处理大数据的功能和强大的开发对接功能，包括海量数据的存储、处理、分析、挖掘和应用。

- ❑ 数据挖掘与算法。基于多种数据维度，如 GPS 定位、加速度传感器、陀螺仪、CAN

总线、车辆信息、驾驶员信息等,进行智能数据挖掘,识别出驾驶风险,为车主改善驾驶行为提供参考,同时为保险公司的保费建模提供支撑。

❑ 业务与运营逻辑。提供个性化业务,提供超强用户体验并增强用户黏性。根据保险需要,开发车联网 APP,提高用户对保险服务的认可度,为用户的保险理赔和救援过程提供更细致、更全面的服务。

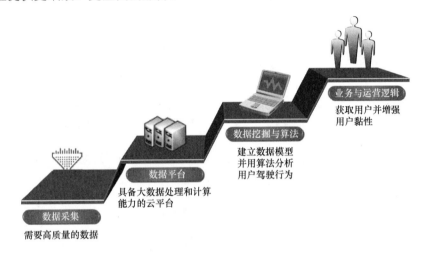

图 3-1 车联网 UBI 方案

以上 4 个要素是车联网 UBI 的基本要素,缺一不可。在具体的产品开发过程中,需要对每个要素进行打磨和扩展,以有效地提升保险产品的市场竞争力。

3.2.2 使用场景

车辆加装 OBD 硬件终端之后,基于采集的数据可以产生表 3-1 所示的部分使用场景。

表 3-1 部分使用场景

硬件	功能子项	使用场景
定位功能	车辆定位	车辆导航; 车辆跟踪; 车辆防盗; 保险理赔; 一键报案
	轨迹记录	个人行程管理

续表

硬件	功能子项	使用场景
OBD 功能	车况监测	低压报警
	诊断报警	保养提醒、拖吊提醒等；故障救援服务
	里程统计	保费费率优惠；安全驾驶记分奖励等
	驾驶行为记录	驾驶行为改善，提高安全性
	油耗记录	油耗分析，提供建议；加油提醒等
增值服务	与车有关	汽车美容保养服务（洗车、保养、换补胎等服务）；汽车代办服务（代办车辆年检、酒后代驾等服务）；救援服务（拖车、送油等服务）；车辆置换服务（二手车置换竞价、新车团购等服务）；零配件报价服务
	与人有关	汽车商城；自驾游；周边餐饮服务

3.2.3 业务需求

车联网 UBI 方案包括硬件、大数据平台、数据挖掘、业务与运营这 4 个业务模块。

车联网硬件终端要求具备标准的 OBD 接口、智能传感器、CAN 解析、远程故障诊断、感知行车状态与环境等功能，需要具有稳定、适配、安全可靠、价格便宜等特点，如表 3-2 所示。

表 3-2 车联网硬件终端需求

需求	需求描述
设备稳定在线	设备安装后，能够稳定运行并保持在线
设备适配率高	设备能够兼容适配市场中 95%以上的主流车型
里程精准率高	设备里程精准度误差率小于 3%

续表

需求	需求描述
油耗精准率高	设备油耗的精准度误差率小于 5%
设备安全可靠	设备通过我国强制产品认证
价格低	市场同类产品中价格最低

车联网大数据平台需要处理车辆数据、设备数据、用户数据、业务数据等数据,需要实现海量存储、实时计算,具有很好的可扩展性和很高的可靠性,如表 3-3 所示。

表 3-3 车联网大数据平台的需求

需求	需求描述
数据正确、完整存储	数据正确存储,无数据丢失,确保数据的完整性
可扩展性	当接入车辆数量增加、业务用户数量增加、系统平台扩容时,系统软件能够平滑升级(如在系统功能不变的情况下,只增加硬件,应用软件不产生相应费用)
架构开放	系统架构开放,具有强扩展性,可满足其他同类产品的接入
系统可靠性	系统具备一定的容错机制并且在瞬时出现高负载的情况下可正常运行等
系统监控	系统具有故障监测和预防机制、系统防宕机以及宕机快速处理机制等
系统性能	系统支持百万级大数量终端接入,并满足各项性能数据
平台安装部署方便	能够快速完成平台的安装、部署,便于业务的使用和推广
快速对接能力	可以有效地帮助各类终端快速接入平台
数据挖掘能力强大	具备强大的数据挖掘能力,能够为保险业务提供决策依据
设备远程升级快捷	具备快捷的远程升级能力,增强硬件设备自适应的能力
车辆监控及时	能够识别车辆的唯一性并对设备插拔行为进行及时监控
驾驶行为统计	能够精确统计急加速、急减速、急刹车和急转弯等驾驶行为
轨迹分段实时	具备平滑轨迹和实时轨迹,为日常驾驶路线特征分析提供依据
海量存储和大容量并发访问	支持百万辆车机的并发访问,支持百万 APP 用户的同时访问,以及海量数据的存储与计算
平台安全稳定	具备完整的主备机制、多级鉴权、访问控制,确保数据安全性,并按照电信级的要求确保业务运行的稳定性

车联网具备 GPS 定位数据、加速度传感器数据、CAN 总线数据、驾驶员信息等数据。可对这些数据进行深度的智能挖掘,识别出驾驶风险,为保险公司定保提供模型参考,并帮助车主改善驾驶行为来降低事故概率,具体如表 3-4 所示。

表 3-4 数据挖掘需求

驾驶行为	描述
碰撞	若车辆发生的疑似碰撞多,则说明驾驶行为不好,出事故概率高
疲劳驾驶	若车辆在点火后运行时间过长,则说明可能存在疲劳驾驶,容易发生事故
超速	若车辆超速报警越多,则出事故的概率越高
急加速/急减速/急转弯/急刹车	若车辆的四急次数越多,则说明用户的驾驶习惯较差,发生事故的概率比较高
车辆常用行驶路线及停驻习惯	若车辆行驶路线及停驻地点相对固定,则不易发生事故;反之,则易发生事故
车辆违章	若车辆的违章次数多,则说明用户的驾驶行为太差,出事故的概率高
车辆和设备串插	若车辆上绑定的设备被拔掉,则严重影响车辆数据采集的真实度,属于用户作弊行为
油耗	若车辆的油耗远大于同款车的油耗,则说明车况或者驾驶行为不好,易出事故
车辆在山路或坡路、弯路的行驶概率	若车辆经常行驶在山路上,或者经常有上下坡、急弯的路面,则出事故的概率相对较高
车辆故障及故障处理及时性	若车辆故障多或故障后行驶里程长,说明车辆保养维护不及时,易在行车时引起事故
车辆日常车况行为	若车辆总行驶里程长,电瓶电压长期偏低,则配件的运行状况相对较差,易引起事故
用户普通驾驶行为	若车辆发动机长时间转速高,水温短时间升高过快,则说明驾驶行为不好,事故的概率相对较高
恶劣天气中的行车次数	若车辆经常在雨、雪、雾或者极寒、极热的天气状况下行驶,则发生事故的概率比较高

为有效推动业务的开展,不仅要为用户提供车联网 APP 来增强服务黏性,还要开发 Web 端来提供业务运营支持,需求如表 3-5 所示。

表 3-5 业务与运营需求

需求	描述
业务需求响应快	能够快速开发 Web/APP,支持业务推广
Web/APP 用户体验好	应用的整体风格美观,UI 布局合理,内容显示正确,容易操作
程序数据流量消耗小	在相同的使用场景下,应用消耗的数据流量不大于同类型应用的数据流量
兼容适配性高	支持主流浏览器和主要品牌的手机访问
程序启动快	应用程序启动时间短于 3 s
设备安装便捷	设备安装方便,能够即插即用
技术支持响应快	能提供 7×24 小时的服务支持,具备问题的当天响应和快速解决能力
有专业的客服团队	能提供 400 客服电话、微信、QQ、E-mail、APP 留言等有效的客户沟通手段
有现场服务能力	厂家提供专业化的现场技术支持队伍
业务运行稳定	业务系统运行稳定,无重大故障
产品文档资料完整	提供完整的产品安装手册、使用说明等资料

3.3 硬件需求分析

为获得车辆的各种传感数据,硬件需要满足一定的功能需求和性能要求。

硬件功能需求如表 3-6 所示。

表 3-6 硬件功能需求

硬件功能需求	描述
车辆点、熄火	精准判断车辆的启动和熄火
休眠唤醒	在判断车辆熄火后,能自动进入休眠模式,在休眠模式下基本不消耗电量
网络通信	设备支持 2G、4G、5G 网络通信
数据上报	设备定时上报数据包,包括车辆电瓶电压、通信信号、定位情况等
远程升级	支持设备内部固件的远程升级
数据盲区补报	支持无信号条件下的数据缓存功能
故障检测	支持车辆的故障码读取
里程读取	支持车辆仪表盘里程读取
驾驶行为	支持用户驾驶行为分析
低电压报警	支持低电压报警
碰撞报警	支持疑似碰撞报警
插拔报警	支持设备断电报警
车辆定位	支持 GPS 定位功能
电子围栏	支持电子围栏报警
参数配置	支持硬件和数据上报参数的动态配置

硬件性能需求如表 3-7 所示。

表 3-7 硬件性能需求

硬件性能需求	描述
定位	支持 GPS、BD 定位、基站定位
工作电压	DC 6~36 V
工作电流	<55 mA @13.7 V
最大电流	<120 mA @13.7 V
待机电流	5 mA @12.2 V
工作温度	−20℃~80℃

硬件性能需求	描述
工作湿度	10%～90%
GPS 定位精度	<10 m
GPS 冷启动时间	<55 s（开阔地带）
GPS 热启动时间	<15 s

其他硬件需求如表 3-8 所示。

表 3-8 其他硬件需求

其他硬件需求	描述
适配车型	设备能够适配市场常见车型车款，适配率在 95%以上
3C	通过国家质量认证中心认证
丝印	在设备表面显著位置有产品名称、客户标志等信息
包装	外包装盒上体现产品名称、型号、功能、技术特性等信息。正面设计印有客户标志，同时需要在显著位置体现客户信息，侧面设计印有产品功能描述
网关	能够配置为客户服务器地址

3.4 平台需求分析

车联网大数据平台为保险公司提供设备管理和数据管理服务，是保险业务、车联网业务的集成平台。平台不仅可以对企业用户进行支撑，还可以为个人用户提供服务。因此要求该平台开放、易扩充、易维护，能够为保险业务提供系统支撑。

车联网大数据平台的功能需求如表 3-9 所示。

表 3-9 车联网大数据平台的功能需求

功能需求	描述
分布式数据存储	采用分布式架构，实现对各类型数据（实时数据、批量数据、缓存数据、结果数据、结构化/半结构化/非结构化数据）的海量存储，数据冗余，资源可线性扩展并支持历史数据查询以及大数据应用分析，可对实时定位、轨迹绘制、告警信息、车身数据、驾驶行为等数据进行快速读取，及时响应实时业务应用
实时数据计算	可以实现消息的秒级处理，并通过分布式处理模式实现高并发处理，数据不堆积
业务数据接口	提供内部业务的各项功能和数据调用接口

续表

功能需求	描述
第三方接口开放	提供开放接口,允许第三方的业务调用
第三方设备接入	提供统一的设备管理网关,能够接入不同设备制造商的产品
在线升级	当系统在集群模式下升级时,用户无感知
系统报警监控	系统具备自主监控能力,发生故障时能够主动进行报警
数据挖掘计算	能够根据采集的传感数据对车主的驾驶行为进行自主学习和分析,并生成用户画像,为计算用户保费提供参考

车联网大数据平台的性能需求如表 3-10 所示。

表 3-10 车联网大数据平台的性能需求

性能需求	描述
终端接入能力	能够支撑 200 万台终端的接入,在高峰时能够支持 80%的终端同时在线
用户支撑能力	稳定支持 500 万个用户注册,日常支持 20%的用户同时在线
响应时间	业务后台所有功能响应时间不超过 5 s,平均响应时间是 3 s
系统可靠性	故障停机时间在 3 个月内不能超过 2 h
数据可恢复性	系统数据和业务数据可联机备份,数据保持完整性和一致性
数据存储	生产库至少保留 6 个月的数据,备份库至少保留 12 个月的数据
可维护性	具有集中维护、配置功能,包括系统参数设置、系统日志管理
安全性	具备完善的安全机制,包括数据传输加密和授权访问等
可扩展性	允许动态加载不同的行业模块

车联网大数据平台的算法需求如表 3-11 所示。

表 3-11 车联网大数据平台的算法需求

算法需求	描述
驾驶行为算法	基于设备的传感数据对用户的驾驶行为建模,产生用户驾驶行为的画像
碰撞算法	基于设备的传感数据以及相关的数据进行建模、过滤和比对,上报疑似碰撞报警的消息事件
轨迹分段算法	根据行驶过程的 OBD 数据及 GPS 数据,对车辆行驶过程中的轨迹进行实时智能分段,并能对 GPS 抖动及移动网络不稳定导致的误差进行局部修正
油耗分析算法	通过对已有轨迹分段做数据分析,提取各车型在不同路况、不同时段、不同车速下的平均油耗,为行车路线、驾驶行为提供分析依据
车况指数算法	根据 OBD 收集的车况信息、故障码信息以及驾驶过程中车辆的动态信息,通过计算得出能客观反映车况的指数

3.5 Web 端需求分析

车联网项目 Web 端为设备、车辆、用户、业务提供统一的管理平台，是客户开展业务的支撑系统。

Web 端功能需求如表 3-12 所示。

表 3-12　Web 端功能需求

Web 端功能需求	描述
用户管理	对用户账号进行新建、修改、删除、查询等操作
车辆管理	对车辆进行新建、修改、删除、查询等操作
设备管理	导入设备，进行设备查询检索、车辆绑定和解绑操作
实时车况	获取车辆的当前使用状况和历史车况信息等
报警管理	设置报警参数、低电、插拔、碰撞等提醒并显示处理状态等
业务中心	提供车辆保养、故障救援、车辆年审、商家结算等业务
统计报表	包括驾驶行为统计、设备统计、车辆统计、服务期统计等
远程升级	支持设备进行在线升级

Web 端性能需求如表 3-13 所示。

表 3-13　Web 端性能需求

Web 端功能需求	描述
性能	支持 200 万台终端注册，日常 40%的终端可同时在线，支持 500 万用户注册，20%的用户可同时在线
稳定性	系统崩溃率不高于 1%
兼容性	支持主流浏览器
页面启动时间	打开主界面的时间不能超过 2 s
安全性	具备数据加密和授权处理机制，仅授权用户访问数据和信息
易用性	页面操作简便易用，提示信息通俗易懂

3.6 客户端需求分析

车联网用户通过在车辆上加装 OBD 设备，能够实时采集车辆的相关数据，并基于车辆数据实现车辆监控、故障报警、车况评估、碰撞报警、保养提醒等功能。用户可以通过车联网移动应用随时随地了解汽车的当前状态，同时可以基于对驾驶行为的统计分析改善个人的驾驶行为。

APP 端基本功能如表 3-14 所示。

表 3-14 APP 端基本功能

APP 端客户基本功能	描述
用户管理	用户注册、注销、名称编辑、用户头像显示及更换、密码更改等
车辆管理	车辆添加、编辑、删除，终端设备用户绑定、解绑等
实时位置	显示车辆实时位置，包括车辆熄火后的位置
行车轨迹	行车历史分段轨迹查询
驾驶行为	统计用户驾驶行为数据，包含急加速、急减速、急刹车、急转弯次数
报警提醒	❑ 用车辆点火、故障、碰撞、拖吊、插拔、低电压等报警提醒； ❑ 用车辆违章、续保、限行等用车过程中的主动关怀提醒
车辆报表	显示车辆里程、油耗周报、月报统计
实时监控	显示车辆实时速度、油耗、轨迹（动态）信息
车况体检	故障查询，针对车辆车况给出综合评估分数
一键报案	车主可以通过手机端进行出险报案
汽车商城	提供与用车相关的商品购买和支付

APP 端性能需求如表 3-15 所示。

表 3-15 APP 端性能需求

APP 端性能需求	描述
性能	❑ 用应用冷启动时间（从单击应用图标到进入主界面的时间）不能超过 2 s； ❑ 用关键业务响应时间不能超过 3 s； ❑ 用安装包尺寸不大于同类竞品
稳定性	Android 和 iOS 线上版本崩溃率不高于 1%
兼容性	支持主流手机安装和页面展示
安全性	数据传输加密处理，仅授权用户访问数据和信息
易用性	操作简便易用，提示信息通俗易懂

3.7 小结

本章介绍了车联网 UBI 解决方案的需求,其中包括数据采集、数据平台、数据挖掘与算法、业务与运营逻辑这 4 个基本要素。围绕这些基本要素,本章分别从功能和性能上对硬件需求、平台需求、Web 端需求、APP 端需求进行了分析,总结了关键的功能和性能特性。

第 4 章　项目质量计划

当今电子消费产品日新月异,产品之间激烈的竞争不仅推动了优秀产品的不断涌现,还加速了不良产品的淘汰。在这个过程中,快速交付满足市场客户需求的高质量产品成为企业获胜的关键。在本章中,我们将为车联网项目制订整体的质量计划,覆盖硬件、平台、Web 端、APP 端,为端到端的质量交付提供机制上的保障。

质量计划是质量团队开展质量活动的行动指南。当项目启动后,由质量部牵头,组织相关人员,如产品经理、开发代表、市场代表、采购代表、测试经理等,一起完成产品质量策划,并输出质量计划。通常在项目质量计划中要确认如下问题。

- ❑ 验证什么?明确定义项目需求范围,并识别出功能及非功能需求细节。

- ❑ 如何验证?怎样才能检测出可能影响市场发布的质量问题?检测方法是否科学?质量评审和测试设计覆盖面是否充分?

- ❑ 如何执行?保证机制如何?如何保证项目的质量计划得到正确的实施?也就是说,如何进行过程控制并在执行过程中如何提高效率?如何实施测试自动化?如何缩短周期?如何削减成本?

- ❑ 如何评估质量成熟度?怎么对开发过程和结果进行评估?

- ❑ 如何控制整体质量交付的风险?质量风险控制措施是什么?怎么进行预防?

4.1 需求与质量目标

为确保产品需求的覆盖率和实现的正确性,首先对需求进行快速回顾,然后识别出质量属性,为后续测试设计提供依据和指导。

4.1.1 需求回顾

项目质量是定义和设计出来的,测试只对设计结果进行验证。因此在车联网项目质量计划中,首先需要识别出项目需求以及需求之间的关联,具体如表 4-1 所示。在项目需求设计过程中,需要从整体上来考虑产品功能需求,然后分解到硬件和软件部分,要把项目需求的每个功能,从硬件、平台、客户端进行映射和对齐,避免某个环节的缺失导致最终功能的失效。

表 4-1 车联网项目需求

类别	子类	需求描述	关联
硬件需求	硬件功能规格	硬件功能规格包括支持的各项功能等	固件功能
	结构外观规格	硬件结构需求包括材质、装配、外观等	硬件规格
	固件功能规格	嵌入式固件功能和非功能需求等	硬件规格
	包装丝印规格	硬件外观和外包装需求,如丝印内容及工艺要求等	外观及结构
软件需求	平台需求	平台功能需求、性能、运维部署、运营需求等	固件功能 Web/APP 端需求
	Web 端需求	Web 端功能和非功能需求	平台功能
	APP 端需求	APP 端功能和非功能需求	平台功能
政策法规	硬件认证	硬件产品需要满足国家质量认证中心的 3C 产品认证	硬件规格 固件功能
竞品	软硬件产品	与市场同类产品进行比对,以评估产品市场竞争力	硬件规格 固件功能

4.1.2 质量目标

质量目标是指交付的产品能够满足产品的系统设计需求和客户使用要求。针对车联网项目,质量目标分解如图 4-1 所示。

其中,硬件质量目标涉及批次开箱不良率;平台质量目标涉及支持在线的车机和用户数;客户端质量目标主要涉及功能缺陷遗漏率和版本验收合格率;系统运维质量目标主要涉及上线升级成功率和平台可用率；市场售后质量目标涉及客户退货率。

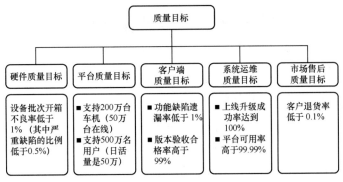

图 4-1 质量目标

4.2 质量团队

质量为产品服务。质量团队是实现产品质量交付的组织和开展质量活动的机构。下面说明如何构建一个质量团队来开展并执行产品质量活动。

4.2.1 质量改进部

在组织结构上，具备独立职能的质量团队是企业质量管理能力的体现。按照车联网业务特征和质量管理需求，成立质量改进部，负责组织内各项目质量活动的开展。质量改进部的架构如图 4-2 所示。该部门负责对硬件质量、软件质量、生产质量、过程质量进行管控，是组织内产品最终质量的守护者。

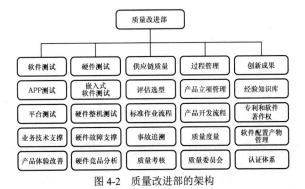

图 4-2 质量改进部的架构

4.2.2 质量委员会

质量委员会是组织内负责质量决策的机构,负责制定公司质量方针和质量目标。它牵头搭建公司的质量能力基础架构,组织相关部门完成产品的总体质量计划,协调并监督各个部门开展质量改进活动,确保组织及其活动的有效管理。在形式上,它是一个是虚拟的组织,由质量改进部牵头并跟进具体的活动,其具体架构如图 4-3 所示。

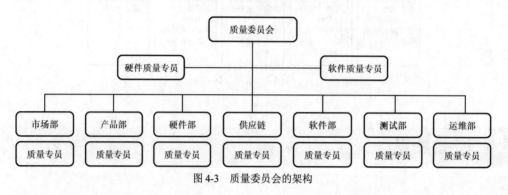

图 4-3 质量委员会的架构

项目质量计划只有在规划、评审和执行良好的情况下才能成功实施。质量委员会需要提供必要的指导和控制,以确保项目质量计划得到有效执行。通过在各个部门中设立兼职质量专员,将质量委员会协调和监督的职能下放,及时了解产品开发进度和存在的问题,并在整个组织内分享最佳实践。

质量委员会负责产品质量策略、人力资源、项目周期、投入成本、发布风险评估,并确保质量计划与公司质量方针保持一致。质量委员会的主要职能如下。

- ❑ 质量目标的制定、组织质量活动的开展。

- ❑ 质量标准和过程规范的定义。

- ❑ 产品发布风险的评估。

- ❑ 质量事故的分析及处罚。

车联网产品开发涉及软硬件开发等环节,需要团队成员的紧密合作和支持,落实质量责任到各个部门。

市场部质量专员的工作内容如下。

- 负责客户订单规格的提交和澄清,确保产品规格清晰、完整。

- 负责客户问题和需求的收集及外部答疑。

- 负责客户问题的内部解决和跟踪追溯。

- 负责收集产品用户体验并提交产品改善建议。

产品部质量专员的工作内容如下。

- 负责导入市场需求,组织产品立项申请和评审,并确认产品的商业目标和市场规模。

- 负责产品的生产资料准备,包括丝印设计、外包装、产品规格书设计等。

- 负责策划及产品推广方案,为产品市场销售提供指导和方向。

硬件部质量专员的工作内容如下。

- 负责产品技术方案的调研、评审。

- 负责产品进度计划的制订并推动其落实。

- 负责产品硬件设计和布板设计,定义硬件规格和关键元器件,并确保内容的正确性和完整性。

- 负责组织产品外观设计和方案评审。

- 负责产品的模具开发和样机生产。

- 负责实现软件版本功能,并确保功能的正确性和可靠性。

- 负责硬件整机质量相关问题的紧急响应和限时解决。

测试部质量专员的工作内容如下。

- 负责硬件设计和软件版本的功能验证、问题回归和车机版本的质量交付。

- 负责对样机及试产的产品进行测试、验证。
- 负责对整机产品进行系统测试和实车测试。
- 负责平台和 APP 软件版本的功能验证、问题回归和软件版本验证。
- 负责承担错误或不合格版本所导致的刷机、返厂等相关成本。
- 负责车机硬件入库前的二次抽检。

供应链质量专员的工作内容如下。

- 负责承担设备供应商的选择和风险管控等。
- 负责元器件来料质量检查和风险管控。
- 负责代工厂的硬件生产工艺质量管控。
- 负责硬件设备出厂质量验收。
- 负责协调解决硬件设备售后故障和维修。

运维部质量专员的工作内容如下。

- 负责硬件设备入库抽检质量验收。
- 负责车型的适配测试和数据分析。
- 负责硬件设备的出库发货管理,确保设备规格、型号正确。
- 负责售后硬件产品质量问题跟踪和解决推动。

4.3 质量流程

车联网项目质量包括硬件质量和软件质量两部分,通常实施两类质量措施。

4.3 质量流程

- ❏ 检查是否按照流程开展相关的质量活动。

- ❏ 检查相关质量活动中输出的产物是否满足质量要求。

4.3.1 硬件质量控制

硬件的开发过程包括产品概念的提出、EVT（Engineering Verification Test，工程验证测试）、DVT（Design Verification Test，设计验证测试）、PVT（Production Verification Test，生产验证测试）、MP（Mass Production，量产）等活动，如图 4-4 所示。

图 4-4 硬件开发过程

开发过程中的主要质量活动如下。

- ❏ EVT，对工程样机进行基本功能验证，验证设计方案的正确性。

- ❏ DVT，对测试样机进行全面可靠性测试，验证设计方案的可靠性。

- ❏ PVT，用于量产前的功能验证，确认功能的一致性和可靠性。

为确保最终硬件的质量，需要在各个阶段开展相应的质量活动。硬件生产过程如图 4-5 所示，主要包括来料抽检、贴片后进行自动光学检测、对 PCBA 进行夹具测试、在装配环境中进行老化测试，以及对出货的产品进行抽检验收等关键活动。

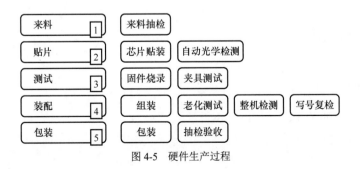

图 4-5 硬件生产过程

硬件开发过程中主要的输出产物如表 4-2 所示。

表 4-2 硬件开发过程中主要的输出产物

序号	主要活动	责任部门	输入内容	输出产物
1	市场需求调研	市场部	市场需求表	立项申请表
2	产品立项	产品部 硬件部	立项申请表	产品需求规格说明书
3	产品技术方案设计评审	硬件部	产品需求规格说明书	产品技术方案
4	产品开发计划	硬件部	产品技术方案	开发进度计划
5	产品外观设计	硬件部	产品需求规格说明书	外观结构方案
6	产品硬件设计	硬件部	产品需求规格说明书	关键元器件清单、PCB 原理图
7	产品模具设计	硬件部	外观设计方案	模具方案
8	产品软件开发	硬件部	产品需求规格说明书	软件版本
9	产品样机开发	硬件部	PCB 原理图	样机
10	样机功能测试	测试部	产品需求规格说明书	测试报告
11	样机环境可靠性测试	供应链	样机	环境可靠性测试报告
12	产品认证	硬件部 计划部	产品认证需求，如 3C/FCC/CE 等	产品认证资料及进度计划
13	产品包装设计	产品部 UI 设计人员	外观设计方案 产品需求规格说明书	产品丝印、包装外壳设计、产品规格说明书、产品安装手册、质保单、合格证
14	产品生产资料	硬件部	产品 BOM 清单 产品包装资料	产品 BOM、PCB 资料

4.3.2 软件质量控制

1. 软件开发过程

软件开发过程中的关键活动如图 4-6 所示。

4.3 质量流程

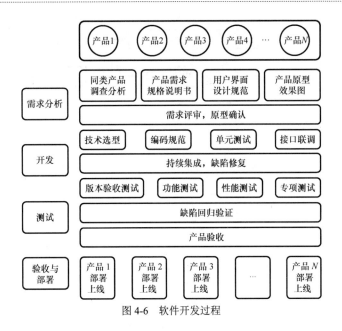

图 4-6 软件开发过程

- 需求分析。首先，根据客户的功能需求与使用场景，进行竞品分析比较。然后，整理、完善产品需求规格说明书。根据用户界面设计规范，完成产品原型图设计，在内部组织客户、市场、产品等关键干系人进行需求评审和原型确认。

- 开发。根据团队的技能和产品的特点，选择合适的技术框架进行架构设计。在开发之前，需要制定编码规范，并对团队成员进行培训，确保满足编码风格、接口定义、代码注释等要求。对模块的重点功能进行单元测试，在提交版本前完成接口的联调测试，最后进行版本持续集成和缺陷修复。

- 测试。在需求定义后，开始编写测试用例并对测试用例进行分类。在开发环境中，当开发人员提交代码后，会通过持续集成工具触发版本自检测试用例。若测试用例通过，则进行集成测试。测试人员开始执行版本验收测试用例，若未通过，则退回此版本，要求开发人员修改并自检；若验收测试用例通过，则执行功能测试、性能测试、专项测试等活动，并持续进行缺陷回归验证，之后将进入生产环境进行版本部署。测试过程中的活动如图 4-7 所示。

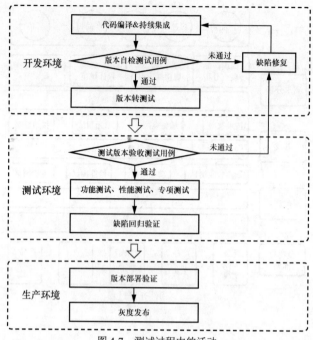

图 4-7 测试过程中的活动

- 验收与部署。测试通过后，由产品经理组织相关人员进行产品内部试用，收集内部人员的使用反馈，完成验收后提交运维人员并部署、发布。软件测试版本的自检项如表 4-3 所示，需要项目测试负责人在版本发布之前进行严格自检，从流程上保障发布的正确性。

表 4-3 软件测试版本自检项

序号	测试版本自检项	检查点
1	升级指导书	❏ 是否放入规定的转运营路径？ ❏ 是否在测试环境中进行测试升级验证？ ❏ 升级指导书内各个修改项是否清晰？ ❏ 升级注意事项是否说明清晰
2	开发需求文档	❏ 是否放入指定的转运营路径？ ❏ 需求文档是否齐全
3	测试报告	❏ 是否提供测试用例？测试结果是否更新？ ❏ 是否放入指定转运营路径
4	新增功能、修复功能列表	❏ 新增功能列表是否说明清晰？ ❏ 修复功能列表是否说明清晰
5	遗留问题列表	❏ 缺陷单严重等级、优先等级标注是否正确
6	版本上线更新说明	❏ 是否提供完整版本上线更新说明

2. 软件开发过程中的输出产物

在软件开发过程中，主要的输出产物如表 4-4 所示。

表 4-4　软件开发过程中的输出产物

序号	主要活动	责任部门	输入内容	输出产物
1	软件立项	产品部	立项申请表	需求规格说明书
2	产品需求评审	产品部	需求规格说明书	更新版本需求规格说明书
3	设计原型图	产品部	需求规格说明书	高保真原型图
4	软件系统设计	软件部	系统架构及数据模型	系统架构设计
5	软件模块设计	软件部	需求规格及原型图	软件概要设计
6	测试用例设计	测试部	测试用例	—
7	代码静态检查	软件部、测试部	归档版本代码	代码分析报告
8	版本测试	软件部、测试部	需求规格说明书和测试用例	缺陷提交系统
9	灰度发布	产品部、运维部、市场部	运营版本	用户体验反馈

3. 版本发布检测项

所有准备发布的版本必须经过严格的系统级测试，经版本发布流程评审，满足版本发布标准（见表 4-5），并经产品经理验收通过后方可发布。

表 4-5　版本发布检测项

序号	发布准则	检测项目
1	满足功能需求定义中的功能性要求	☐ 功能性测试用例完成评审并全部执行。 ☐ 功能性缺陷都已记录到缺陷管理系统并进行有效跟踪。 ☐ 功能性严重的缺陷已经解决并通过测试。 ☐ 缺陷出现的趋势呈收敛状态，在内部灰度测试体验中，没有发现错误等级为严重的缺陷
2	满足需求定义中的性能指标要求	☐ 性能测试用例完成评审并全部执行。 ☐ 性能中的时间响应和资源等指标满足产品定义。 ☐ 性能中的负载指标满足产品定义
3	满足需求定义中的兼容性要求	☐ 浏览器兼容性满足产品定义。 ☐ 手机应用兼容适配性通过第三方工具检测，并且通过率大于 95%

续表

序号	发布准则	检测项目
4	满足需求定义的安全要求	安全性用例通过评审并测试通过
5	版本遗留问题	☐ 所有影响用户使用的bug都经过产品经理、市场经理、运营经理、测试经理的评审,并确定了最终的解决措施。 ☐ 版本存在的遗留问题经过了产品经理的风险评估

4.4 测试设计模型

作为产品质量从业者,我们具有两面性——产品质量的守护者和产品的使用者。基于这个角色,我们先问自己:"是否愿意购买自家开发的产品?"例如,为了确保飞机的商用质量和安全性,制造商要求参与制造的成员作为第一批乘客参与飞机的试航。如果我们有幸参与飞机制造质量活动,怎么能不全力找出各种隐患呢?车联网产品是和车辆行驶安全相关的产品,需要从系统的角度进行产品的测试。从产品功能需求出发,对产品的功能点进行分析,提取出功能的质量属性,根据质量属性选择不同的测试方法,同时结合产品的用户场景环境(作为测试数据输入)设计测试用例。具体测试设计模型如图4-8所示。

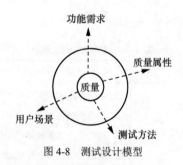

图 4-8 测试设计模型

4.4.1 质量属性

基于系统和软件质量要求与评估模型,从车联网用户的角度思考产品的质量属性并进行相应的产品测试设计,选择和车联网相关的如下质量属性。

- 功能性。满足用户操作的一组属性，如车联网产品中的位置定位、故障诊断、报警提醒等功能要能满足用户操作需要。测试方法可以参考产品需求规格说明书和行业的规范、标准，同时可以结合市场上同类产品的功能进行评估。

- 可靠性。在指定条件下、指定时间内执行指定功能的可靠程度，如车联网产品中的位置定位、数据上传等功能在任何条件下都应该正常工作。首先统计典型用户使用的频率和时长，然后定义一款产品在其生命周期内使用的时长（实际测试数据为其两倍），以验证产品出错的概率。

- 性能效率。主要表现为时间响应或资源占用情况，如车联网产品中设备定位的速度、报警提醒的延迟时间等。测试方法是与同类产品进行比较，以提高产品的竞争力。

- 兼容性。能够和其他的系统或产品进行数据交换，不影响系统功能。如车联网硬件设备安装到不同车辆后都能够采集到车辆的车架号、里程等信息。测试方法是对市场上主流的车型进行适配测试。

- 安全性。在产品运行过程中，不会产生功能异常，对车辆或人身不会产生危害。如车联网产品安装在车上之后，不会对车辆的行驶产生影响。测试方法是按照国家的标准、法规进行产品认证测试，同时参考电子产品的召回或退货标准，从风险和问题角度进行预防。

4.4.2 测试方法

硬件测试主要是包括硬件物理设备的可靠性测试（包括环境测试、机械测试、表面处理测试、耐电源性测试）和性能测试（包括天线测试与实车户外测试），如图 4-9 所示。

软件测试主要包括对 APP 端、Web 端、软件平台、硬件固件程序进行测试，如图 4-10 所示。

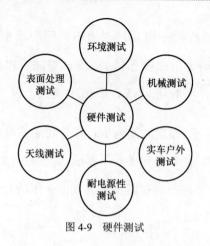

图 4-9　硬件测试

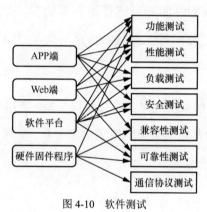

图 4-10　软件测试

4.4.3　用户场景

车联网产品的主要特点是移动性,活动主体是车辆。车辆在使用过程中受到车辆环境(类型和配置)、地理位置、运营商网络、天气环境等因素影响,具体如图 4-11 所示。

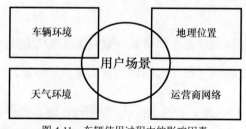

图 4-11　车辆使用过程中的影响因素

❑ 车辆环境。例如,不同车辆品牌的 OBD 接口安装位置不同,车辆的配置(如金属膜等)

也不同，这些都会影响 GPS 信号，不同车型的 ECU 版本的差异可能会导致适配不同。

- 地理位置。例如，在隧道、山路等环境下，GPS 信号和网络通信信号可能会受影响。

- 天气环境。例如，在温度高、湿度大的等环境下，GPS 信号和网络通信信号可能会受影响。

- 运营商网络。例如，运营商的地区覆盖率以及 SIM 卡的规格和材质等可能会影响通信信号。

4.4.4 基于质量属性测试设计

从产品的需求功能出发，选择对应的质量属性，并找出关联的子属性，针对每个子属性使用合适的测试技术进行测试用例设计，然后执行测试用例，收集每个子属性的结果来达到评估产品需求覆盖度和成熟度的目标。质量属性测试设计模型如图 4-12 所示。

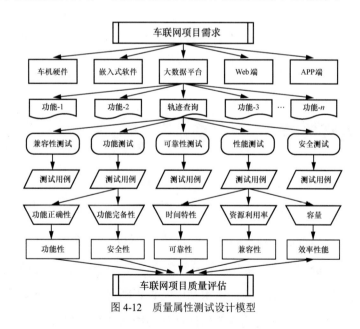

图 4-12　质量属性测试设计模型

从图 4-12 可以看出，在需求功能的质量属性和测试方法之间建立了一对多的映射关系，即对于每一个需求功能的质量属性，都有多个对应的测试方法，从而提高质量属性测试的完整性。以轨迹查询功能为例,其测试设计如图 4-13 所示。

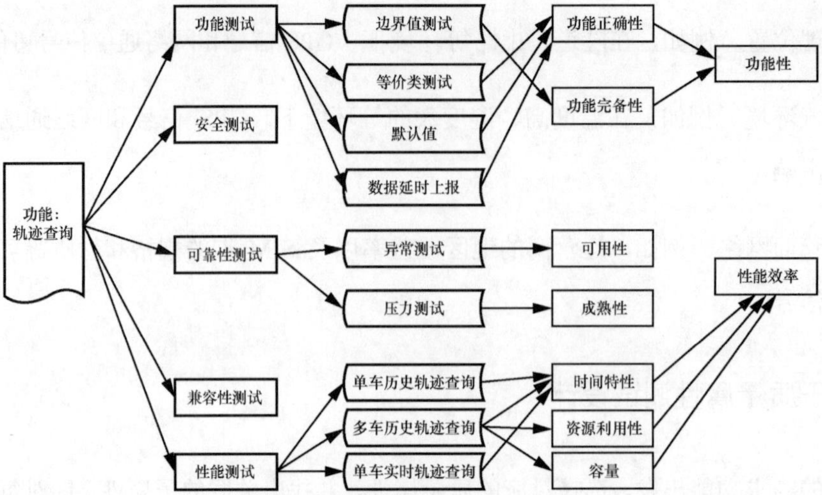

图 4-13　轨迹查询功能的测试设计

在测试设计中,把用户场景数据作为测试方法的输入元素,来丰富测试数据。当用户行驶在城市内高楼密集的区域或隧道内时,可能会没有 GPS 信号和通信信号,若查询车辆轨迹,可能就没有数据。在空旷地带,设备接收到信号后,就会产生数据补报,平台会重新进行轨迹计算和处理。此时,需要关注数据补报的正确性和完整性。

4.5　测试执行策略

4.5.1　测试阶段活动

测试阶段通常分为 Alpha、Beta、RC（Release Candidate,预发布）阶段,对应的测试活动如表 4-6 所示。在 Alpha 阶段,版本尚不成熟,存在较多的缺陷,开发人员进行功能联调和修复,测试活动以功能测试为主,验证需求功能是否正确实现。在 Beta 阶段,版本基本功能已经完成,开发人员持续添加新功能,测试活动从功能测试扩展到非功能测试。在 RC 阶段,版本趋向成熟,没有开发新功能,开发人员以缺陷修复为主,测试活动以回归为主,确保缺陷修改过程中没有造成功能衰减。

表 4-6 测试阶段的活动

活动	责任人	Alpha 阶段	Beta 阶段	RC 阶段
模块功能自检	开发人员	√	√	√
版本验收测试	测试人员	√	√	√
缺陷回归及确认	开发人员、测试人员	√	√	√
新功能验证	测试人员	√	√	—
模块负载测试	开发人员、测试人员	—	√	√
链路压力测试	开发人员、测试人员	—	√	√
兼容性测试	测试人员	√	√	√
性能测试	开发人员、测试人员	—	√	√
安全测试	开发人员、测试人员		√	√
易用性测试	测试人员		√	√

4.5.2 用例执行策略

在开发测试过程中，经常面对的问题是不断提交的版本和有限的人力资源的冲突。针对这些冲突，有如下应对的策略。

1. 按照产品的重要程度和用户使用频率选择执行对应的测试用例

每个产品都有各自的定位，也就是产品的卖点，需要最大限度地满足主要的功能需求，基于这个原则指定测试用例的执行优先级并进行测试资源的分配，即哪部分功能对用户最重要，就优先保证这部分功能可用。具体分类原则如表 4-7 所示。

表 4-7 用户场景分类原则

序号	场景分类	说明	具体场景
1	紧急场景	不论平时使用频率如何，此场景的优先级别最高，对用户将产生极大影响	车辆报警功能
2	关键场景	用户经常会使用的功能	位置查询功能
3	一般场景	用户使用频率不高但是比较重要的功能	车辆诊断
4	少数场景	用户会使用的功能，但很少使用	预约保养
5	可忽略场景	用户几乎不会使用的功能	问题反馈

在执行测试用例时，除考虑重要程度之外，还需要考虑用户使用频率，如表 4-8 所示，通过将功能重要程度和使用频率结合在一起，将提供有针对性的测试，有效降低产品的发布风险。

表 4-8 重要程序与使用频率相结合

使用频率	非常重要的功能	关键的功能	一般的功能	不在意的功能
使用频率高	位置导航	位置功能	用户登录	—
使用频率中等	车辆报警	车辆诊断	—	—
很少使用	事故救援	统计报表	—	问题反馈

2. 按照开发修改影响的范围选择执行测试用例

评估每个版本中开发修改的影响范围，选出和每次变更的代码相关的测试用例，降低测试用例的重复率。解决每次发布版本都要对全部测试用例进行回归的问题，只执行与修改的代码相关的测试用例。

3. 基于程序的稳定性和缺陷严重程度

首先，对版本进行快速的验收测试，坚决退回未达到转测试质量的版本。然后，对版本缺陷进行有效性分析，分析在哪些功能上发现的缺陷比较多，分析这些缺陷影响的模块。对缺陷多的模块可以重点测试，作为高优先级别的问题。缺陷少的模块可作为低优先级别的问题，以节省人力，提高效率。

4.6 产品质量评估

产品质量需要从产品内部质量、外部质量、使用质量的角度进行综合评估，如图 4-14 所示。

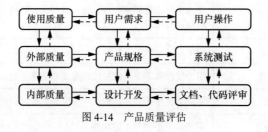

图 4-14 产品质量评估

内部质量是从内部开发人员的视角评估的，主要关注系统模型、文档、源代码等的质量。

外部质量是从外部视角评估的，主要关注软件在运行时，特别是模拟运行时的质量状态。

使用质量是从用户使用的视角评估的，通常用于评估用户在特定环境中能达到其目标的程度。

4.6.1 内部质量验收

内部质量验收主要对开发过程中的产物（主要包括文档、代码、版本等）进行评审，通常采取评审方法。关键的检测项如表 4-9 所示。

表 4-9 关键的检测项

检测项	检测标准	检查方法
产品需求文档	通过产品立项并会签	组织项目相关人员（包括市场人员、产品人员、运营人员、研发人员等）进行产品立项评审
产品设计文档，包括硬件及软件规格说明书	明确定义产品功能需求和非功能需求	进行产品评审并会签
研发设计文档，包括系统架构及数据模型、概要设计、接口设计等	满足产品功能需求和非功能需求	技术专家组评审
测试设计文档	用例达到需求覆盖度要求	研发人员和测试人员评审
代码	符合编码规范要求	开展代码评审、静态扫描检查，检查编码规则、代码复杂度、注释比例等
项目缺陷统计及测试报告	达到版本发布准则	组织技术专家组评审并统计测试覆盖率

4.6.2 外部质量验收

外部质量是在软件运行过程中进行度量的。在系统测试阶段，由测试工程师对硬件设备、嵌入式固件、平台端、Web 端、APP 端模块执行测试用例来验证功能是否满足规格设计要求，如表 4-10 所示。

表 4-10 外部质量的检测项

检测项	检测标准	检查方法
硬件设备	通过硬件系统测试用例	使用硬件检测工具,如高低温箱、电流表、示波器等
嵌入式固件	通过车机系统测试用例	使用硬件工装设备模拟测试,或实车测试
平台端	通过平台系统测试用例	功能测试、性能测试、可靠性测试、兼容性测试、安全性测试
Web 端	通过 Web 端系统测试用例	功能测试、性能测试、可靠性测试、兼容性测试、安全性测试
APP 端	通过 APP 端系统测试用例	功能测试、性能测试、可靠性测试、兼容性测试、安全性测试

在公司内部建立灰度发布机制,在硬件和软件产品通过系统测试之后,组建市场和运营用户群,模拟真实用户的使用情况,进行产品反馈。质量改进部收集使用过程中的问题和反馈,组织相关的产品人员、研发人员、市场人员、运维人员、测试人员对问题进行评审,将缺陷问题和使用问题纳入研发需求,进行版本的迭代更新。

4.6.3 使用质量验收

产品经理对接客户,构建小批量实验,建立真实的使用场景。从用户使用的角度,评估产品的使用质量,验证产品的功能和性能是否满足使用的要求。

硬件设备验收检测项如表 4-11 所示。

表 4-11 硬件设备验收检测项

检测项	检测标准	检查方法
外观	❏ 表面烤漆均匀,无裂纹,无起泡,颜色均匀。 ❏ 不能有碰伤、刮伤、掉漆现象。 ❏ 表面清洁度要良好,不能有油污和污渍	外观目测检查
尺寸包装	❏ 包装外壳、产品标签内容符合客户要求。 ❏ 包装方式与附件数量符合规定	❏ 内容比对,其中应包括终端名称、型号、规格、生产厂商、联系方式、商标标识、功能说明、设备编码、序列号等信息。 ❏ 数量比对,应核对产品使用说明书、合格证、服务受理单、质保卡和硬件设备等
结构强度	❏ 设备在摇晃时不可有响声。 ❏ 若有附件(如天线、延长线),则检查组装无松脱、接触不良等现象	❏ 晃动硬件设备,观察是否有声响。 ❏ 连接天线,检查是否连接紧固;连接设备和延长线,检查是否连接紧固
电气性能	❏ 设备指示灯工作正常,无死灯等现象。 ❏ 额定电压下,电流参数符合要求	❏ 上电观察设备指示灯。 ❏ 设备上电,使用电流表测量,正常工作后电流应小于产品规格要求的电流

续表

检测项	检测标准	检查方法
功能	☐ 位置服务； ☐ 车况检测； ☐ 报警消息； ☐ 里程信息； ☐ 油耗信息； ☐ 统计报表	实车测试，安装硬件设备到车辆上，车辆点火行驶后，在客户端程序和管理端后台观察数据上报情况
性能	☐ GPS 冷启动时间短于 55 s； ☐ GPS 热启动时间短于 15 s； ☐ 包装外壳、产品标签内容符	☐ 硬件设备上电后，统计定位时长； ☐ 等待设备休眠，通过振动唤醒设备，检查硬件设备定位时长； ☐ 硬件设备上电后，统计联网时长

软件功能通常是通过访问或使用真实的 Web 程序或 APP 程序来进行测试的，以确认需要的功能是否满足用户使用场景的要求，如表 4-12 所示。

表 4-12 软件功能检测项

检测项	检测标准	检查方法
Web 端功能	验证版本功能是否满足 Web 端需求规格说明书中的要求	☐ 采取各种黑盒测试方法，如边界值分析法、等价类划分法等，验证 Web 端功能是否正确； ☐ 使用常用的浏览器（如 IE、Chrome）检测程序界面显示是否正确
APP 端功能	验证版本功能是否满足 APP 端需求规格说明书中的要求	☐ 采取各种黑盒测试方法，如边界值分析法、等价类划分法等，验证 APP 端功能是否正确； ☐ 使用常用的手机安装 APP，检查程序是否正确安装，启动后是否显示正确，功能是否可用

4.7 风险控制

车联网项目涉及软硬件多个环节，这增加了质量风险的概率，因此需要提前进行风险控制，找出应对的措施。通常影响产品快速交付的因素有需求风险、研发风险、供应链风险和测试风险。

1. 需求风险

需求含糊不清往往是产品失败的根源。其中包括产品的定位不清晰，客户群和应用场景不清晰,产品的商业模式不明确等问题。需求风险如表 4-13 所示。

表 4-13 需求风险

类别	问题描述	应对措施
市场客户需求风险	产品的市场定位不清晰,销售模式和推广方式不清楚,在价格、功能、设计等方面的竞争力不清晰	无论是自研还是客户定制开发,产品开发前都要进行市场调查和竞品分析,提供具体的需求并与客户确认。一旦客户确认,需要签订正式合同并将需求功能作为合同附件明确下来
产品规格需求风险	产品功能追求完美,试图定义一个大而全的需求清单,导致成本、资源和交付失控	需要定义一个具体的应用场景,满足客户的最小功能集合,然后逐步进行迭代并完善
开发设计需求风险	硬件方案不支持软件展示的功能,软件需求变动需要修改硬件设计或元器件的选型	需要从整体上定义产品功能需求,对于涉及硬件能力的功能,需要确保硬件、平台、客户端三者需求的对齐

2. 研发风险

产品研发过程中会受到技术方案、元器件选型、结构设计、团队能力等的影响,具体风险如表 4-14 所示。

表 4-14 研发风险

类别	问题描述	应对措施
技术方案风险	研发团队喜欢选择最新的硬件方案或选择新的技术框架,这会导致成本、开发周期等失控	硬件方案需要考虑成本、团队开发实现能力、厂家技术支持等因素,需要选择最可行的方案
元器件选型风险	元器件选型时不使用通用物料会造成备货周期长,价格高,量产缺货	在元器件选型中以支撑量产为基本原则,选择容易采购的通用物料
结构设计风险	只考虑产品外观工业设计的美观,未考虑产品结构和功能的平衡,造成不易批量生产或性能衰减的风险	硬件方案需要考虑外观、结构和功能的平衡,在设计硬件结构时要优先考虑量产装配和性能等因素
团队能力风险	产品的技术方案选型有误,团队缺乏技术积累和人才储备,都将导致技术问题的解决周期变长,产品延迟交付	产品技术方案和团队能力要匹配,或者进行技术委托开发

3. 供应链风险

产品生产交付过程中会受到物料短缺、物料质量、生产交付等因素的影响,具体风险如

表 4-15 所示。

表 4-15　供应链风险

类别	问题描述	应对措施
物料缺货涨价风险	关键物料选择某些芯片,受到市场供货短缺的影响,物料成本涨价或缺货	为关键物料选择替换方案
物料质量风险	对于同一规格的物料,进货渠道不同导致性能上有差异,影响产品的功能	完成供应商的筛选和备份,选择长期合作的供应商,建立稳定供货渠道
生产交付风险	代工厂缺乏生产同类产品加工经验或工厂内部流程烦琐,生产排期长,导致交付延迟	选择有资质的工厂并通过订单条款和现场跟单等措施确保产品按时交付

4. 测试风险

测试人员在测试过程中会受到硬件依赖、测试方法、环境、测试设计等的影响,具体风险如表 4-16 所示。

表 4-16　测试风险

类别	问题描述	应对措施
硬件依赖风险	软件功能依赖硬件支撑,硬件开发周期较长,无法像软件一样提供版本就快速进行功能验证,这导致无法尽早进行联调验证	通过开发模拟程序进行软硬件联调,同时通过生产手板样机进行功能原型验证和软硬件功能联调
测试方法风险	测试手段单一,基本靠手工操作,效率低下,测试周期长	将重复的工作自动化,使用开发测试工具和脚本降低手工测试的比例,同时采取针对性的风险测试策略来缩短测试周期
环境风险	存在开发、测试、运营环境不一致导致的各种问题	对环境进行统一配置管理,专人管理,杜绝环境污染导致的失效、错误等问题
测试设计风险	针对功能性、性能效率、可靠性、安全性、兼容性等需求,测试用例设计存在场景遗漏分析、覆盖缺失的风险	采取基于质量属性的测试设计方式,以软件需求、硬件需求、开发设计文档作为输入,对系统分解后的每个功能点进行逐一的校验描述,包括使用何种方法测试、使用何种数据测试、期望的测试结果是什么等,这些信息都是描述性的,不需要具体数据

4.8　小结

质量计划是项目质量团队开展质量活动的行动指南。在质量计划中,需要明确识别出需求范围、质量目标。围绕质量目标,开始构建质量团队,在组织内进行质量活动的分工和部门质量职能定义,然后在质量流程中通过评审和测试两种方式对开发过程中的产物进行验证。在测试活动中,采取基于质量属性的测试设计方法,对需求功能、质量属性、测试方法和用户场景进行关联映射,提高测试的覆盖率和有效性。最后,进行产品质量评估和风险控制。

第 5 章 硬件评审与测试设计

本章介绍硬件质量活动,主要包括硬件设计评审和测试用例设计两部分内容。

5.1 质量需求

硬件设备端是产品数据的采集端。下面将从用户关注点出发,归纳出产品质量属性,并对质量属性开展测试设计,为后续的测试用例开发提供指导。

5.1.1 用户关注点

针对车载产品,车主主要关注如下特性。

- ❑ 可靠性。主要体现在车载设备功能的可靠性上。安装到车辆上后,车载设备不会对车辆本身和用户驾驶产生影响。

- ❑ 稳定性。主要表现在设备功能的稳定性上。在不同的路况、天气等环境下,在不同地区,车载设备都能够进行数据采集和上报。当处于信号盲区时,车载设备能够自动存储数据并进行事后的补报等。

- ❑ 适用性。车载设备能满足不同车辆的安装和服务需求,为用户提供较好的使用体验。

5.1.2 产品质量属性

从用户关注点出发,对硬件产品质量属性进行细化,这些质量特性主要体现在功能性、可靠性、兼容性、易用性上，如图 5-1 所示。针对每个质量属性，选择合适的质量子属性。

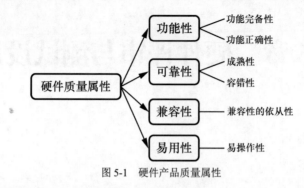

图 5-1 硬件产品质量属性

5.2 硬件开发过程

为规范硬件开发过程，制定基本的流程来确保开发的过程质量。硬件开发过程通常包括了解市场需求、产品立项、需求分析、硬件方案设计、结构设计、外观设计、模具设计、阶段测试、量产等环节。具体的硬件开发过程如图 5-2 所示。

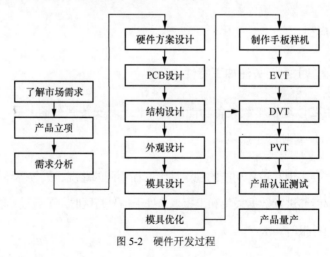

图 5-2 硬件开发过程

下面对硬件开发过程中的关键环节进行说明。

（1）了解市场需求。进行产品市场调查，了解市场同类产品的功能、性能、成本等信息，并与目标客户群进行沟通以了解他们对产品功能和性能的诉求。

（2）产品立项。首先，在市场需求的基础上，市场经理负责整理出产品的功能、性能、认证等需求，并对市场的商业价值、产品销售规模进行预测。然后，组织专门立项会议，从产品的功能、成本、开发周期和商业前景等方面讨论产品的可行性。若产品立项通过，则明确产品任务分工，相关人员在立项表上签字确认，项目正式启动。

（3）需求分析。项目启动后，硬件负责人组织人员进行需求澄清，然后定义产品的功能需求，并与市场人员、软件人员进行评审，输出硬件产品需求规格说明书。

（4）硬件方案设计。硬件工程师根据产品需求设计硬件方案。其中主要包括主芯片型号、技术架构方案、关键元器件的选型等内容。通过联络主芯片厂家获取样品和技术资料，进行测试验证，同时需要考虑芯片的成本、市场应用情况、供货周期、替换方案、团队人员技术能力。

（5）PCB 设计。当硬件设计方案确定后，开始进入硬件原理图设计和布板阶段，输出 PCB 图和 BOM 清单，进行内部技术评审。

（6）结构设计。产品结构设计主要是内部模块堆叠，需要考虑散热和 EMC（Electro Magnetic Compatibility，电磁兼容性）的干扰。针对车载类产品，需要确保 GPS 定位和通信联网信号效果。同时，需要考虑到后期量产的生产组装，避免产生模块干涉。此时，结构工程师需要与硬件设计人员进行紧密沟通和协作。

（7）外观设计。外观设计主要包括产品外观造型、产品材质等的设计，要考虑产品性能、成本、易操作性、量产等因素，不能为了美观而影响产品性能，不能为了效果而增加产品成本。

（8）模具设计。外观设计完成后，需要制作外观手板和结构手板，进行快速原型验证。当结构手板及 PCB 装配测试完成后，和模具人员一起进行图纸评审，通过后，由模具厂进行模具制作。

（9）模具优化。模具制作一般最少需要经历 T0、T1 阶段，通过实际装配 PCB 验证模具的效果，并记录遇到的问题，以它们作为结构优化和修模的依据。

（10）制作手板样机。制作手板样机是进行快速功能原型验证的一种方式。手板样机主要集成了外观、结构、电路板等，这是整机产品的雏形，仅仅为工程样品，会存在不少问题。

（11）EVT。此阶段产品的基本功能开发完成，EVT 主要针对手板样机进行测试。此阶段的重点工作是对产品的基本功能进行验证，如验证定位、联网、开关机等功能是否正确，以便研发人员进行修改和优化，并确认技术方案的可行性。

（12）DVT。此阶段产品的所有功能都开发完成，重点进行环境可靠性测试，包括高低温、恒温、耐压、机械冲击、电磁干扰等测试，确保所有的设计都符合需求规格定义。

（13）PVT。此阶段产品设计的主要功能全部实现并达到标准要求，需小批量试产一部分产品，让工厂体验一遍整体生产流程，熟悉相关操作，确保工厂可以依照 SOP（Standard Operation Procedure，标准作业程序）生产出完全符合设计要求的产品。做试产总结，为量产做准备。

（14）产品认证测试。按照国家和行业标准提交产品进行 3C 与行业认证。

（15）产品量产。经过以上阶段，产品完全符合产品设计要求，工厂可以进行大批量生产了。

在整个过程中，需要跟进开发，严格控制修改需求，若遇到重大问题，则组织变更评审和风险评估。

5.3 需求与设计评审

5.3.1 硬件需求评审

需求用来描述产品的基本功能。通常由市场经理将客户的需求反馈给产品经理，由产品经理整理成产品规格说明书，但在硬件方面，一般由硬件技术负责人对接市场需求，把市场的需求转换为硬件产品需求规格说明书。

通常需求定义围绕以下因素进行。

- 产品的市场卖点、用户使用场景。

- 产品的功能和非功能列表。

- 产品的输入/输出方式，用于为方案、设计、固件系统、安装等提供参考。

当硬件产品需求规格说明书编写完成后，需要组织相关的人员进行评审。针对硬件需求评审，需要硬件负责人、工业设计工程师、机械设计师、结构工程师、硬件设计工程师、嵌入式工程师和测试工程师参与。在硬件需求评审过程中，主要检测项如表 5-1 所示。

表 5-1 硬件评审检测项

检测项	检测描述	检测内容
产品市场定位	产品的卖点是否清晰？对竞争对手的产品特性、定价策略、市场推广策略是否进行了分析	- 产品的目标用户是谁？ - 具体的使用场景是否清楚？ - 是否对客户业务场景、痛点和问题进行了分析与阐述
硬件需求规格说明书	硬件基本功能、主要性能指标、运行环境、约束条件以及成本等	- 产品功能描述是否清晰、明确？ - 产品性能描述是否清晰、明确？ - 功能的技术难度是否提前考虑了？ - 产品的预估开发周期是否能满足市场需求
产品价格	产品预计成本、成本目标	- 产品成本是否在设计范围内？ - 是否进行了量产价格评估？ - 是否有市场竞争力
包装要求	产品尺寸规格、材质、配色、印刷内容等	- 产品印刷设计内容是否正确？ - 是否体现产品卖点？ - 产品的包装材质成本是否在预算范围之内
产品认证要求	国家和行业的产品认证标准或规范、第三方认证或检测要求	如中国质量认证中心的 3C、电信设备入网认证等

5.3.2 硬件功能框图

OBD 设备提供如下管理功能。

- 通过 CAN 总线收集车辆数据。

- 管理通过各种通信接口［如 CAN、GPS、UART（Universal Asynchronous Receiver/Transmitter，通用异步接收发送设备）、GUI（Graphical User Interface，图形用户界面）等］收集的信息。

- 管理内存和电池。

- 管理与远程信息处理云服务器的双向通信。

- 管理与用户仪表盘设备的通信。

接下来,看看 OBD 设备中每个模块的功能以及信息如何在每个模块之间传递。OBD 设备主控芯片采用 32 位高性能 ARM 处理器,运行实时操作系统,能够高效地处理 GPS 定位数据、车辆实时车况等,并通过 GPRS(General Packet Radio Service,通用分组无线业务)或 LTE 4G 网络上传到云端。OBD 硬件基本框架如图 5-3 所示。

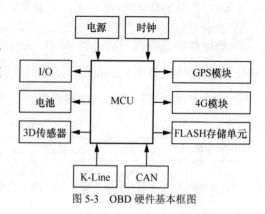

图 5-3 OBD 硬件基本框图

OBD 硬件基本框架包括以下模块。

- MCU(Micro Control Unit,微控制单元):具有内存管理和数据处理能力。MCU 是主控单元,负责与各个模块通信,对各个模块的解析数据进行分析,然后将结果上报给平台。

- GPS 模块:用于解析 GPS 数据(经度、纬度、行驶速度、行驶方向等),并且根据获取当前经纬度所需的卫星数量,判定设备是否处于准确定位状态。

- 4G 模块:用于通信数据的传输,通过蜂窝网络与远程平台进行通信。主要功能是判定通信状态、维护通信通道,根据网络返回的内容确定是否需要重新连接网络,并根据需要将主控单元的数据上报平台,或者从平台获取数据。通信模块连接网络,保持网络掉线重连、发送错误重连。

- FLASH 存储单元:用于在无通信条件下存储信息;或在某些情况下,存储车辆数据以备将来使用。

- CAN 和 K-Line 模块:负责和车辆 ECU 通信。OBD 设备通过 OBD 接口与接入车辆的 CAN 总线或 K 线通信,按照相关的 ISO 标准协议和 SAE 标准协议,与相关 ECU 进行总线交互式通信,从而获取车辆的相关数据,如车辆电瓶电压、车速、发动机转速、进气口温度、发动机冷却液温度、车辆环境温度、进气口压力、燃油压力、大气压力、空气流量、绝对节气门位置、油门踏板位置、发动机启动后运行时间、故障行驶里程、油箱剩余油量、发动机负载、燃油修正值、点火提前角等关键数据。根据采集的 OBD 数据，统计车辆的耗油量、总的行驶里程，定时检测车辆是否存在故障，并且将所采集的数据转给主控模块。

- 3D 传感器：负责检测车辆的运动状态，行驶过程中处于低触发模式，停车后处于高触发模式。事件触发后，3D 模块负责触发加速度值，触发时间通知主控模块，用于振动唤醒，采集急加速、急减速、急刹车、急转弯等信息。

- 电池模块：额定电压为 3.2～3.4 V，用于集成电源管理。电池模块主要用于设备的插拔报警功能。

- I/O 通信接口：支持广泛的通信，分析 I/O 端口发来的外部数据，如本地升级命令，把结果交给主控单元，让主控单元响应外部数据请求并应答。

- 电源模块：用于为各个模块提供电压输出和功耗管理。

- 时钟模块：可以通过编程提供精确的计时，用于调节各硬件模块的工作频率。

设备上电后，MCU 按照一定的运行逻辑将定位模块的电源打开，对模块进行指令配置，模块进入正常工作状态，即开始搜星、计算、定位等工作。同时，模块按照配置的频率通过串口向 MCU 发送报文。MCU 通过串口接收标准报文，并解析出经度、纬度、高度、CNR（Carrier-to-Noise Ratio，载噪比）等数据，放入相关缓存。

当 3D 加速度传感器检测到电压后，根据定义的通信协议和速率，3D 加速度传感器通过 SPI（Serial Peripheral Interface，串行外设接口）与 MCU 进行数据交互，获取当前的加速度原始值，然后 MCU 对数据进行计算，获得车辆的急加速、急减速、急转弯、急刹车等数据等。

程序会尝试和车辆 ECU 建立通信，通过任务调度，将车辆实时车况、里程油耗、汽车电瓶电压、GPS 定位等数据上传到后台。同时，程序会将 OBD 设备的相关数据、GPS 定位数据保存到 FLASH 存储单元中,保证即使在盲区,数据也不会丢失。当重新联网后,会将这些数据补传到后台。

5.3.3 硬件设计评审

硬件设计包括硬件方案、堆叠设计、关键器件、结构设计等内容。根据产品需求规格说明书中的功能、性能指标、成本、技术能力等内容,进行综合考虑。具体检测项如表 5-2 所示。

表 5-2 硬件设计评审检测项

评审检测项	检测描述	检测内容
硬件方案	明确采取的技术方案内容,如关键硬件芯片选型、生产及成本等内容	☐ 需求功能是否都覆盖了? ☐ 性能指标是否满足定义和要求? ☐ 整机成本是否低于市场平均水平? ☐ 技术上是否有人员储备? ☐ 技术上是否存在实现难点? ☐ 关键元器件是否有稳定的商用案例?是否有替换方案? ☐ 关键芯片厂家是否能够提供技术支持和及时的问题响应? ☐ 是否满足相关行业和国家的认证标准
PCB 布板设计	对硬件电路板进行布局和连接设计	☐ 是否考虑了线间干扰、电磁屏蔽设计? ☐ 是否考虑了多重短路保护
结构设计	对散热环境进行防护并避免装配干涉设计	☐ 是否考虑了空间预留以避免装配干涉,便于量产时进行快速组装? ☐ 是否考虑了散热方案? ☐ 可靠性是否满足要求? ☐ 是否考虑了防震、防尘、防呆等要求
BOM 评审	对生产物料内容进行确认	☐ 关键元器件的供货周期多久? ☐ 是否存在影响生产交付的物料?替换物料方案是什么? ☐ 是否对物料供应商的样品功能和性能进行了确认? ☐ 是否对新的物料进行了测试和规格比较

5.4 硬件测试工具

5.4.1 硬件测试仪

高低温试验箱(见图 5-4)可以模拟高温、低温、恒定、渐变、湿热试验等环境,对测试设备进行可靠性试验。

图 5-4　高低温试验箱

振动试验机（见图 5-5）可以通过调整振幅进行定频及扫频操作，测试设备的稳定性，用于模拟车辆在不同道路条件下行驶过程中颠簸的情景。

图 5-5　振动试验机

直流稳压电源（见图 5-6）可以为测试设备提供稳定的直流电源，可以通过调节电压测试设备在不同电压区间的耐压性，测试设备的工作电流和休眠电流。

图 5-6　直流稳压电源

数字万用表（见图 5-7）是用于测量设备的电流、电压和电阻等的多用途电子测量仪器。

图 5-7　数字万用表

5.4.2　工装测试架

　　PCBA（Printed Circuit Board Assembly，印制电路板组装）测试是严控出货品质的必要环节。它可用于实现元器件静态和链路节点的功能测试，以及产品动态的功能测试。通过工装测试架（见图 5-8）对印制电路板组装件进行测试。通过测试探针接触印制电路板组装件的测试点，实现对印制电路板组装件的线路开路、短路以及电子元器件的焊接情况的测试。

图 5-8　工装测试架

5.5　硬件测试设计

　　硬件产品测试与传统的软件测试有如下区别。

- ❑　需要基于物理硬件实体进行验证，存在硬件资源限制。

- 关注功能和可靠性。
- 测试自动化难度大。

5.5.1 测试思维导图

为有效评估硬件质量，需要先评估硬件各个质量属性。具体测试方法如图 5-9 所示。然后，按照基于质量属性设计的方法，开展测试用例设计。最后，统计测试用例执行结果，评估质量。

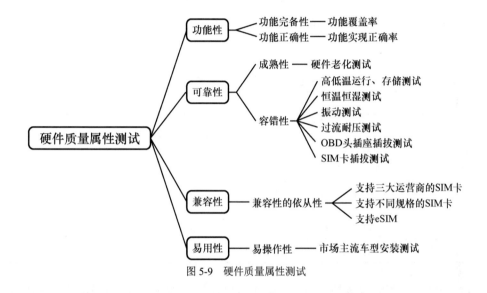

图 5-9 硬件质量属性测试

功能性包括功能完备性和功能正确性。功能完备性通过统计需求规格说明书中功能覆盖率评估，功能正确性通过统计功能需求规格说明书中的功能实现正确率评估。

可靠性包括成熟性和容错性。成熟性通过硬件的老化测试验证并统计结果。容错性通过各种环境测试验证并统计结果，包括高低温运行、存储测试、恒温恒湿测试、振动测试、过流耐压测试、OBD 头插座插拔测试、SIM 卡插拔测试。

兼容性体现在兼容性的依从性上，即验证设备对不同运营商的 SIM 卡、不同规格的 SIM 卡以及 eSIM 卡的支持程度。

易用性体现在易操作性上，即验证设备是否支持市场主流车型安装测试。

产品质量是各个质量属性的综合体现。在进行测试设计时,需要针对质量子属性开展针对性的测试活动以验证产品质量。

5.5.2 功能测试

功能测试包括设备开关机测试、设备指示灯测试、通信联网测试、定位功能测试和 RTC 测试。

确认设备开关机功能是进行功能测试的前提,我们需要验证设备通电后的结果。设备开关机测试用例如表 5-3 所示。

表 5-3 设备开关机测试用例

条目	说明
质量属性类别	功能完备性、功能正确性
质量指标	功能通过率
测试预置条件	准备直流稳压电源
测试步骤	(1) 在设备中装入 SIM 卡,并通电,观察设备电源指示灯。 (2) 将设备断电。 (3) 取出 SIM 卡,将终端通电,观察设备电源指示灯
测试预期结果	终端能正常开机、关机,指示灯按照规格说明书中产品的定义要求闪烁

设备指示灯用于判断设备是否定位、是否可以通信,CAN 程序是否正常。设备指示灯测试用例如表 5-4 所示。

表 5-4 设备指示灯测试用例

条目	说明
质量属性类别	功能完备性、功能正确性
质量指标	功能通过率
测试预置条件	准备直流稳压电源
测试步骤	在设备中装入 SIM 卡,然后通电,观察设备 CAN/GPS/LTE 指示灯是否正确
测试预期结果	终端 LED 指示灯能正常闪烁。 ☐ CAN 模块能正常工作,CAN 指示灯与说明书的描述相符; ☐ LTE 模块能正常工作,LTE 指示灯与说明书的描述相符; ☐ GPS 模块能正常工作,GPS 指示灯与说明书的描述相符

5.5 硬件测试设计

设备通信联网时的信号强度是影响数据上传的重要因素，通常使用 CSQ（Command Signal Quality）表示 RSSI（Received Signal Strength Indication，接收的信号强度指示）。在硬件嵌入式程序中通过执行 AT+CSQ 获取 RSSI 值，然后通过连接设备的串口观察输出的 CSQ 值。设备通信联网测试用例如表 5-5 所示。

表 5-5 设备通信联网测试用例

条目	说明
质量属性类别	功能完备性、功能正确性
质量指标	功能通过率
测试预置条件	测试工装，测试 SIM 卡，测试设备
测试步骤	（1）将 SIM 卡插入测试设备。 （2）测试工装与设备连接，通电。 （3）观察串口输出日志中的 CSQ 值
测试预期结果	CSQ 值不低于 25

通常使用 CNR 值判断设备定位的效果，它是从信号到天线发射链路的噪声值，通过连接设备的串口输出 CNR 值。设备定位功能测试用例如表 5-6 所示。

表 5-6 设备定位功能测试用例

条目	说明
质量属性类别	功能完备性、功能正确性
质量指标	功能通过率
测试预置条件	测试工装，测试设备
测试步骤	（1）选择靠近窗边非屏蔽的、封闭的环境。 （2）测试工装与设备连接，通电。 （3）观察串口输出日志中的卫星颗数和 CNR 值
测试预期结果	有效卫星颗数不低于 4，CNR 不低于 35

RTC（Real-Time Clock，实时时钟）是设备主板上的晶振及相关电路组成的时钟电路，提供系统日期和时间，主要验证 RTC 在不同条件下是否存在时间误差。设备 RTC 测试用例如表 5-7 所示。

表 5-7　设备 RTC 测试用例

条目	说明
质量属性类别	功能完备性、功能正确性
质量指标	功能通过率
测试预置条件	测试工装，测试设备
测试步骤	（1）测试工装与设备连接，接通电源，通过串口设置一个错误时间，查看系统时间是否在设置的时间上增加了间隔时间。 （2）设备断电 30 s，再次连接设备，通过串口设置一个错误时间后使设备休眠，5 min 后查看时间是否相应增加
测试预期结果	RTC 会在人为设定的错误时间上进行累加

5.5.3 可靠性测试

通常使用环境会影响车载设备的稳定性，因此对设备进行环境可靠性测试尤其重要。在硬件开发过程中，通过高低温、振动、耐压等测试验证设备的稳定性和可靠性。

为验证设备是否能够长时间稳定工作，需要进行老化测试。设备老化测试用例如表 5-8 所示。

表 5-8　设备老化测试用例

条目	说明
质量属性类别	可靠性中的成熟性
质量指标	平均失效间隔时间
测试预置条件	☐ 准备 20 台测试设备。 ☐ 准备车机测试程序。 ☐ 测试老化架及配套电源
测试步骤	（1）取 20 台功能正常且外观正常的设备。 （2）通电后置于常温环境下的老化台，连续运行 24 h。 （3）24 h 后取出设备，检查功能及外观有无异常
测试预期结果	整机 24 h 老化测试，设备无死机故障、无死灯故障等

为验证设备在高温环境下功能是否正常，需要进行高温环境测试。设备高温存储测试用例如表 5-9 所示。

表 5-9 设备高温存储测试用例

条目	说明
质量属性类别	可靠性中的容错性
质量指标	避免失效率
测试预置条件	❑ 准备 1 台温控箱。 ❑ 准备 5 台被测设备
测试步骤	（1）取 5 台功能正常且外观正常的设备。 （2）启动温控箱，设定温控程序，使箱内温度在 1 h 内逐步升高到 70℃，持续 12 h。 （3）关闭温控箱，把设备在常温下再放置 2 h，检查设备外观和功能
测试预期结果	测试结束后，要求终端的外观结构无变形，设备能够正常工作

为验证设备在低温环境下功能是否正常，需要进行低温环境测试。设备低温存储测试用例如表 5-10 所示。

表 5-10 设备低温存储测试用例

条目	说明
质量属性类别	可靠性中的容错性
质量指标	避免失效率
测试预置条件	❑ 准备 1 台温控箱。 ❑ 准备 5 台被测设备
测试步骤	（1）取 5 台功能正常且外观正常的设备，放入温控箱。 （2）启动温控箱，设定温控程序，使箱内温度在 1 h 内逐渐降低到-40℃，持续 12 h。 （3）取出设备，检查功能及外观有无异常
测试预期结果	测试结束后，要求终端的外观结构无变形，设备能够正常工作

为验证设备在湿热环境下功能是否正常，需要进行湿热环境测试。设备恒定湿热测试用例如表 5-11 所示。

表 5-11 设备恒定湿热测试用例

条目	说明
质量属性类别	可靠性中的容错性
质量指标	避免失效率
测试预置条件	❑ 准备 1 台湿热箱。 ❑ 准备 1 台被测设备
测试步骤	（1）为试验样品装配电池，并把它放入湿热箱。 （2）启动湿热箱，使温度升到 40℃，并将湿度控制在 90%～95%，持续 24 h
测试预期结果	设备上电，进行程序自检，功能及外观无异常

为验证设备在温度变化环境下是否能正常工作,需要进行温度冲击环境测试。设备温度冲击测试用例如表 5-12 所示。

表 5-12　设备温度冲击测试用例

条目	说明
质量属性类别	可靠性中的容错性
质量指标	避免失效率
测试预置条件	❑ 准备 6 台被测设备。 ❑ 循环 20 次。 ❑ 循环条件为在 −20 ℃保持 0.5 h,在 +60 ℃保持 0.5 h。 ❑ 样机设备处于关机状态。 ❑ 恢复时间为 2 h
测试步骤	(1) 将温度冲击箱的高温箱温度设置为 +60 ℃,低温箱温度设置为 −20 ℃,保持时间设置为 30 min,循环次数设置为 20。 (2) 将合格的待测终端不通电、无包装放置于高温箱内保持 30 min,再切换到低温箱中,保持 30 min。 (3) 如此完成 20 次循环后,将设备取出,常温下放置 2 h。 (4) 测试终端的基本功能是否正常
测试预期结果	设备上电,进行程序自检,功能及外观无异常

为验证设备在振动环境下功能是否正常,需要进行振动环境测试。振动测试用例如表 5-13 所示。

表 5-13　振动测试用例

条目	说明
质量属性类别	可靠性中的容错性
质量指标	避免失效率
测试预置条件	❑ 准备 6 台被测设备。 ❑ 振动仪振动频率范围为 5～300 Hz
测试步骤	(1) 将合格的待测终端沿水平方向牢固地固定在试验台上,进行振动,振动 8 h 后,取下终端进行检测。 (2) 分别将终端沿直立和侧立方向固定在试验台上,每次振动 8 h,振动结束后进行各项功能试验
测试预期结果	要求内部无破损,无脱落器件。外壳无破裂或者碎裂,允许轻微磨损和轻微裂纹。试验后终端所有功能达到设计要求

5.5 硬件测试设计

为验证设备在跌落环境下功能是否正常,需要进行机械冲击环境测试。设备机械冲击测试用例如表 5-14 所示。

表 5-14 设备机械冲击测试用例

条目	说明
质量属性类别	可靠性中的容错性
质量指标	避免失效率
测试预置条件	❑ 准备 6 台被测设备。 ❑ 准备机械测试仪。 ❑ 样机处于关机状态
测试步骤	(1) 在开机状态下,将合格的待测终端沿水平方向牢固地固定在试验台上,进行冲击,持续冲击 3 次。 (2) 分别将待测终端沿直立和侧立方向固定在试验台上,沿每个方向冲击 3 次。 (3) 冲击结束后取下终端进行观察
测试预期结果	外观无破裂或脆裂,无变形,其他元器件无永久性损坏,无脱落器件,晃动无异响,试验后终端所有功能达到设计要求

为验证设备在不同电压环境下功能是否正常,需要进行耐压测试。设备耐压测试用例如表 5-15 所示。

表 5-15 设备耐压测试用例

条目	说明
质量属性类别	可靠性中的容错性
质量指标	避免失效率
测试预置条件	❑ 12 V 电压的波动范围是 9.8~16 V。 ❑ 24 V 电压的波动范围是 18~32 V。 ❑ 36 V 电压的波动范围是 27~48 V
测试步骤	(1) 分别调整电压至 9.8 V 和 16 V,持续工作 1 min,试验后立即对终端进行功能测试。 (2) 分别调整电压至 18 V 和 32 V,持续工作 1 min,试验后立即对终端进行功能测试。 (3) 分别调整电压至 27 V 和 48 V,持续工作 1 min,试验后立即对终端进行功能测试
测试预期结果	在测试预置条件中的电压波动范围内,终端应能承受 1 min 的电源过电压试验。试验后,除熔断器外,不应有其他电气故障,终端各项功能均应正常

为验证设备是否满足 3C 标准,需要进行电磁兼容性测试。其中瞬态传导抗干扰测试用例如表 5-16 所示。

表 5-16 设备瞬态传导抗干扰测试用例

条目	说明
质量属性类别	功能性的依从性
质量指标	3C
测试预置条件	准备汽车电子瞬态传导干扰模拟器
测试步骤	试验脉冲选择 1、2a、3a、3b,试验等级设置为 IV 级,其中试验幅度选取 IV 级最高值,对试验脉冲 1、2a 均施加 5000 个脉冲,试验脉冲 3a、3b 的试验时间均为 1 h
测试预期结果	技术要求范围内的性能正常

为验证设备在车辆换装状态下功能是否正常,需要进行设备插拔测试。设备插座插拔测试用例如表 5-17 所示。

表 5-17 设备插座插拔测试用例

条目	说明
质量属性类别	可靠性中的成熟性
质量指标	避免失效率
测试预置条件	准备 OBD 头延长线
测试步骤	将 OBD 设备插入 OBD 头延长线插座并拔下,重复插拔 20 次
测试预期结果	功能正常,I/O 插口顶针与数据线插头无变形现象

为验证设备 SIM 卡座是否牢固可靠,需要进行 SIM 卡拔插测试。设备 SIM 卡拔插测试用例如表 5-18 所示。

表 5-18 设备 SIM 卡插拔测试用例

条目	说明
质量属性类别	可靠性中的成熟性
质量指标	避免失效率
测试预置条件	准备测试用 SIM 卡
测试步骤	将 SIM 卡插入卡座来回插拔 20 次
测试预期结果	功能正常,能识别 SIM 卡,SIM 卡扣无变形松动,SIM 卡触片无下陷及变形

5.5.4 兼容适配性测试

为验证设备使用不同运营商的 SIM 卡时能否正常工作,需要进行 SIM 卡兼容性测试。

SIM 卡兼容性测试验证设备是否支持三大运营商的 SIM 卡。SIM 卡兼容性测试用例如

表 5-19 所示。

表 5-19　SIM 卡兼容性测试用例

条目	说明
质量属性类别	兼容性的依从性
质量指标	运营商网络兼容适配率
测试预置条件	准备不同运营商的 SIM 卡
测试步骤	（1）将 SIM 卡插入设备。 （2）外接稳压电源，给设备上电。 （3）观察设备 LTE 指示灯是否常亮，以判断是否能够正常联网
测试预期结果	设备 LTE 指示灯常亮表示正常联网

为验证设备使用不同规格的 SIM 卡时，能否正常工作，需要进行 SIM 卡规格测试。SIM 卡规格测试用例如表 5-20 所示。

表 5-20　SIM 卡规格测试用例

条目	说明
质量属性类别	兼容性的依从性
质量指标	SIM 卡兼容适配率
测试预置条件	准备多个运营商的不同规格、材质的 SIM 卡
测试步骤	（1）将 SIM 卡插入设备。 （2）外接稳压电源，给设备上电。 （3）观察设备 LTE 指示灯是否常亮，以判断是否能够正常联网
测试预期结果	设备 LTE 指示灯常亮表示正常联网

5.5.5　易用性测试

为验证设备在不同车型、车款的车辆上安装时是否便捷和安装后是否影响使用，需要进行车辆安装测试。车辆安装测试用例如表 5-21 所示。

表 5-21　车辆安装测试用例

条目	说明
质量属性类别	易用性中的易操作性
质量指标	安装适配率
测试预置条件	准备数款常见国产、欧美、日系等主流车型
测试步骤	将设备插入测试车辆的 OBD 接口，观察设备是否便于安装
测试预期结果	容易安装、容易操作，安装完成后，设备能够正常定位、正常联网并上传数据

5.6 小结

本章主要介绍了硬件开发过程、评审设计内容,并针对硬件质量属性讨论了测试设计。在硬件质量属性中,可靠性尤其重要,需要确保车载设备在不同的使用环境下能够保持稳定的性能,因此需要在硬件开发测试阶段进行环境可靠性测试。从典型的用户使用场景入手,采用黑盒测试技术,验证硬件的功能和非功能特性是否达到预期的设计要求。在实际的产品测试活动中,根据产品的功能特性、使用环境、用户场景,对质量属性进行调整并完善相关的测试设计。

第 6 章　固件评审与测试设计

硬件方案评审后,就同步启动嵌入式固件开发。固件功能是硬件功能的具体实现,在这个过程中,需要对产品需求再次进行评审、确认,明确功能和非功能的要求,然后再进行具体的设计实现。

6.1　质量需求

首先,对硬件功能需求进行回顾,从用户关注点出发,识别并提取出固件系统质量属性,为接下来的测试设计提供依据,并作为后续验收等环节的参考。

6.1.1　用户关注点

产品质量是用户最关注的。从用户角度来看车载产品的需求点,围绕这些需求设计、打磨,找出用户最关心、使用最频繁的需求并以它们作为产品卖点。这些需求也是产品开发和测试验证的重点,主要有以下 6 点。

- ❑ 位置服务,能实时监控车辆的精准位置,轻松找车,有效防止车辆失窃。
- ❑ 智能提醒,能随时了解车辆的异动,当车辆点火后,会立即发出点火报警通知,当车辆的电量低时,会提醒用户及时点火启动。
- ❑ 驾驶行为,能掌握车辆轨迹等行车信息和实时路况等道路信息,能记录和分析车主的驾驶行为,提醒车主改正不良驾驶习惯。

- 故障检测，能实时检测车辆状态，避免故障车辆上路，让车主每次出行都倍感放心，并能第一时间掌握车辆故障，将信息反馈给 4S 店。

- 个性功能，无精确目的地的导航功能，能够在不知道地点的状况下，快速实现精准的导航指引。

- 里程和油耗统计，车主可以在车辆行驶结束后查看车辆的里程和油耗数据。

6.1.2　系统质量属性

固件嵌入式开发的特点是，与硬件结合紧密，需要在硬件的资源范围内进行数据的计算、加工、处理和控制。这和互联网开发有明显的区别：当服务资源不够时，在互联网开发中很容易进行资源扩容，而嵌入式开发是针对单个硬件设备的，硬件设备的规格定型后很难再增加容量和增强运算处理能力，因此对程序编码也提出了严格的要求。针对案例硬件设备，固件质量属性涉及功能性、性能效率、可靠性、兼容性、安全性、可维护性，具体如图 6-1 所示。

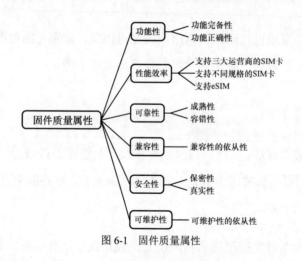

图 6-1　固件质量属性

6.2　固件开发过程

固件开发过程和传统的软件开发过程基本一致，通常包括需求分析、概要设计、详细设计、编码和测试。其中主要的差异是在固件代码的编译部分。

6.2.1 程序编译过程

因为硬件环境不同,并且需要利用 PC 编译嵌入式平台上可以运行的机器码,所以要先在 PC 上搭建目标硬件的嵌入式系统所需的开发环境,即交叉编译工具链。我们在 PC 上交叉编译程序代码,为目标硬件生成二进制映像或可执行文件,然后将生成的目标代码下载到机器上并运行。

交叉编译工具链由预处理器、编译器、汇编器、链接器、定位器、加载器和调试器等工具组成。在嵌入式系统中,通常用 C 编程语言编写嵌入式应用程序。嵌入式应用程序的编译过程如图 6-2 所示。

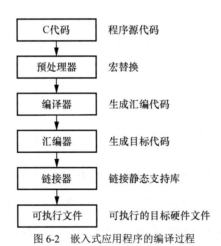

图 6-2 嵌入式应用程序的编译过程

(1)编写 C 代码,其中包括:

❑ 编写 BootLoader 的代码;

❑ 编写硬件(包括 GPS、4G、3D、FLASH 等模块)驱动程序;

❑ 编写并调试主控程序、业务逻辑算法等;

❑ 编写其他功能模块，如 OTA（Over The Air，空中升级）等。

（2）预处理器通过替换宏和执行条件编译对应用程序源代码进行预处理。

（3）GCC（GNU Compiler Collection，GNU 编译器套件）将 C 代码转换为汇编代码，输出扩展名为.s 的文件。

（4）汇编器将汇编代码转换为目标代码。目标代码实际上是机器代码，汇编器根据选定的微控制器或微处理器指令集架构生成目标代码。

（5）汇编器生成了多个目标文件，这些目标文件相互引用，例如，引用来自其他文件的函数或引用来自其他文件的全局变量。因此，链接器的作用是将多个目标文件合并为一个文件，并使用符号和引用表解析这些目标文件之间的引用。链接器提供了一个可重定位的文件。

（6）输出可执行代码的目标硬件文件，将程序烧录到硬件设备上并运行。

6.2.2 设备通信协议

设备通信协议包括国家标准、行业标准和企业标准 3 类。常用的协议如下。

❑ 808 协议。808 协议定义了车载终端与监管/监控平台之间的通信协议与数据格式，包括协议基础、通信连接、消息处理、协议分类与说明及数据格式。通信协议采用 TCP（Transmission Control Protocol，传输控制协议）或 UDP（User Datagram Protocol，用户数据报协议），以平台作为服务器端，以终端作为客户端。当数据通信链路异常时，终端可以采用 SMS（Short Message Service，短消息业务）进行通信。消息结构如图 6-3 所示，每条消息由标识位、消息头、消息体和校验码组成。

图 6-3　808 协议消息结构

- MQTT（Message Queuing Telemetry Transport，消息队列遥测传输）协议。MQTT 协议是一种基于发布-订阅模式的轻量级通信协议，为资源受限的网络客户端提供了一种在低带宽环境中分发遥测信息的简单方法。该协议构建于 TCP/IP 上，采用发布-订阅通信模式，用于 M2M（Machine To Machine，机器对机器）通信。它最初是用于与石油和天然气行业的监控及数据采集系统通信的专有协议，低开销、低带宽的优点让它广泛应用在物联网领域，成为行业的标准协议。MQTT 协议是一种轻量级协议，因为它的所有消息都占用很少的代码。消息结构如图 6-4 所示，每条消息都包含一个固定报头（2 字节）、一个可选的可变标头、一个消息有效负载（限制为 256MB 的信息）和一个服务质量级别。

图 6-4　MQTT 协议消息结构

- 私有协议。私有协议是各个硬件厂家的定制协议，用于定义终端与服务器间的通信数据约束。每个厂家的私有协议都不一样。某厂家设备的私有协议消息结构如图 6-5 所示。

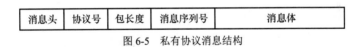

图 6-5　私有协议消息结构

6.3　需求评审与设计评审

6.3.1　需求评审

需求评审中涉及的内容如下。

- 功能需求。从产品需求定义角度来看，列出满足车辆管理的基本需求，对比市场的同类产品，以确保产品功能的完整性。具体检测项如表 6-1 所示。

表 6-1 功能需求评审检测项

评审检测项	检测描述	检测内容
基本功能	验证基本功能是否定义清晰	❑ 车辆定位频率设置； ❑ 车辆点火提醒； ❑ 休眠唤醒； ❑ 实时数据流读取； ❑ 远程升级、串口升级； ❑ 数据盲区补报； ❑ 故障检测； ❑ 驾驶行为； ❑ 低电报警； ❑ 碰撞报警； ❑ 插拔报警； ❑ 车辆换装报警； ❑ RTC 测试； ❑ 异常断开重连测试； ❑ 硬件故障报文上传； ❑ 设备休眠时的心跳包发送功能； ❑ GPS 弯道补偿

❑ 非功能需求。从竞品角度来看，对比产品的功能完整性和准确性，收集市场上类似的产品，进行非功能（如 VIN 的识别率、里程和油耗的精准度、OBD 协议的覆盖程度等）的比较。具体检测项如表 6-2 所示。

表 6-2 非功能需求评审检测项

评审检测项	检测描述	检测内容
性能效率	检测与用户设备相关的各项性能指标是否定义清楚	❑ 里程精准度； ❑ GPS 冷启动、热启动时间； ❑ 休眠功耗测试； ❑ 联网时长测试； ❑ 4G 网络上行速率测试； ❑ FLASH 存储测试
协议兼容适配性	检测 OBD 协议兼容适配性的范围	❑ 主流国产车辆； ❑ 主流欧系、美系、日系车辆
	检测设备通信协议的支持覆盖程度 支持国标、行业、私有协议	❑ 支持 808 协议； ❑ 支持 MQTT 协议； ❑ 支持私有协议

6.3 需求评审与设计评审

续表

评审检测项	检测描述	检测内容
可靠性	检测固件程序长时间运行是否稳定	实车测试
安全性	检测固件程序的安全性是否会对车辆产生风险	☐ 数据安全； ☐ 车辆安全； ☐ 升级安全

- ☐ 运维需求。从产品设计和运营的角度来看，结合硬件的器件选型和资源要求以及产品运营使用支持，增加维护性功能，如远程 OTA、远程故障检测等。这些在系统设计时都需要进行综合考虑。具体检测项如表 6-3 所示。

表 6-3 运维需求评审检测项

评审检测项	检测描述	检测内容
远程 OTA	通过无线网络从远程服务器下载新的固件更新包，对设备进行升级	检测全量包升级、增量包升级，以及升级的正确性和成功率
通信协议测试	对设备通信协议和设置的 AT 指令进行测试	检测 AT 指令的正确性
远程故障	当设备出问题后，能够进行远程故障检测	检测设备主要器件的状态并上报到平台

- ☐ OBD 原始数据。终端从车辆 ECU 获取数据，完全遵循 SAE J1979 和 ISO 15031 国际标准，除直接从 ECU 获取原始数据之外，终端还通过智能算法模块将原始数据转化成更明了的、客户更关心的数据。OBD 数据检测项如表 6-4 所示。

表 6-4 OBD 数据检测项

数据项	说明
故障灯状态	当车辆存在故障时，故障灯亮
当前故障数量	车辆当前故障的数量，用阿拉伯数字显示
本车 OBD 标准	车辆遵循的 OBD 标准情况，如 OBD-Ⅱ/EOBD/非 OBD 等
车辆电瓶电压/V	汽车蓄电池电压
发动机转速/（r/min）	发动机的实时转速
车辆行驶速度/（km/h）	车辆 ECU 里采集的行驶速度
发动机进气口温度/℃	发动机进气口的温度
发动机冷却液温度/℃	发动机冷却液的温度
车辆环境温度/℃	车辆的外部温度

续表

数据项	说明
进气歧管绝对压力/kPa	可以判断进气量的大小,与节气门相关
燃油压力/kPa	燃油压力
大气压力/kPa	车辆所处环境的外部大气压力
空气流量/g	发动机进气系统的空气流量
节气门位置	控制空气流量大小,以百分数表示
油门踏板位置	油门踏板位置,以百分数表示
发动机启动后运行时间/s	发动机单次启动后总共运行的时间,当发动机熄火后,该数据会清零,重新点火后会重新从零开始计数
故障后车辆行驶里程/km	当车辆出现故障码后车辆累计的行驶里程
剩余油量	油箱里面剩余的油量,以百分数表示
发动机负载	发动机的负载情况,以百分数表示
长期燃油修正	车辆 ECU 燃油喷射量修正的累计学习值,以百分数表示
点火提前角	从点火时刻起到活塞到达压缩上止点这段时间内曲轴转过的角度,取值范围是 0°~360°

6.3.2 功能框图

固件程序主要包括数据(如 CAN 数据、GPS 数据、3D 数据)采集功能模块、数据加工算法模块、系统功能模块(电源管理、自检程序等)。具体固件功能框图如图 6-6 所示。

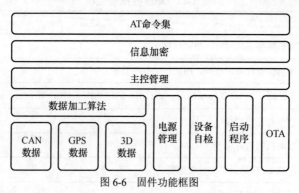

图 6-6 固件功能框图

设备通过 OBD 接口接入车辆 CAN 总线或 K 线通信网络,当车辆上电后,执行如下过程。

(1)车机主控程序按照一定的运行逻辑将定位模块的电源打开,并对定位模块进行指令配置，定位模块进入正常工作状态，即开始执行搜星、计算、定位等任务，将报文信息发给主控程序，主控程序通过串口接收标准报文，并解析出经度、纬度、高度等数据，放入相关缓存。

（2）主控程序按照相关的 ISO 标准协议与车辆的相关 ECU 进行总线交互式通信，从而获取车辆的相关数据，如车辆的发动机转速、车速、节气门开度、VIN、车辆的故障码、里程、油耗、点火状态、熄火状态、故障状态等。

（3）3D 加速度传感器将加速度原始值发送给主控程序，按照特定算法统计急加速、急减速、急转弯、急刹车等数据。

（4）主控程序控制 4G 模块，将设备感知、解析、分析出的相关数据（如车辆的行车数据、车辆的定位轨迹数据、驾驶员的驾驶行为数据等），按照一定的格式和时间间隔，发送到指定的服务器地址。服务器按照指定的通信协议向设备发送指定的数据，如服务器发送数据（命令），查询设备的相关参数，配置设备的相关参数，获取设备的运行日志，获取设备（车辆）的定位数据，获取设备（车辆）的里程和油耗数据等。

（5）设备成功上电，并与平台建立网络连接，按照标准的通信协议与服务器进行相关的数据交互。若设备检测到有新的固件版本发布，则从平台获取设备的更新固件，并下载到本地，存储在 FLASH 芯片内。检查完固件的有效性及合法性后，自动升级成新的固件并运行。根据相关的协议，设备可以通过发送短信，从服务器获取相关的更新固件，并自动升级。设备将其状态数据（如当前的 4G 网络信号参数、GPS 信号参数、设备的局部电路、模块，以及芯片工作是否正常等）实时上报给服务器。

6.3.3 代码评审

嵌入式开发的语言大部分是 C 或 C++，在此需要引入 MISRA（Motor Industry Software Reliability Association，汽车行业软件可靠性协会）提出的 C 语言开发标准，它于 1998 年发布，在撰写本书时的最新版本是 MISRA 2012，该标准的目的是增强嵌入式系统的安全性及可移植性。MISRA C 总共有 100 多项规则，分为 21 类，覆盖开发环境到运行期错误。为了避免安全漏洞，在 MISRA C:2012 修订版 2 中增加了规则 21.21，规定不能使用标准库函数<stdlib.h>。部分 MISRA 强制性规则和建议规则如表 6-5 所示。

表 6-5　部分 MISRA 强制性规则和建议规则

分类	描述
变量声明	<ul><li>变量名称有意义、直观。</li><li>在使用变量前进行初始化操作。</li><li>使用 const 和 inline 来代替#define。</li><li>避免使用强制类型转换。</li><li>在代码中嵌入常量值。</li><li>变量名与标准库函数名不能冲突。</li><li>不应使用 goto 语句。</li><li>不应使用 continue 语句。</li><li>所有的 if ... else if 结构应该以 else 子句结束</li></ul>
函数	<ul><li>函数应当具有原型声明，且原型在函数的定义和调用范围内都是可见的。</li><li>不论何时声明或定义一个对象或函数，它的类型都应显式声明。</li><li>函数定义不能带有可变数量的参数。</li><li>函数不能调用自身，不管是直接的还是间接的。</li><li>在函数的原型声明中应该为所有参数给出标识符。</li><li>函数的声明和定义中使用的标识符应该一致。</li><li>不带参数的函数应当声明为具有 void 类型的参数。</li><li>传递给一个函数的参数应该与声明的参数匹配。</li><li>转换不能发生在函数指针和其他除整型之外的任何类型指针之间。</li><li>static 存储类标识符应该用于具有内部链接的对象和函数的定义与声明。</li><li>不能使用动态堆的内存分配。</li><li>在产品代码中不应使用输入/输出库<stdio.h>。</li></ul>
异常处理	<ul><li>检查输入参数的正确性。</li><li>正确处理空指针和负数。</li><li>检查数组是否有超出范围的索引。</li><li>检查函数中是否有处理异常错误的代码。</li><li>检查内存分配和释放函数是否成对使用</li></ul>

接下来，举例说明以上规则的应用。代码清单 6-1 定义了 ECU 的部分参数信息。思考一下存在什么问题。

6.3 需求评审与设计评审

代码清单 6-1

```
1   struct _ECU_Parameters {
2       double ecu_engine_rpm;
3       double ecu_vehicle_speed;
4       double ecu_oil_pressure;
5       double ecu_battery_voltage;
6       double ecu_oil_temperature;
7       double ecu_accelerator_position;
8       int ecu_dtc_count;
9       char ecu_last_dtc_code[16];
10      char ecu_vin[256];
11      char ecu_name[256];
12      char ecu_manufacturer[256];
13      char battery_voltage[256];
14  };
15  typedef struct _ECU_Parameters ECU_Parameters;
```

C 语言的编译器支持的基本类型为 char、short、int、long、float 和 double。在 32 位的系统中，char 类型占 1 字节，short 类型占 2 字节，int 类型占 4 字节，double 类型占 8 字节。在进行变量定义时使用正确的变量类型至关重要，因为这可以减少代码和数据占用的空间并大幅增加程序的性能，这对嵌入式开发尤其重要。同时，为提高变量的可读性和代码的可维护性，通常使用 typedef 关键字对系统默认的基本数据类型名进行重定义，如代码清单 6-2 所示。

代码清单 6-2

```
1   typedef unsigned char uint8_t;
2   typedef unsigned short uint16_t;
3   typedef unsigned int uint32_t;
4   typedef double float64_t;
```

基于以上规则，对代码清单 6-1 中的代码进行修改，修改后的代码如代码清单 6-3 所示。

代码清单 6-3

```
5   struct _ECU_Parameters {
6       uint32_t ecu_engine_rpm;
7       uint32_t ecu_vehicle_speed;
8       uint32_t ecu_oil_pressure;
9       uint32_t ecu_battery_voltage;
10      uint32_t ecu_oil_temperature;
11      uint32_t ecu_accelerator_position;
```

```
12       uint32_t ecu_dtc_count;
13       uint8_t ecu_last_dtc_code[16];
14       uint8_t ecu_vin[256];
15       uint8_t ecu_name[256];
16       uint8_t ecu_manufacturer[256];
17       uint8_t battery_voltage[256];
18   };
19   typedef struct _ECU_Parameters ECU_Parameters;
```

代码清单 6-4 对输入的 OBD 消息参数进行解析，返回解析的结果。

代码清单 6-4

```
1    int parse_obd_msg(char *obd_msg)
2    {
3        int msg_len, result;
4        char log_buf[256];
5        memset(log_buf, 0, 256);
6        msg_len = strlen(obd_msg);
7        if (msg_len > 0)
8        {
9            //解析消息
10           if (obd_msg[0] == '4')        //来自ECU的OBD数据消息
11           {
12               switch(obd_msg[1])
13               {
14                   case '0': break; //无效模式
15                   case '1': parse_mode_01_msg(obd_msg); break; //解析ECU信息
16                   case '2': parse_mode_02_msg(obd_msg); break; //解析故障码信息
17                   case '3': parse_mode_03_msg(obd_msg); break; //解析ECU参数
18                   case 'A': break;
19               }
20               result = 0;
21           }
22           else if (obd_msg[0] == 'A')    //来自OBD接口的AT命令消息
23           {
24               //处理AT命令消息，保存配置的信息
25               if (strncmp(obd_msg, "ATRV", 4) == 0)
26               {
27                   set_interface_information(obd_msg); //设置接口信息
28                   result = 1;
29               }
30               else (strncmp(obd_msg, "ATI", 3) == 0)
31               {
```

```
32                 set_obd_protocol_name(obd_msg);       //设置协议名称
33                 result = 2;
34             }
35         }
36     }
37     return(result);
38 }
```

以上代码有以下问题。

❏ msg_len 和 result 在使用前需要进行赋值。

```
result = -1;
msg_len= -1;
```

❏ switch 语句中增加 default 来处理其他模式。

```
switch(obd_msg[1])
{
    case '0': break;                                     //无效模式
    case '1': parse_mode_01_msg(obd_msg); break;         //解析 ECU 信息
    case '2': parse_mode_02_msg(obd_msg); break;         //解析故障码信息
    case '3': parse_mode_03_msg(obd_msg); break;         //解析 ECU 参数
    case 'A': break;
    default : break;                                     //处理其他模式
}
```

❏ 增加错误日志,进行跟踪定位。

```
else if (obd_msg[0] == 'A')          //来自 OBD 接口的 AT 命令消息
    {
        //处理 AT 命令消息,保存配置的信息
        if (strncmp(obd_msg, "ATRV", 4) == 0)
          {
              set_interface_information(obd_msg);     //设置接口信息
              result = 1;
          }
          else if (strncmp(obd_msg, "ATI", 3) == 0)
          {
              set_obd_protocol_name(obd_msg);         //设置协议名称
              result = 2;
          }
          else
          {
              printf(log_buf, "parse_obd_msg() <INFO>: Unknown AT message - %s",
```

```
            obd_msg);
        {
            print_log_entry(log_buf);
        }
    }
```

6.4 固件测试工具

6.4.1 静态分析工具

市面上很多静态分析工具可用于检查源代码并查找错误等。针对车载固件程序开发，需要选择支持 MISRA C 规则检测的静态分析工具 QAC，其界面如图 6-7 所示。

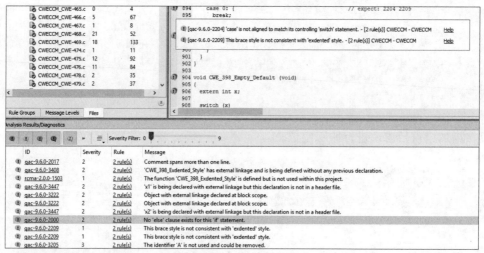

图 6-7　QAC 的界面

6.4.2 OBD 模拟器

OBD 模拟器用于模拟标准的汽车 OBD 通信协议，具体如图 6-8 所示。通过调节设备旋钮，OBD 模拟器进行车速、转速、冷却液温度、进气温度、进气流量、进气歧管压力、剩余油量、故障码等车辆参数的实时模拟。OBD 模拟器可以外接稳压源，通过调节电压值模拟车辆的电瓶使用情况。

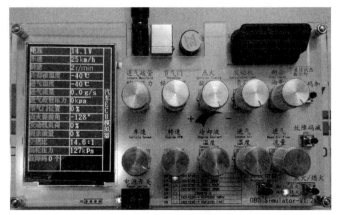

图 6-8　OBD 模拟器

6.5　固件测试设计

硬件设备一旦销售出去之后，将分布到全国各地的用户车辆上，因此需要确保产品功能的正确性和稳定性。通常软件不受环境（诸如温度、信号强度、地理位置）的影响，但和车辆硬件结合到一起之后就受到各种约束，此时需要考虑在各种环境下功能的正确性和稳定性。

为确保发布后产品的质量，降低产品的市场风险，需要在时间和人力资源允许的前提下尽可能地提高测试的覆盖率。为提高测试的针对性和有效性，对固件的质量属性应用黑盒测试技术完成相应的测试设计。这些测试包括功能测试、性能测试、可靠性测试、兼容性测试、安全性测试、维护性测试。

6.5.1　测试思维导图

为有效评估固件质量成熟度，需要先评估固件的以下质量属性。

- ❑ 功能性，包括功能完备性和功能正确性。功能完备性通过统计需求规格说明书中的功能覆盖率评估，正确性通过统计功能需求规格说明书中的功能实现正确率评估。

- ❑ 性能效率，包括时间特性、容量、性能效率的依从性。对于时间特性，主要统计 GPS 定位时长和通信联网时长是否满足要求；对于容量，统计在通信盲区中 GPS 等数据的存储量；性能效率的依从性包括与业务相关的指标（如设备的工作和休眠电流）。

- 可靠性，包括成熟性和容错性。成熟性通过长时间运行程序验证；容错性通过异常条件注入验证。

- 兼容性，包括兼容性的依从性，主要通过与主流车型的 OBD 协议和行业通信协议的兼容性验证。

- 信息安全性，包括保密性和真实性。保密性通过数据加密和控制数据指令验证；真实性通过固件升级包篡改验证。

- 可维护性，包括可维护性的依从性，使用静态代码分析工具，按照 MISRA C 的规则进行代码扫描来验证并统计结果。

具体评估方法如图 6-9 所示。

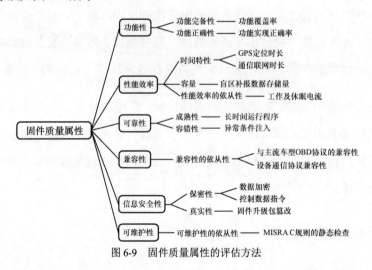

图 6-9　固件质量属性的评估方法

6.5.2　数据协议测试

数据协议是设备和平台进行数据交换的通信规则。在设备通信协议中通常以 AT 命令的形式为上层调用提供接口功能。下面结合部分命令说明如何进行协议测试。

与平台网关进行通信之前，需要在设备中进行网关地址设置，因此需要先定义网关设置的协议命令，再设置网关地址参数，相关命令如表 6-6 所示。

表 6-6　设置网关地址参数的命令

功能描述	设置网关地址参数
语法	写入命令： AT+HOSTS=\<Index>,\<FQDN>,\<Host Address>,\<Port>,\<DNS> 读取命令： AT+HOSTS?
参数	\<Index>　　　　　　　// 服务器序列号，从 1 开始 \<FQDN>　　　　　　　// 表明\<Host Address> 是 IP 地址还是域名 0　\<Host Address>　　// IP 地址 1　\<Host Address>　　// 域名 \<Host Address>　　　// 服务器地址 \<Port>　　　　　　　 // TCP/UDP 端口 \<DNS>　　　　// 域名解析服务器，如果\<Host Address>是 IP 地址，则 DNS 为 0.0.0.0

返回值	// 写入命令返回值
	OK:HOSTS
	// 读取命令返回值
	HOSTS=1,\<FQDN>,\<Host Address>,\<Port>,\<DNS>
	// 返回错误
	ERROR:HOSTS

举例	AT+HOSTS=1,0,192.168.1.1,8888,0.0.0.0 OK:HOSTS AT+HOSTS? HOSTS=1,0,192.168.1.1,8888,0.0.0.0

使用表 6-6 中的网关地址读写命令，可以进行设备信息的查询和设置。利用各种测试方法准备测试输入来验证功能是否正确。为网关地址设置测试用例，如表 6-7 所示。

表 6-7　为网关地址设置测试用例

条目	说明
质量属性类别	功能测试
测试预置条件	准备 AT 命令测试用例。 ❏　等价类边界值输入。 　AT+HOSTS=1,192.168.1.1,8888 ❏　错误参数组合。 AT+HOSTS=3,192.168, 8888
测试步骤	（1）用数据线连接设备与计算机。 （2）执行测试代码用例。 （3）检查串口输出的信息
测试预期结果	判断串口输出信息是否符合响应信息定义

第 6 章　固件评审与测试设计

使用专用的串口线将 OBD 设备与计算机连接，打开串口调试工具，设置"波特率"等参数，连接车机，在"发送区"文本框中输入 AT 命令（如 AT+HOSTS？）后，单击"手动发送"按钮，查看显示结果，在"接收区"文本框中可以看到车机返回值，检测返回值是否与协议中描述的一致，如图 6-10 所示。

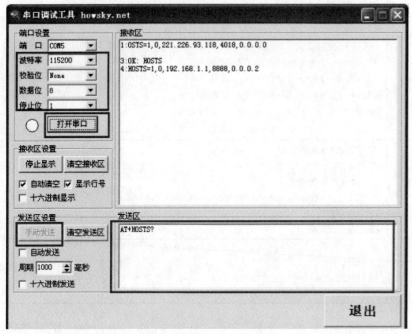

图 6-10　执行 AT 命令用例

6.5.3　功能测试

固件程序是对业务功能（包括定位、通信、报警消息、驾驶行为分析等）的实现。这是车载终端产品的基本功能，需要满足并确保功能的正确性和完备性。功能测试包括数据上报频率测试、车辆点火提醒测试、休眠唤醒测试等。

为满足不同用户场景对设备数据上传频率的要求，设备需要支持不同频率上报的功能，为验证该功能是否正确，要设计数据上报频率测试用例。部分数据上报频率测试用例如表 6-8 所示。

表 6-8　部分数据上报频率测试用例

条目	说明
质量属性类别	功能完备性、功能正确性
质量指标	功能通过率
测试预置条件	准备测试设备
测试步骤	（1）设备上电启动，待 GPS 信号灯正常后，查看定位信息。 （2）设置不同的 GPS 上传间隔，如 1 s 和 600 s。 （3）在平台上监控数据上报频率，查看设备是否按照间隔上报 GPS 报文
测试预期结果	车辆启动后，设备按照设置的频率主动上报位置数据至平台

车辆点火提醒测试验证设备在车辆点火后是否能够触发点火提醒消息。可搭建模拟环境并测试车辆的点火提醒功能。车辆点火提醒测试用例如表 6-9 所示。

表 6-9　车辆点火提醒测试用例

条目	说明
质量属性类别	功能完备性、功能正确性
质量指标	功能通过率
测试预置条件	准备 OBD 模拟器
测试步骤	（1）设备接上稳压源。 （2）连接 OBD 模拟器，稳压源电压小于 11.5 V（持续 20 s），稳压源电压升高 0.5 V 以上且持续时间不短于 20 s
测试预期结果	在串口可以查看到点火提醒事件数据

休眠唤醒测试验证设备在车辆熄火后是否能够正常唤醒。可搭建模拟环境并测试车辆的休眠唤醒功能。休眠唤醒测试用例如表 6-10 所示。

表 6-10　休眠唤醒测试用例

条目	说明
质量属性类别	功能完备性、功能正确性
质量指标	功能通过率
测试预置条件	准备 OBD 模拟器
测试步骤	（1）设备接上稳压源，连接 OBD 模拟器。 （2）设置休眠唤醒间隔为 5 min，使稳压源电压小于 11.5 V（持续 20 s），等待设备休眠。 （3）设备休眠，指示灯由长亮变为熄灭。 （4）等待 4.5 min，观察设备指示灯变化情况
测试预期结果	设备到达休眠唤醒设置间隔数值后，指示灯由熄灭变为长亮

数据采集项测试验证 OBD 行车数据采集完整度是否符合要求。数据采集项测试用例如表 6-11 所示。

表 6-11 数据采集项测试用例

条目	说明
质量属性类别	功能完备性、功能正确性
质量指标	功能通过率
测试预置条件	测试车辆
测试步骤	（1）将设备安装到真实车辆后，点火启动车辆。 （2）通过网关查看 OBD 数据输出
测试预期结果	上报的数据应该包括 VIN、瞬时速度、发动机转速、电瓶电压、车辆总里程、怠速瞬时油耗、行驶瞬时油耗、发动机负荷、冷却液温度、燃油压力、进气歧管绝对压力、进气温度、进气流量、节气门绝对位置、行车状态、瞬时油耗、油门踏板相对位置、油门踏板状态、剩余油量

开发嵌入式设备的挑战之一就是设备销售之后的问题处理，通常处理措施就是远程升级，因此需要确保远程升级功能的正确性。部分远程升级测试用例如表 6-12 所示。

表 6-12 部分远程升级测试用例

条目	说明
质量属性类别	功能完备性、功能正确性
质量指标	功能通过率
测试预置条件	准备 OBD 模拟器
测试步骤	（1）设备接上稳压源，连接 OBD 模拟器。 （2）设备正常上传数据。 （3）在升级平台上填写正确的升级信息，升高版本，通过服务器升级程序
测试预期结果	若下发版本号与设备不同，设备固件成功更新。 若下发版本号与设备相同，设备固件不更新，会提示错误

对于通过远程升级解决不了问题的设备，只能回收或现场处理，通常使用串口升级测试。部分串口升级测试用例如表 6-13 所示。

表 6-13 部分串口升级测试用例

条目	说明
质量属性类别	功能完备性、功能正确性
质量指标	功能通过率
测试预置条件	准备 OBD 模拟器

6.5 固件测试设计

续表

条目	说明
测试步骤	（1）设备接上稳压源，连接 OBD 模拟器。 （2）设备正常上传数据。 （3）通过串口发送升级命令
测试预期结果	当升级版本与现有版本相同时，会提示错误

当处于通信盲区时，设备会自动存储数据并定时重试上传，为验证盲区数据上传的正确性，要进行盲区补报测试。部分盲区补报测试用例如表 6-14 所示。

表 6-14 部分盲区补报测试用例

条目	说明
质量属性类别	功能完备性、功能正确性
质量指标	功能通过率
测试预置条件	设备正常启动，测试车辆路测
测试步骤	测试车辆行至通信盲区
测试预期结果	测试车辆在盲区发生故障时，终端能存储故障码，恢复通信能力后进行补传

验证设备是否能准确检测到车辆故障码并及时上传报警事件，部分测试用例如表 6-15 所示。

表 6-15 部分故障报警测试用例

条目	说明
质量属性类别	功能完备性、功能正确性
质量指标	功能通过率
测试预置条件	设备正常加载，针对测试车辆提前制造一个故障码（如拔掉车内空气流量传感器）
测试步骤	测试车辆点火，设备启动
测试预期结果	设备立刻主动检测到故障码并上传报警事件至平台

驾驶行为测试验证设备是否能准确上报急加速、急减速、急刹车、急转弯等数据。部分驾驶行为测试用例如表 6-16 所示。

表 6-16 部分驾驶行为测试用例

条目	说明
质量属性类别	功能完备性、功能正确性
质量指标	功能通过率

续表

条目	说明
测试预置条件	设备正常启动，测试车辆低速行驶
测试步骤	（1）急加速测试，测试车辆低速行驶，测试人员瞬间深踩油门加油，使测试车辆速度迅速提高，反复测试。 （2）急减速测试，测试车辆以较高速度行驶，测试人员点踩刹车紧急制动，使测试车辆速度迅速降低，反复测试。 （3）急刹车测试，测试车辆以较高速度行驶，测试人员瞬间深踩刹车进行紧急制动，使测试车辆迅速停止，反复测试。 （4）急转弯测试，测试车辆以较高速度行驶，测试人员快速打轮，使测试车辆迅速左/右转弯，反复测试
测试预期结果	设备立刻主动上报急加速、急减速、急刹车、急转弯事件至平台

低电报警测试验证设备在低电条件下是否能够上报事件数据。部分低电报警测试用例如表 6-17 所示。

表 6-17 部分低电报警测试用例

条目	说明
质量属性类别	功能完备性、功能正确性
质量指标	功能通过率
测试预置条件	准备 OBD 模拟器
测试步骤	（1）设备接上稳压电源，连接 OBD 模拟器。 （2）设备正常上传数据，平台配置唤醒低电检测的电压阈值 11.5 V。 （3）熄火，调低电压
测试预期结果	满足低电压条件后，发出低电报警

碰撞报警测试验证当设备碰撞时是否产生数据和报警信息。部分碰撞报警测试用例如表 6-18 所示。

表 6-18 部分碰撞报警测试用例

条目	说明
质量属性类别	功能完备性、功能正确性
质量指标	功能通过率
测试预置条件	测试设备
测试步骤	（1）设备接入稳压电源，模拟车辆点火。 （2）人为磕碰设备，模拟碰撞情景。 （3）观察网关数据
测试预期结果	设备能够主动上报碰撞事件到网关

拔出报警测试验证设备拔出后是否产生设备拔出报警提醒信息。部分拔出报警测试用例如表 6-19 所示。

表 6-19 部分拔出报警测试用例

条目	说明
质量属性类别	功能完备性、功能正确性
质量指标	功能通过率
测试预置条件	设备正常启动
测试步骤	测试人员拔出设备，测试多次
测试预期结果	设备能够主动上报断电报警事件到网关

设备换装报警测试验证设备是否能检测到换装并及时上报换装报警事件。部分设备换装报警测试用例如表 6-20 所示。

表 6-20 部分设备换装报警测试用例

条目	说明
质量属性类别	功能完备性、功能正确性
质量指标	功能通过率
测试预置条件	设备正常加载，A 测试车辆熄火，B 测试车辆正常启动
测试步骤	设备从 A 测试车辆更换至 B 测试车辆上
测试预期结果	设备主动上报换装报警事件至网关

硬件故障测试验证设备是否能检测到故障并及时上报故障报警事件。部分设备故障测试用例如表 6-21 所示。

表 6-21 部分设备故障测试用例

条目	说明
质量属性类别	功能完备性、功能正确性
质量指标	功能通过率
测试预置条件	设备连接，能进行正常通信
测试步骤	（1）通过工具关闭设备的 GPS 模块功能； （2）设备接入稳压源； （3）观察网关数据
测试预期结果	设备上报 GPS 故障事件到网关

设备心跳包测试验证设备是否能在休眠后正常上报心跳报文。部分设备心跳包测试用例如

表 6-22 所示。

表 6-22 部分设备心跳包测试用例

条目	说明
质量属性类别	功能完备性、功能正确性
质量指标	功能通过率
测试预置条件	测试设备，实际车辆
测试步骤	设备进入休眠后，将按照 2 h 的间隔发送心跳报文
测试预期结果	设备 2 h 发送一次心跳报文，并上传车辆状态信息到网关

6.5.4 性能测试

固件性能测试包括 GPS 冷启动时间、GPS 热启动时间、设备休眠功耗等。

GPS 冷启动时间测试验证设备 GPS 冷启动的时长。部分 GPS 冷启动时间测试用例如表 6-23 所示。

表 6-23 部分 GPS 冷启动时间测试用例

条目	说明
质量属性类别	性能效率中的时间特性
质量指标	平均启动时间
测试预置条件	准备 5 台测试车辆、5 台测试设备、若干张移动 SIM 卡
测试步骤	（1）车辆熄火状态，安装设备到车辆，点火。 （2）查看设备灯状态，等待设备定位，并记录设备 GPS 初次定位的冷启动时间。 （3）更换设备，重复以上步骤，取测试结果的平均值
测试预期结果	设备 GPS 初次定位的冷启动时间不超过 50 s

GPS 热启动时间测试验证设备 GPS 热启动的时长。部分 GPS 热启动时间测试用例如表 6-24 所示。

表 6-24 部分 GPS 热启动时间测试用例

条目	说明
质量属性类别	性能效率中的时间特性
质量指标	平均启动时间
测试预置条件	准备 1 台测试设备、1 张移动 SIM 卡

续表

条目	说明
测试步骤	（1）安装设备后观察 GPS 定位指示灯正常。 （2）将设备使用锡纸包住使其无法定位，维持 5 min。 （3）将锡纸移除后，开始计时。 （4）查看设备灯状态，等待设备定位，并记录设备热启动时间。 （5）重复测试 3 次，取最优值
测试预期结果	设备 GPS 重捕获时间不超过 10 s

休眠功耗测试验证设备在休眠后的功耗性能。部分休眠功耗测试用例如表 6-25 所示。

表 6-25 部分休眠功耗测试用例

条目	说明
质量属性类别	性能效率中的资源利用性
质量指标	平均休眠功耗
测试预置条件	准备 OBD 模拟器
测试步骤	（1）将稳压源调至 12 V。 （2）被测设备外接 12 V 稳压电源。 （3）在无振动的情况下等待 3 min。 （4）等待设备休眠，查看稳压电源显示的电流。 （5）反复测量 5 次并取平均值
测试预期结果	电池充满电，休眠电流不高于 5 mA

通信联网时长测试验证设备通信联网的性能。部分通信联网时长测试用例如表 6-26 所示。

表 6-26 部分通信联网时长测试用例

条目	说明
质量属性类别	性能效率中的时间特性
质量指标	平均通信联网时间
测试预置条件	准备 1 台测试车辆、若干台测试设备、若干张移动 SIM 卡
测试步骤	（1）车辆熄火状态，安装设备到车辆，点火。 （2）查看设备灯状态，设备联网后，指示灯常亮，并记录设备联网时间
测试预期结果	设备通信联网时间不超过 35 s

定位精准度测试验证设备定位的精准度性能。部分定位精准度测试用例如表 6-27 所示。

表 6-27 部分定位精准度测试用例

条目	说明
质量属性类别	性能效率的依从性
质量指标	位置精准度
测试预置条件	设备正常加载,测试车辆已启动
测试步骤	(1) 驾驶车辆进行实际路测,分别在高楼区域、隧道、高架、空旷地带行驶并驻停。 (2) 观察并对比车辆驻停位置和设备上报的位置信息
测试预期结果	设备主动上报位置数据至平台,定位精度在 10 m 以内

设备网络上行速率测试验证设备通信网络上行的数据传输速率性能。部分设备网络上行速率测试用例如表 6-28 所示。

表 6-28 部分设备网络上行速率测试用例

条目	说明
质量属性类别	性能效率的依从性
质量指标	平均上行速率
测试预置条件	准备测试工具 Speedtest 与若干张移动 SIM 卡
测试步骤	用 Speedtest 工具测试设备网络上行速率是否合乎标准,可以测试多次并取平均值
测试预期结果	设备通信模组工作正常,网络上行速率达到标准

设备数据存储测试验证设备数据存储的性能。部分设备数据存储测试用例如表 6-29 所示。

表 6-29 部分设备数据存储测试用例

条目	说明
质量属性类别	性能效率中的容量
质量指标	数据存储量
测试预置条件	设置硬件终端调试端参数,并与设备连接,能进行正常通信
测试步骤	设备外接稳压电源,断网后,设备将把 GPS 数据存储在本地
测试预期结果	设备能够存储设计的存储容量的数据,当存储的数据大于存储的范围时,后面的数据将覆盖最先存储的数据

6.5.5 可靠性测试

可靠性测试包括固件重连测试、固件程序压力测试、固件异常测试,主要验证固件持续运行的稳定性，不会出现程序异常重启和数据丢失等情况。可靠性测试通过实车测试验证。运营的出租车是最好的压力测试场景，通过在后台观察、分析车辆数据的完整性和正确性评估固件程序的可靠性。

通信重连测试验证设备在不同条件下断开链接后是否能够重连。部分通信重连测试用例如表 6-30 所示。

表 6-30　部分通信重连测试用例

条目	说明
质量属性类别	功能完备性、功能正确性
质量指标	功能通过率
测试预置条件	设置硬件终端调试端参数，并与设备连接，能进行正常通信
测试步骤	（1）在设备正常运行时，关闭网关 10 min，然后开启网关。 （2）更换设备 SIM 卡，重新连接
测试预期结果	设备能够重新连接网关并上传数据

固件程序压力测试验证设备固件程序的稳定性，需要固件程序长时间运行。部分固件程序压力测试用例如表 6-31 所示。

表 6-31　部分固件程序压力测试用例

条目	说明
质量属性类别	可靠性中的成熟性
质量指标	平均失效间隔时间
测试预置条件	安装模拟测试程序并运营出租车辆
测试步骤	（1）调整设备稳定电压为 14 V，持续运行 72 h。 （2）安装设备到出租车辆上，持续运行一周。 （3）完成测试，观察后台和网关日志数据
测试预期结果	车辆数据上报正常，固件程序无重启，网关无数据丢失，上报的数据正确

固件程序异常测试验证设备固件程序在不同异常条件下的可靠性。部分固件程序异常测试用例如表 6-32 所示。

表 6-32 部分固件程序异常测试用例

条目	说明
质量属性类别	可靠性中的容错性
质量指标	避免失效率
测试预置条件	模拟测试程序
测试步骤	(1) 连接设备,设置稳定电压为 14 V。 (2) 通过串口修改网关地址,观察串口日志是否有连接错误和异常提醒。 (3) 将设备使用锡箔纸罩包裹 10 min 后恢复,观察串口日志是否有异常提醒和数据补报。 (4) 将设备重复开关断电,观察串口日志是否有异常提醒和数据上报
测试预期结果	车辆数据上报正常,固件程序功能无异常

6.5.6 兼容性测试

设备固件程序的兼容性测试主要包括车辆车型的适配性测试和通信协议的兼容性测试两方面内容。

针对乘用车主要的 OBD 协议包括 CAN 总线协议和 K 线协议等。不同的车辆厂家在标准协议上会进行裁剪和封装,这样 OBD 车型适配成为很大的挑战。为验证设备对不同协议车辆的兼容性,需要进行车型 OBD 协议兼容适配性测试。部分车型 OBD 协议兼容适配性测试用例如表 6-33 所示。

表 6-33 部分车型 OBD 协议兼容适配性测试用例

条目	说明
质量属性类别	兼容性的依从性
质量指标	车辆兼容适配率
测试预置条件	准备若干台主流的欧系、美系、日系测试车辆,若干台主流的国产测试车辆,以及多台 OBD 设备
测试步骤	(1) 将设备安装到测试车辆上。 (2) 启动车辆,观察网关数据
测试预期结果	网关能够正确解析出各种 OBD 协议的车辆数据

基于使用场景，设备在通信协议层需要支持不同的国际标准、行业标准、厂商标准等，因此要进行设备通信协议兼容性测试。部分设备通信协议兼容性测试用例如表 6-34 所示。

表 6-34　部分设备通信协议兼容性测试用例

条目	说明
质量属性类别	兼容性的依从性
质量指标	网关协议兼容适配率
测试预置条件	准备好支持 808 协议网关、MQTT 协议网关、私有协议网关的车机程序
测试步骤	（1）修改设备网关地址为 808 协议网关，查看网关报文数据，验证设备数据是否上报正确及完整。 （2）修改设备网关地址为 MQTT 协议网关，查看网关报文数据，验证设备数据是否上报正确及完整。 （3）修改设备网关地址为客户网关，查看网关数据，验证设备数据是否上报正确及完整
测试预期结果	能够正确解析 808 协议、MQTT 协议、定制私有协议

6.5.7　安全性测试

安全性测试主要验证固件程序数据、指令、升级包的安全性。

为验证设备固件程序的数据安全性，需要对传输数据进行数据加密测试。部分数据加密测试用例如表 6-35 所示。

表 6-35　部分数据加密测试用例

条目	说明
质量属性类别	信息安全性中的保密性
测试预置条件	准备烧录程序的 OBD 测试设备
测试步骤	（1）把 OBD 设备连接到 OBD 模拟器。 （2）调节稳压源到 14 V，模拟车辆点火。 （3）查看网关原始报文信息
测试预期结果	设备原始报文信息加密，不可读

为检查设备固件程序的安全性，要对固件程序进行数据指令安全性测试。部分数据指令安全性测试用例如表 6-36 所示。

表 6-36 部分数据指令安全性测试用例

条目	说明
质量属性类别	信息安全性中的保密性
测试预置条件	固件代码
测试步骤	（1）检查固件代码与 ECU 交互部分的代码。 （2）检查设备通信协议的 AT 命令
测试预期结果	（1）ECU 交互部分的代码没有写入控制指令。 （2）设备通信协议中的 AT 命令没有提供任何车辆控制指令

注意，OBD 设备只读取车辆 CAN 总线数据，不向车辆下发和写入任何信息，因此不会导致车辆安全故障。

固件升级安全性测试验证设备固件程序升级是否存在安全漏洞。部分固件升级安全性测试用例如表 6-37 所示。

表 6-37 部分固件升级安全测试用例

条目	说明
质量属性类别	信息安全性中的真实性
测试预置条件	固件升级包
测试步骤	（1）对固件升级包进行篡改。 （2）下发升级命令。 （3）检测设备固件是否升级成功
测试预期结果	固件有安全校验机制，篡改升级包升级失败

6.5.8 可维护性测试

为验证设备固件程序的可维护性，要对固件代码进行静态扫描，检测 MISRA C 编码规则的覆盖率。部分 MISRA C 编码规则测试用例如表 6-38 所示。

表 6-38 部分 MISRA C 编码规则测试用例

条目	说明
质量属性类别	可维护性中的依从性
测试预置条件	支持 MISRA C 的静态检测工具
测试步骤	使用静态检测工具对源代码进行扫描，选择强制检测项目，检测代码编码规则的覆盖率
测试预期结果	满足组织定义的 MISRA C 编码规则的覆盖率

6.6 小结

本章首先介绍了固件质量需求，并针对需求识别出了固件的质量属性。然后，本章围绕固件功能需求和质量属性讨论了功能测试用例、性能测试用例、可靠性测试用例、兼容性测试用例、安全性测试用例、可维护性测试用例的设计。测试设计是进行产品质量评估的重要手段，也是指导用户实际测试的操作指南。

第 7 章　硬件生产质量与质检

传统互联网软件是以 PC 端或手机端为载体开展运营的,而物联网则是基于专有的传感器硬件来采集数据并提供服务支撑的。针对车联网硬件产品,当完成了前期方案和原理设计之后就进入了生产环节。生产是硬件的实现过程,涉及工厂选择、委托质量协议、品质管控及出货抽检等活动。本章将讨论这些内容,以确保批量生产的产品能够满足最终客户的要求。

7.1　生产质量需求

生产质量决定着最终交付产品的质量。为对生产质量进行有效管控,需要识别生产的质量需求,并建立明确的质量指标,作为后续生产交付的验收依据。

7.1.1　质量需求

最终客户对硬件设备的要求是安全可靠,以确保硬件设备在物理上是安全的,即设备安装在车辆上后,使用过程中不会对车辆造成影响和干扰。这对产品的生产工艺和质量标准提出了严格要求。为有效加强硬件设备的质量管控,对生产质量指标提出了如下要求。

- 生产直通率不低于 95%。
- 出厂合格率等于 100%。
- 开箱合格率不低于 99%。

- 设备返修率不高于 1%。

车联网设备在销售时需要满足国家和行业对硬件设备的要求,如设备通过国家强制性产品认证,取得电信设备入网证等。

7.1.2 生产质量属性

生产质量属性主要体现在硬件功能性、可靠性和易用性上,如图 7-1 所示。硬件功能性主要体现生产出的产品需要满足产品规格说明书中的功能要求。可靠性中的成熟性体现在生产直通率、出厂合格率、开箱合格率等指标上。可靠性的依从性体现在满足国家行业的要求上。易用性的依从性体现在产品的包装和外观需要满足产品设计要求上。

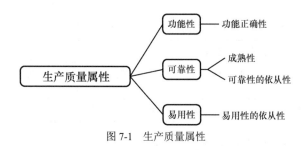

图 7-1 生产质量属性

7.2 供应商选择

车联网产品生产通常分为 OEM(Original Equipment Manufacturer,原始设备制造商)生产和 ODM(Original Design Manufacturer,原始设计制造商)生产两种。简单来说,OEM 生产是委托加工方式,ODM 是贴牌生产方式。从技术能力上来说,OEM 生产关注加工制造能力,ODM 生产则对研发技术能力要求更高一些。无论采用哪种方式,都需要供应商来实现设备的试产和量产出货。因此选择合适的供应商尤其重要。下面介绍如何从基本情况、价格成本、交期产能、工程技术能力、物料管控能力、质量管控能力方面对供应商进行综合的评估。

供应商基本情况检查项如表 7-1 所示。

表 7-1 供应商基本情况检查项

序号	供应商基本情况检查项
1	管理、组织架构与制度是否健全
2	是否生产过类似的产品
3	设备、产能在行业水平中处在何等水平
4	是否有客户满意度调查机制并针对性地采取改善措施
5	是否能在特殊项目时间要求下快速处理以配合客户的项目进度?具体保障机制是什么
6	是否能无条件在要求时间内快速提供样品
7	如何管理采购风险?是否对现有的供应商进行定期考核评价,对不达标的供应商是否有相应的推动改进或惩罚措施
8	当生产原料或所供物料紧缺时,是否能提前两个月知会我方?能否在市场物料紧缺时优先保证我方的物料供给
9	是否有专职的客户服务与支持人员(包括质量管控)?是否能及时有效地处理客诉?反馈渠道是否畅通?处理时间是否符合客户要求
10	合作加工单位是否合格?供应商是否对其定时考核?对不合格者是否有相应的推动、改善及惩罚措施
11	供应商产品是否通过相关的国际品质认证
12	是否能迅速地对客户提出的任何与交付物料有关的问题(包括质量、交期、价格等)展开行动并适时反馈处理结果
13	是否有逐级处理客诉的机制?是否明确各级人员的联系方式、权责等

供应商价格成本检查项如表 7-2 所示。

表 7-2 供应商价格成本检查项

序号	供应商价格成本检查项
1	付款条件如何,能否满足我方的账期需求?特殊账期是否可以相互支持
2	供应商是否有足够的能力支持成本降低策略
3	是否有采购或成本管理方面的文件支持
4	如何管控二级供应商的成本
5	是否有招竞标的流程及实施案例
6	是否能给出行业中的最优价格
7	如何进行询价、比价与议价
8	报价依据、价格审核、价格调整是如何制定的?是否合理
9	对于成本构成分析,如何制作成本分析模板?能否提供详细的报价明细
10	如何保证大批量的价格下调
11	供应商如何控制生产质量成本?如何防止浪费

供应商交期产能检查项如表 7-3 所示。

表 7-3　供应商交期产能检查项

序号	交期产能检查项
1	SMT 和组装生产线条数是多少？产品生产周期多少天？后期产能规划如何？能否达到公司要求
2	设备与产能分别是多少？能否在需要大量特殊物料时特殊满足我方物料需求
3	近一季度的实际销售订单清单或客户对账单
4	供应商是否有详细的流程工序？瓶颈工序及解决措施是什么
5	供应商实际销售订单及出货流程是什么？一般订单/急单订单交期是如何支持的
6	是否有按天或班生产线的每日生产计划达成表？是否及时更新数据
7	供应商是否能及时提供模具、产能等信息？产品范围及承接能力如何？是否能覆盖目前所有厂商或某厂商
8	供应商是否有专门团队或部门领导直接负责订单的生产、服务、交货、模具管理的跟进及对接
9	供应商是否能提供近 3 个月的客户订单明细及交货明细以证明其生产、出货正常并维持在一定的水平
10	是否有足够的产能支持？在生产旺季是否有能力保证产能分配
11	供应商是否能有生产会议及其他制度来保障我方要求的产能，并有专人负责跟进我方产品的生产进度
12	供应商是否有足够的仓储空间？产线及仓储管理是否基于或优于 5S 管理制度
13	供应商是否有相应的原料供应商管理程序？它们是否用于原料供应商管理？是否签署品质及供货协议
14	从价格交期付款方式配合支持度等综合分析供应商合作的优劣势如何？能否达到我方要求

工程技术能力检查项如表 7-4 所示。

表 7-4　工程技术能力检查项

序号	工程技术能力检查项
1	是否有服务于生产的工程技术部门？其职责是否明确
2	是否可以快速处理产品生产过程中的异常
3	是否可以为客户端反馈的质量问题提供技术支持
4	是否可以提高生产力、降低成本？有何体现
5	是否所有工程变更通知的发出均经过工程评审？是否有相关文件支持
6	是否有新技术、新工艺的开发能力？怎样体现

续表

序号	工程技术能力检查项
7	是否有足够的生产设备
8	是否所有设备的性能完好并保持良好的工作状态
9	是否所有设备的操作人员均有能力保证设备运转正常？是否能正确识别故障并完成简单的调试
10	是否有能力对产品生产过程中的异常进行有效处理？是否具备模具工程能力
11	是否有能力对客户端反馈的质量问题进行支持
12	是否使用适当的控制工具、手段保证精细化生产
13	是否有能力提高生产力、降低成本、开发新的技术和工艺？是否有相关的程序支持
14	为了规范开模、试模、修模工作，是否有相应的规定或程序
15	是否有模具的日常管理规定（存储、转运、维护等）

物料管控能力检查项如表 7-5 所示。

表 7-5 物料管控能力检查项

序号	物料管控能力检查项
1	是否有相应的供应商管理程序？它们是否用于供应商管理
2	是否有做合格供应商名录管控以确保供应链质量
3	是否对现有的供应商进行定期考核评价
4	为了促进考核不达标的供应商改进质量，是否有相应的措施
5	是否执行进料检验
6	关于原材料的进料检验，是否有规范化的文件
7	是否有各种原材料的规格与检验标准
8	是否有可作为检验标准的辅助样品、图纸等
9	对原材料的检验记录是否保存？保存期限是多久？是否有文件规定
10	是否及时向供应商通报来料检验的不符合项并跟踪供应商的改进措施
11	原材料仓库是否符合所储存物料（尤其是化学品与易燃易爆品）的保管要求
12	是否按照要求严格控制物料的先进先出
13	是否对仓库的温湿度及静电、无尘度进行管控
14	是否建立可追踪收货时间、批次及供应商等信息的系统

工厂应建立内部质量审核程序。质量管控能力检查项如表 7-6 所示。确保质量体系的有效性和认证产品的一致性,并记录内部审核结果。对工厂的投诉,尤其是对产品不符合标准要求的投诉,应保存记录,并以它们作为内部质量审核的信息输入。对审核中发现的问题,应采取纠正和预防措施,并进行记录。

表 7-6　质量管控能力检查项

序号	质量管控能力检查项
1	是否设置制程质量控制点并安排合适的人员从事质量控制与保证工作
2	为了保证产品的持续生产及质量,是否有足够的资源(设备、技术人力)
3	是否定义关键工序?是否有对关键工序进行管控的相应措施
4	制程关键工序能力、重要参数及工艺操作要求是否得到确认
5	制程异常问题是否得到及时反馈、分析?是否采取了有效的预防措施
6	制程中发现的不良品是否均得到有效区分及妥善处理
7	在制程中是否使用统计工具监控各项生产数据,从而提供改善依据
8	所有与产品质量有关的操作是否均有操作指示并位于操作者视力所及的地方
9	员工是否均能按照操作指示正确操作?操作指示是否具有可操作性
10	是否建立有效的物料&产品的识别与追溯系统
11	所有操作员是否均采取适当的防护措施(静电防护及无尘防护等)
12	是否有生产异常处理程序或流程
13	生产现场质量主管是否有权力要求工程人员解决出现的各种异常
14	是否在各质量控制点使用样板以协助对良品、不良品进行准确判定
15	是否有适当的工具
16	生产现场的机器设备、仪器、工具等是否均有操作指示
17	生产现场的5S控制能力是否符合产品要求

针对以上各表中的问题,按照以下的标准进行判断,然后建立雷达图,以进行综合评估。

❑ 评 0 分(尚未建立):要求的项没有做到,也无文件支持。

- 评 1 分（较欠缺）：要求的项少部分做到，有少部分文件支持，计划和执行需要持续改进。

- 评 2 分（一般）：要求的项部分做到，有部分文件支持，计划和执行需要一些改进。

- 评 3 分（良好）：要求的项大部分做到，文件充分，计划和执行基本满足要求。

- 评 4 分（优秀）：要求的项完全做到，文件很充分，计划和执行完善彻底。

评估样例结果如图 7-2 所示。

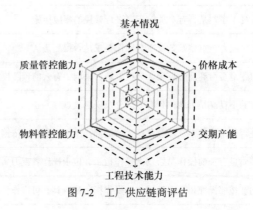

图 7-2　工厂供应链商评估

7.3　生产加工质量协议

当供应商选择完成后，需要签订生产加工质量协议，明确双方责任及验收标准。

7.3.1　验收标准

在质量协议中需要明确验收定义、验收标准。以下是部分协议条款样例。

甲方进货检验标准以甲乙双方认可的标准执行。

1.1　执行 GB/T 2828-2012 标准的单次检查表正常检验一次抽样方案。抽样标准及检验项目应由甲方制定，或者由甲方确认采用乙方的质量标准。参考抽样标准要求为致命缺陷有 0 个，严重缺陷有 0.10 个，轻微缺陷有 1.0 个。

检验合格率管控要求如下。

（1）乙方交予甲方的产品出厂合格率为 100%。

（2）乙方交予甲方的产品开箱合格率为 100%。

（3）乙方交予甲方的产品返修率小于或等于 1%。

（4）对于达到判退标准的当批返工，往前追溯返工一批。如果在追溯批中发现不良数超过 AQL（Acceptance Quality Limit，接收质量限）允收标准，继续往前追溯一个批次；如果在连续两批的追溯中都存在问题，则所有批次产品安排返工处理。

1.2 甲方检验完成后及时将检验结果通知乙方，对于判退批次，要求乙方在 24 小时内完成返工，乙方在规定时间内完成返工并通知甲方，由甲方安排重检发货。

1.3 若乙方无法到达甲方要求的地点返工，则由甲方安排整批退货给乙方返工。乙方必须在收到退货后两日内完成返工，把返工结果通知甲方，由甲方安排重检发货。

1.4 若检验过程中发现功能严重不良，甲方将通过质量异常通知单要求乙方进行改善，乙方需要在 24 小时内完成回复。

1.5 整机产品首单或新线（新建线体或新员工比例超过 30% 的线体）生产时，对前 2000 个产品必须执行二次功能测试，若单项功能不良率在 0.3% 以下，综合功能不良率在 0.5% 以下，可以取消后续产品的二次功能测试。

7.3.2 质保期

质保期也是质量协议中一个重要的因素。以下是部分协议条款样例。

1.1 标的产品（以下简称产品）的质保期为 12 个月。

1.2　产品或服务的质保期从甲方对乙方的产品验收合格并入库之日起计算。

1.3　质保期内，对不良产品按新品兑换，兑换比例为1∶1。

1.4　质保期外（过保两年内），乙方有偿向甲方提供零配件维修服务，并严格遵守甲方要求的返修周期：不良品寄达乙方工作场所并签收，甲方同意支付维修费用后5个工作日内完成修复并出货，若无法按甲方要求的期限完成修复并出货，甲方有权向乙方按单个产品的合同价格进行索赔。

7.3.3　技术支持

技术支持服务协议条款部分内容样例如下。

应提供实物产品以外的持续免费服务及相关技术支持，内容包括：

- 乙方保证产品出货前的功能可靠性及稳定性，并提交出货产品检验报告给甲方；
- 乙方在收到甲方产品投诉后，在2 h内响应，在4 h内反馈，若需要现场支持，则承诺在24 h内赶到现场并提供现场技术服务；
- 乙方定期向甲方提供产品售后质量报告和质量改进措施；
- 乙方必须指定专人向甲方提供每周7×8 h的故障响应热线，并提供远程技术支持服务。

7.3.4　品质红线

尽管质量协议对验收标准进行了明确定义和要求，但需要从商务的角度将质量的风险契约化，当交付的产品发生质量问题并产生索赔后，需要以一个明确的质量等级定义作为双方遵守的基本原则，以避免无效的推脱和争议。通常经济处罚不是目的，只作为对供应商的威慑和风险预防的备案。质量事故分为外部质量事故和内部质量事故。

部分外部质量事故条款样例如表7-7所示。

表 7-7 部分外部质量事故条款样例

质量事故分级	质量问题描述	处罚原则
一级	乙方出货产品的品质问题导致大批量（1000 台以上）被客户拒收、退货、索赔	赔偿甲方所有损失，包括但不限于维修、更换、回收产品的费用，甲方赔付客户的财产、人身伤害、违约金损失，客户取消订单对甲方造成的损失等，每次支付不低于 10 万元的违约金，直至取消乙方的资格
二级	乙方产品质量问题，引起重大客户投诉	乙方赔偿甲方所有损失，包括但不限于维修、更换、回收产品的费用，以及甲方赔付客户的费用等，并支付不低于 5 万元违约金，直至取消乙方的资格
三级	一般客户投诉设备编码重复、外观不良、包装错误等问题	乙方赔偿甲方所有损失，包括但不限于更换、返修产品的费用，以及甲方赔付客户的费用等，并支付不低于 3 万元违约金，直至取消乙方的资格

部分内部质量事故条款样例如表 7-8 所示。

表 7-8 部分内部质量事故条款样例

质量事故分级	质量问题描述	处罚原则
一级	协议产品组装生产遗漏 BOM 所提供的部件或使用未经过甲方同意的非 BOM 中的部件	乙方赔偿甲方所有损失，每次支付不低于 5 万元违约金，直至取消乙方的资格
二级	☐ 连续 1 个月批次检验合格率小于 99.8%。 ☐ 乙方原因导致同样的问题在同一系列产品上持续发生两次且没有有效改善对策	乙方赔偿甲方所有损失，包括但不限于抽检费用，每次支付不低于 1 万元违约金，直至取消乙方的资格
三级	☐ 没有使用甲方认定的测试设备和配件。 ☐ 使用未经甲方许可的渠道下发的技术资料、工具和软件	乙方赔偿甲方所有损失，每次支付不低于 5000 元违约金，直至取消乙方的资格

7.4 硬件生产过程

当生产工艺过程文件通过评审后，就进入生产环节。

7.4.1 生产过程

1. 来料检验

首先质检员对物料品牌、型号、规格进行核对，然后对外观、结构、性能进行检测并进行判定，确认来料是否符合标准，如图 7-3 所示。质检员检验合格后在料盒上加盖合格印章并通知材料仓库,对不合格物料加贴红色不良标签,同时召集各相关部门对不合格品进行评审。

图 7-3　来料检验

2. 生产贴片

仓库按生产指令单发放物料给生产线,对物料进行表面贴装,打样测试,目测是否漏焊,再用电桥仪器测试元器件是否符合标准要求,在样品通过测试后,再批量生产贴片,如图 7-4 所示。

图 7-4　生产贴片

3. AOI

使用 AOI(Automated Optical Inspection,自动光学检测)仪器检测贴片设备是否有虚焊,如图 7-5 所示。

图 7-5　使用 AOI 仪器检测贴片设备是否有虚焊

4. 设备后焊

经过烘烤、印刷锡膏、锡膏厚度量测、贴片、回流焊、AOI 与目视检测的电路板可以开始进行后焊加工,包括 LED、天线头、插座、排针等,如图 7-6 所示。

图 7-6　设备后焊

5. 组装检测

完线设备后焊后,进行组装检测(如图 7-7 所示),检查是否有虚漏焊,使用夹具连接工装测试 PCB 功能,将印制电路板组装件放入夹具,按下电源开关。通电 15 s 后,正常工作电流应在 90 mA 左右,再观察设备指示灯的情况,正常状态下指示灯应该常亮。若指示灯一直快闪,则先看电流表。如果电流超过 200 mA,则表明存在电路短路现象;如果持续高频快闪,则原因可能是读不到 SIM 卡。

图 7-7　组装检测

6. 固件烧录

通过串口烧录固件程序到设备,如图 7-8 所示。

图 7-8　固件烧录

7. 老化测试

对设备通电老化 8~12 h，间隔拍打起振并检查是否发热，如图 7-9 所示。

图 7-9 老化测试

8. 高低温测试

选择少量设备，进行高低温测试，将高低温试验机的温度分别设置为−20℃和 80℃，持续 4 h，如图 7-10 所示。至试验结束，设备应无任何电气故障，外壳无变形，功能保持正常。

图 7-10 高低温测试

9. 功能测试

设备的功能测试主要通过自检程序实现。首先通过稳压电源将设备检测工装和测试设备连接起来，然后通过串口和 PC 端连接，再运行 PC 端的检测程序，读取设备的数据来验证功能的正确性，如图 7-11 所示。功能测试通过之后才能进行设备编号烧写。

7.4 硬件生产过程

图 7-11 功能测试

10. 成品检测

设备完成功能测试和设备号烧录之后就进入成品检测环节。如图 7-12 所示，对设备外观、设备功能进行复检，确保功能和版本信息正确无误，同时对发现的不良产品单独进行标记。

图 7-12 成品检测

11. 产品包装

为设备主机贴标签，为保修卡贴标签，为包装盒贴标签，并将与产品相关的附件（如说明书、合格证、安装胶贴等）放入包装盒中，如图 7-13 所示。

图 7-13 产品包装

161

12. 装箱出货

按照要求进行设备装箱,将设备序列清单贴在包装箱外部,并将检测报告放置在包装箱中,同时需要确认包装箱的强度和硬度,进行必要的保护,以避免在运输过程中损坏,如图7-14所示。

图 7-14　产品装箱出货

7.4.2　纠正措施

7.4.1 节介绍了整个产品生产过程,在这个过程中,针对任意一个环节中发现的不良品都需要进行严格管控,以避免不良品流入下一道工序,因此要求工厂建立不合格品控制程序。内容应包括不合格品的标识方法、隔离和处置及纠正、预防措施。经返修、返工后的产品应重新检测。对重要部件或组件的返修应做相应的记录,应保存对不合格品的处置记录。

为消除实际或潜在的不合格因素,需要采取纠正和预防措施,防止类似问题的发生或将类似问题降低到最低限度,并预防管理体系、生产过程及产品产生潜在的不合格问题。纠正措施是改进的一种手段。它针对已经发生的不合格等状态,采取消除不合格的措施。预防措施则针对可能发生的不合格事项以及潜在的风险。它是纠正措施的必要延伸,是提升管理体系及过程的有效性的一种手段。

纠正措施的信息来源包括产品和过程质量事故报告,内部的审核不合格报告及审核结果,顾客及其他相关方的投诉、抱怨及退货,顾客满意程度调查结果。

不合格分为严重不合格和一般不合格两种情况。

严重不合格包括以下内容：

- 不符合法律法规的不合格；

- 产品技术、工艺、设备、操作造成的批量不合格；

- 过程中重复发生的不合格；

- 供方提供的原材料严重影响生产和产品质量造成的不合格；

- 顾客及其他相关方投诉较多或最不满意的事项。

针对此类严重不合格，必须在 1 个工作日内给予回复，回复时间不可超过 3 个工作日，若超出期限未给予回复，则需要对责任部门进行考核。

一般不合格包括以下内容：

- 偶发性的并且影响产品和过程质量、生产安全及工作环境的不合格；

- 对系统不会产生重要影响的不合格；

- 顾客及其他相关方比较不满意的事项；

- 单一的人为错误。

若发生以上一般不合格，必须在两个工作日内给出解决方案。

对生产过程和产品监视、测量数据进行分析，当发现不合格时，由发现部门填写"纠正和预防措施报告"，在报告中详细描述事实情况，及时传递到品质部，品质部组织相关部门进行初步分析，确定责任部门，要求责任部门进行有效的原因分析并制定纠正或预防措施。

7.5 硬件出货验收

当工厂设备组装完毕后，通知委托方安排人员进行现场验货。本节将介绍验货方案、步骤和验收标准。当测试结果有争议时，由质量委员会根据问题严重程度给出让步、接受、分拣、退货等结论。

7.5.1　缺陷等级

缺陷是指对产品的销售产生影响或危害的问题，按照严重程度分为如下 3 种。

- ❏ 致命（critical）缺陷，包括以下方面。

    - 可能对使用者造成危害或有安全隐患的缺陷，如边角开裂锋利、硬件终端本体有液体浸泡印迹、存在触电等隐患。

    - 存在漏件、缺件等可能引发客户投诉的缺陷。

- ❏ 严重（major）缺陷：产品存在重大缺陷，影响正常使用。严重缺陷包括但不限于如下方面。

    - 基本功能不正常。

    - 性能超过标准定义（如定位和通信联网超时）。

    - 包装及印刷不良，存在内容错误，影响产品形象。

    - 存在影响功能的结构缺陷。

- ❏ 轻微（minor）缺陷：不影响销售的外观缺陷。

7.5.2　抽样方案

根据 GB/T 2828-2012 抽样检验标准，检验水平为一般检验水平 II 级，按照 100%开箱的原则，从不同的包装箱内随机抽取设备。本节介绍抽样数、AQL 等细节。

首先，送货至甲方指定地点后由甲方进行验收，验收内容包括以下方面。

7.5 硬件出货验收

- 检查送检产品与产品的送检资料各项内容是否正确、清晰、完整。

- 检查外包装，外箱标签内容填写是否齐全，产品是否与外箱标识符合，包装方式是否符合要求。

- 检查出货报告文件是否提供，内容是否齐全，结果是否合格。

其次，确认产品的 AQL 值。

- 对于致命缺陷，AQL 值为 0。

- 对于严重缺陷，AQL 值为 0.10。

- 对于轻微缺陷，AQL 值为 1.0。

然后，确认本批次的出货数量 N，如本批次出货数量为 5000，样本量编码如表 7-9 所示，在该表中查出 N=5000 属于（3201～10 000）范围，样本量编码为 L。

表 7-9 样本量编码

批量	特殊检验水平下的编码				一般检验水平下的编码		
	S1	S2	S3	S4	I	II	III
2～8	A	A	A	A	A	A	B
9～15	A	A	A	A	A	B	C
16～25	A	A	B	B	B	C	D
26～50	A	B	B	C	C	D	E
51～90	B	B	C	C	C	E	F
91～150	B	B	C	D	D	F	G
151～280	B	C	D	E	E	G	H
281～500	B	C	D	E	F	H	J
501～1200	C	C	E	F	G	J	K
1201～3200	C	D	E	G	H	K	L
3201～10 000	C	D	F	G	J	L	M

接下来,按照正常检验一次的抽样方案,查找 L 对应的抽检样本量——200。样本量表如表 7-10 所示,按照严重缺陷和轻微缺陷的 AQL 值要求,查找出抽检的样本量中可接受的结果。

- 按照严重缺陷标准,Ac 为 0,Re 为 1。

- 按照轻微缺陷标准,Ac 为 5,Re 为 6。

以上的结果含义是,从批量的 5000 台设备中随机抽取 200 台,进行检验,若有 1 个严重缺陷或轻微缺陷有 6 个以上,则判该批次产品不合格,予以拒收。

表 7-10 样本量表

样本量编码	样本量	AQL 0.010 Ac Re[①]	0.015 Ac Re	0.025 Ac Re	0.040 Ac Re	0.065 Ac Re	0.10 Ac Re	0.15 Ac Re	0.25 Ac Re	0.40 Ac Re	0.65 Ac Re	1.0 Ac Re	1.5 Ac Re	2.5 Ac Re
A	2													
B	3													
C	5													0 1
D	8											0 1		
E	13										0 1			
F	20									0 1				1 2
G	32								0 1			1 2	2 3
H	50							0 1			1 2	2 3	3 4	5 6
J	80						0 1			1 2	2 3	3 4	5 6	
K	125					0 1			1 2	2 3	3 4	5 6	7 8	
L	200				0 1			1 2	2 3	3 4	5 6	7 8	10 11	
M	315			0 1			1 2	2 3	3 4	5 6	7 8	10 11	14 15	
N	500				0 1		1 2	2 3	3 4	5 6	7 8	10 11	14 15	21 22
P	800		0 1			1 2	2 3	3 4	5 6	7 8	10 11	14 15	21 22	
Q	1250	0 1			1 2	2 3	3 4	5 6	7 8	10 11	14 15	21 22		
R	2000			1 2	2 3	3 4	5 6	7 8	10 11	14 15	21 22			

① Ac 表示接收数;Re 表示拒收数。

其中,若在第一次抽样检验中被判定不接收,则生产方应对不合格项目进行分析,找出缺陷原因,采取纠正措施后再次检验,直至合格。

甲方在验收合格后 7 个工作日内向乙方出具当前批次硬件终端的验收合格报告。

7.5.3 验收流程

设备出货验收流程如图 7-15 所示。首先，检查设备明细表，确认产品包装、技术规格等方面的要求。然后，按照抽检方案对量产设备进行抽检，分别检测包装和设备外观、设备结构、设备功能。对测试过程中发现的不良品进行核对，并结合最终实车测试结果给出检测报告。

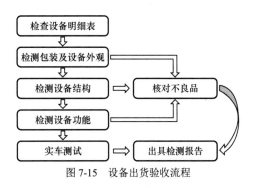

图 7-15　设备出货验收流程

7.5.4 包装标准

产品的包装应该完整、无破损，包装标识内容（如终端名称、型号及规格，终端厂名，联系方式等）符合规定。具体检测项目如表 7-11 所示。

表 7-11　包装检测项目

检测项目	检测方式	检测标准	致命	严重	一般
包装完整性	目测	外包装材料应该完整、无破损	—	✓	—
标识	目测	物品上的条码标签必须符合要求，标贴（包括型号标、序列号标、易碎标及客户特殊要求的标贴）没有漏，没有错，条码能正常扫描	—	✓	—
数量	目测	标识的产品名称、编码、数量等与装箱产品一致	—	✓	—
产品配套	目测	不存在不同批次序列号的产品混装	✓	—	—
包装材料	目测	胶袋外箱、珍珠棉、纸箱、吸塑盘的规格尺寸符合要求，按规范包装	—	—	✓

7.5.5 外观标准

产品抽检开箱之后，针对抽检的产品进行外观检测。具体检测项目如表 7-12 所示。

表 7-12 外观检测项目

检测项目	检测工具	检测标准	致命	严重	一般
划伤	菲林片	硬件终端表面可接受无感划伤面大小不超过 0.2 mm×5 mm，且两条划伤间距需大于 20 mm	—	—	✓
	菲林片	硬件终端表面不接受有感划伤	—	✓	—
脏污	菲林片	硬件终端表面应光滑平整，脏污面大小不超过 3 mm×5 mm	—	—	✓
	菲林片	硬件终端表面不接受不可擦除脏污	—	✓	—
	菲林片	硬件终端不接受明显液体浸泡痕迹和液体流出不良	✓	—	—
喷涂表面颗粒	人眼	硬件终端喷涂表面应保持光滑、平整，凸起于表面的同色杂质颗粒长度不超过 0.4 mm，异色杂质颗粒长度不超过 0.3 mm	—	—	✓
间隙毛边检测	人眼	硬件终端表面毛边颗粒长度不超过 0.15 mm	—	—	✓
凹痕缩水检测	人眼	硬件终端表面凹痕缩水长度不超过 0.25 mm	—	—	✓
喷涂质量检测	人眼	硬件终端不接受喷涂不良导致的露底材和喷涂面中喷涂不良产生的流挂现象	—	✓	—
异物检测	摇晃	安静环境中在距离听力正常的检验员耳部不超过 8 cm 时，持续摇晃 15 次，应无物体碰撞产生的异响	—	✓	—
间隙	人眼	硬件终端不接受可见面、配合间隙、数据线接插口有不实现硬件终端功能的必要物件（如纸屑、锡珠等其他异物）	—	✓	—
	塞尺	硬件终端不可拆卸部件配合间隙不低于 0.15 mm	—	—	✓
	塞尺	硬件终端可拆卸部件配合间隙为不低于 0.3 mm	—	—	✓
断差	卡尺	硬件终端不可拆卸部件配合表面断差不低于 0.15 mm	—	—	✓
本体标识检测	人眼	硬件终端本体及所有附件的丝印标识和数据接口内的针脚标识应清晰可辨，并与封样品保持一致；不接受位置偏移、漏印、内容模糊、不可辨识等	—	✓	—
标签	人眼	本体标签内容应清晰可辨，且内容应与包装盒保持完全一致，不接受漏贴、错贴、翘起、气泡等异常	—	✓	—
	擦拭	使用手指以 9.8 N 的力来回擦拭信息标签表面 20 次，过程中标签内容应无脱落、模糊、缺失等异常，结束后标签内容应能正常识别	—	✓	—

7.5.6 结构标准

在检测产品外观的同时，可以对产品的结构进行检测，包括每个功能件连接的紧密程度、结构件的强度等。按照表 7-13 所示检测项目对结构进行检测。

表 7-13 结构检测项目

检测项目	检测方式	检测标准	致命	严重	一般
LED 指示灯检测	目测	硬件终端表面的 LED 状态指示灯应与壳体表面保持平整，不接受凸出壳体外表面的不良和长度大于 1.5 mm 的内陷不良	—	✓	—
本体部件安装检测	目测	硬件终端和部件（如 GPS 天线等）所有部件应完全安装到位，不接受松脱、安装不到位等影响硬件终端功能实现的缺陷	✓	—	—
本体部件安装检测	目测	硬件终端和部件（如 GPS 天线等）轻微歪斜晃动，但不影响功能实现	—	—	✓
部件配合检测	目测	硬件终端本体与 GPS 天线应能正常安装到位和拆卸；不接受安装后的松动、脱落及拆卸后元件缺损、变形、内陷等异常	✓	—	—
部件配合检测	目测	硬件终端本体与数据延长线应能正常安装到位和拆卸；不接受安装后的松动、脱落及拆卸后针脚变形、脱落、针孔堵塞、SIM 卡无法正常插拔等异常	✓	—	—
附件（数据延长线）检测	目测	数据延长线公母头应可以完全安装到位；不接受线材破损、折断、露铜丝、插头针孔堵塞、针脚缺失、歪斜等不良	—	✓	—
附件（数据延长线）检测	目测	数据延长线规格应与包装清单描述保持完全一致	—	✓	—
附件 GPS 天线检测	目测	GPS 天线应可以完全安装到位；不接受线材破损、折断、露铜丝、固定螺钉漏装、未安装到位、插头歪斜导致硬件终端功能不能正常实现的缺陷	—	✓	—
附件 GPS 天线检测	目测	GPS 天线规格和标签信息应与包装清单描述保持完全一致；不接受标签缺损或内容模糊、无法辨识等缺陷	—	✓	—

7.5.7 功能标准

若外观和结构无明显缺陷，则进行功能测试。功能检测项目如表 7-14 所示。

表 7-14 功能检测项目

检测项目	检测工具	检测标准	致命	严重	一般
LTE 联网检测	自检程序	能够正常联网,不接受通信连接不上或超时	✓	—	—
GPS 检测	自检程序	将 GPS 信号放大器的增益调小,模拟弱信号下的 GPS 定位功能,在同一时间,与样机的 GPS 信号强度做对比	✓	—	—
FLASH 检测存储器	自检程序	数据能正常读写,无读写错误	—	✓	—
3D 检测	自检程序	能够检测到 3D 数据,无故障	—	✓	—
晶振检测	自检程序	能够检测到晶振数据,无读取错误	—	✓	—
CAN 检测	自检程序	能够检测到 CAN 数据,无读取错误	—	✓	—
ACC 信号检测	自检程序	能够检测到 ACC 信号,无读取错误	—	✓	—
AD 采样检测	自检程序	能够检测到 AD 数据,无读取错误	—	✓	—
网关地址检测	自检程序	能够正确读取网关数据,无读取错误	—	✓	—
设备序列号检测	自检程序	能够正确读取设备序列号,无读取错误	—	✓	—
LED 检测	人眼	LED 指示灯能正常点亮,无显示故障	—	—	✓
SIM 卡检测	自检程序	对 SIM 卡能够进行正常插拔操作并能读取数据,无读取错误	—	✓	—

7.5.8 实车测试

在每批次抽检中,都随机选择几台设备,安装在车辆上并进行测试,观察设备的首次 GPS 定位时间、通信联网时间,以及车辆运动轨迹情况,确保无明显的拉直线现象和无数据现象。

7.6 小结

生产是硬件的实现过程。在本章中,我们首先对生产质量需求进行回顾,为确保生产的质量,给出了选择供应商的要求;然后讨论生产质量加工协议;接着针对生产过程中的质量控制活动进行介绍,并给出具体的硬件出货验收标准和检测步骤。

第 8 章　硬件售后质量管理

8.1 售后需求概述

经过前期硬件设计和嵌入式固件开发,再通过工厂加工生产,将产品从原型变成真实可见的产品并交付给客户。这时产品就进入了售后服务阶段。

8.1.1 售后重要性

当产品进入市场之后,客户对产品的期望不仅表现在产品本身的功能和性能上,还表现在产品的服务中。因此企业售后服务必须专业化、规范化、精细化。

尽管经过了前期严格的可靠性测试和生产环节的质检,但因产品的复杂性、使用环境的差异性、各个依赖环节的影响等,个别产品仍然会出现不同程度的缺陷。为了有效地帮助客户解决产品使用中存在的问题,提高产品的市场覆盖率,需要构建有效的售后服务体系。

同时,现在电子产品售后质保已经成为一个独立的商品类别,可以作为一个服务包来销售,以帮助企业增加销售额和附加值。

8.1.2 售后服务内容

售后服务需要解决客户使用过程中遇到的问题,具体的内容如下所示。

- 制定标准的售后服务流程，包括问题响应、处理和关闭流程。
- 对用户进行培训，回答常见产品问题等，通过进行客服业务培训提高人员的专业性。
- 进行客户问题分类统计和缺陷分析，反馈给研发部门，进行产品质量改进。
- 对客户满意度和潜在需求进行调查，作为后续新产品开发的依据。

8.1.3 售后质量指标

在制定硬件产品的售后质量指标时，需要考虑以下因素。

（1）要满足国家相关的法律法规，如针对电子产品需要满足质量三包要求。

（2）要满足客户商务合同中质保条款的要求。

（3）要满足产品使用说明书的售后服务承诺。

基于以上内容，定义如下售后质量指标。

- 客户投诉数量。
- 客户投诉关闭率。
- 产品批次故障率。
- 产品年度累计故障率。

以前两个指标作为客户服务的考核依据，以后两个指标作为研发部门和工厂质量的考核依据。

8.2 售后服务流程

质量的本质在于管理，在明确目标之后，需要梳理相关人员的岗位职责，并通过工作流程让日常的活动固化下来，形成标准化活动。

8.2.1 售后人员职责

售后人员主要包括客服工程师和运维技术工程师。

客服工程师的职责如下。

- 为客户产品使用过程中的问题提供技术支持，提高客户满意度。
- 受理用户咨询、投诉和建议，跟进并反馈结果。
- 对客户问题进行分类统计并定期反馈给质量人员和研发人员。

运维技术工程师的职责如下。

- 对客户退回的不良品进行分析，提出改善措施。
- 对不良物料进行分析，促进研发人员、供应商进行改善。
- 处理不良物料的退货。
- 针对客户端的不良问题，定期召开会议，促进内部的改善。

8.2.2 问题等级定义

建立硬件产品问题快速响应机制，对于可能严重阻碍市场销售的问题，运维部、质量部和硬件部需要第一时间响应。响应标准如表 8-1 所示。

表 8-1 响应标准

故障等级	优先级	响应时间/min	恢复时间/h	服务有效性
紧急问题	P1	15	2	7×24 h
严重问题	P2	30	4	7×24 h
一般问题	P3	60	12	5×8 h

故障等级定义如下。

- 紧急问题指产品整个功能不可用、阻碍客户开展业务的问题。

- 严重问题指产品部分功能不可用、严重影响大部分用户体验的问题。

- 一般问题指一般不影响功能使用、影响少数用户体验的问题。

8.2.3 问题处理流程

当收到客户问题反馈或投诉时，处理流程如图 8-1 所示。

首先，客服工程师记录客户反馈的问题或投诉的内容，以及联系人姓名、电话等信息。

然后，对客户反馈的问题进行判断。如果客户反馈的是产品使用方面的问题，则由客服工程师直接按照常见产品使用指南进行回答。如果问题解决，就直接关闭；否则，转给运维技术工程师。

接着，运维技术工程师对问题进行定位。若问题是客户使用问题，则指导客户解决问题；如果问题没有解决，则建议进行设备更换，将设备邮寄给客户后，再次和客户确认是否解决。如果问题依然存在，则转给研发部门，寻求技术支持。

研发人员对问题进行分析定位。如果问题是车辆差异性导致的问题，则对版本进行修改后进行远程程序升级，并和客户确认问题是否解决。如果未解决，则安排上门检测。

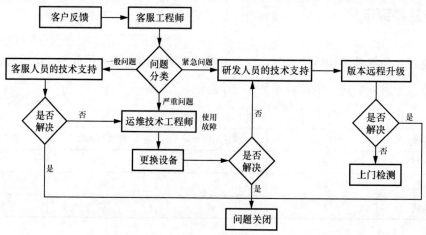

图 8-1 客户问题处理流程

8.2.4 问题描述要素

当收到客户反馈的问题时，需要记录以下关键信息。

- 发生故障的设备编号和车牌号，这有助于快速识别问题的对象。
- 故障发生的具体时间，这有助于技术工程师进行问题的诊断和定位。
- 故障的详细描述，即对发生了什么故障进行详细描述。
- 客户的联系电话和姓名，以便于进行后续的问题进度反馈和问题回访。

问题样例说明如下。

客户反馈车牌号为苏A×××××、设备编号为6201××××××的车辆自2021年3月12日后一直没有数据上报，客户联系人是王先生，电话是×××××××。

解决过程：客服工程师发现该设备配套的 SIM 卡未欠费，引导客户将车辆从地库开到空旷的地带，以便于确认通信信号的问题，之后设备正常联网，上传数据。

8.2.5 售后管理规定

当收到客户的信息之后，需要进行及时的响应以体现服务的专业性。为了提高客户的满意度，需要对客服和运维技术工程师进行培训，加强产品功能和常见问题的理解，提高沟通服务的规范性，展示出良好的素养和专业性。为此需要制定技术支持与售后服务行为规范。以下是部分内容。

- 客服工程师在接到客户电话时，必须使用礼貌用语，如 "您好""请""谢谢"等。
- 客服中心所有人员必须对客户提出的任何问题给予耐心的解答，不得以"不知道""不清楚"等用语回答客户。对无法立即回答的问题要向客户说明原因，并告知客户解答时间，不能挂断客户电话。
- 客服中心对客户的一切服务需求必须给予正确、实质的响应，为客户提供合理、可行的解决方案。

- 获悉运营事故后要即时响应,并在 10 min 内联系测试人员进行联合定位。若 30 min 内未解决,则升级到研发部门。对于 P1 级问题,直接联系测试人员、研发人员,进行联合定位。

- 周末、节假日期间,安排运维值班责任人,责任人需在 1 h 内响应并处理运营事故。

- 对于 P2 级事故,在 30 min 内用电话通报给运维主管。对于 P1 级事故,在 10 min 内通报给运维主管。若 30 min 内未解决,则由运维主管通报给管理团队。

- 事故处理过程中每 2 h 通报一次处理进展,事故恢复后要即时通报。

- 若 P1 级事故未能在 1 h 内解决,运维部需要说明事故原因及预计解决时间,并通过邮件通报公司全体人员,以便一线人员给客户解释并安抚客户。

- 若 P1 级事故未能在预计时间内解决,公司统一发布"致歉信",由客户经理联系、安抚客户。

- 对于 P1 级、P2 级事故,需在事故恢复后输出"运营事故分析报告"。把个人违规或其他个人原因导致的 P1 级、P2 级事故计入公司关键事件档案。

- 以事故时长和事故频率作为运维部年度考核的重要考核指标。

8.3 售后常见问答

8.3.1 设备安装

设备安装步骤如下。

(1)车型适配确认。安装设备前,请到产品官网查询车辆适配信息,通过 VIN 查询车辆是否适配。目前 OBD 设备支持主流的乘用车,不支持柴油车和电动车。如果车辆不适配,请取消安装。

(2)安装位置确认。车辆诊断口一般有 4 种位置,如图 8-2 所示。

- A 区域，对于大多数车型，诊断口在方向盘左下方。

- B 区域，对于大众途安、雷克萨斯等少量车型，诊断口在方向盘右下方。

- C 区域，对于雪铁龙等少量车型，诊断口在中控台位置。

- D 区域，对于雪铁龙等少量车型，诊断口在手刹或挡位附近。

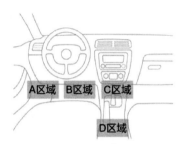

图 8-2　车辆诊断口位置

安装设备前，安装人员需检查车辆本身有无故障（车辆点火后，仪表盘是否有故障码），车辆是否能正常发动等。确认车辆无问题后，再进行设备安装。确认 SIM 卡装入设备卡槽的正确方向，打开设备侧面塑料 SIM 卡盖，把 SIM 卡芯片面朝上、缺口朝内装入设备卡槽中，并确保 SIM 卡完全推入卡槽内（听到轻微的咔嗒声）。

安装设备时，若发现设备位置离油门/刹车踏板较近，有影响驾驶安全的隐患，请安装人员加装 OBD 电源延长线，并将设备用 3M 胶贴和尼龙扎带固定好。建议采用隐藏安装方式，保证安装美观。

8.3.2　使用问题

设备插卡通电，发动车辆后，指示灯会周期性闪烁 3 次。

- 第一次闪烁：读取车辆 CAN 总线数据，保持 2 s 闪烁时间。如果快闪（约 1 s），说明无法读取车辆 CAN 数据，检查车辆是否适配及安装是否到位。

- 第二次闪烁：设备联网，保持 2 s 闪烁时间。如果快闪（约 1 s），说明设备无法联网、无法上报数据，检查 SIM 卡是否安装正确及 SIM 卡是否能正常联网。

- 第三次闪烁：设备定位，保持 2 s 闪烁时间。如果快闪（约 1 s），说明设备无法定位，安装场地尽量选择露天无遮挡处，保证 GPS 定位信号良好。若在地下车库或金属车棚内安装，则无法正常定位。

最终设备指示灯将在点火状态下保持常亮。

8.3.3 离线排查

如果车辆安装设备后出现离线情况，按照以下方式进行排查。

- SIM 卡欠费。
- SIM 卡接触不良，设备断电，重新插拔 SIM 卡，同时检查 SIM 卡是否损坏。
- 车辆所处位置（如地下车库）信号不好导致无法上线，将车辆开到空旷地带，观察上线状态。
- 车辆所处位置移动/联通信号不好导致内置 SIM 卡不能正常上线，更换移动/联通 SIM 卡尝试。
- 设备故障，若上述所有可能原因都排除后，设备还不上线，给客户更换设备。

8.4 不良品分析报告

当收到客户投诉或返修设备后，售后质量工程师牵头按照 8D 问题解决法对问题或不良设备进行诊断并给出 8D 报告。

8.4.1 8D 问题解决法

8D 问题解决法最初是美国福特公司使用的一种解决问题的方法，现在广泛应用在各个行业的质量管理活动中，8D 问题解决法输出 8D 报告。8D 问题解决法使用结构化的 8 个原则来解决问题，目的是识别、纠正和消除重复出现的问题，对产品和过程进行改善。

8D 问题解决法的实施步骤如下。

D0：计划。判断问题的类型、严重程度，确定是否需要使用 8D 问题解决法解决。

D1：成立改善小组。由相关的研发人员、测试人员、售后人员等成立一个专项改善小组来定位和分析问题，团队的成员也是各领域的专家，通过在协作中互相配合解决问题。

D2：描述问题。好的问题描述是解决问题的基础，因此将问题描述得越清楚，就越便于问题的定位和诊断。在描述具体问题时需要客观，明确问题类型，什么时候发生的，发生了什么事情，造成了什么后果，整个问题描述必须具体且易于理解。完整的问题描述能为团队提供解决问题的方向，并帮助他们确定任务的优先级。

D3：制定临时处理措施。在问题没有定位之前，为避免问题扩大化，需要采取临时对策，提出一个临时解决方案，帮助客户避免再次受到问题的影响，直到确定根本原因并实施永久性纠正措施为止。

D4：分析根本原因。为了有效防止问题再次发生，必须找到问题的根本原因并消除它。在极端情况下，影响问题的因素可能存在多个，需要进行深入的系统分析，并找出怀疑的检测点，针对每个点进行测试验证，直到问题定位。

D5：制定永久纠正对策。该步骤的目的是消除根本原因并防止问题再次发生，因此必须仔细记录纠正措施。对于每项行动，应确定负责人，并应选择计划实施行动的日期。行动完成后，应记录实际实施日期和结果。

D6：实施/确认永久措施。验证 D5 中采取的措施是否已消除根本原因。如果发现根本原因没有完全消除，那么必须制定额外的措施。有时需要返回 D4 并重复该循环。

D7：防止再发生。此步骤与 D5 非常相似，8D 报告中这两个步骤之间的区别在于执行它们的原因和最终目标不同。D5 中的操作旨在防止现有问题再次发生。相比之下，D7 中的行动是主动的,针对未来的潜在事件,预防措施可消除潜在问题的原因并防止其发生,如通过在操作指导书中增加预防检测环节、增加人员培训等。

D8:结案并感谢。这是 8D 问题解决法的最后一个步骤,若上述步骤完成后问题已解决,则需要进行总结,并向解决问题的人员表示感谢。

8.4.2 8D 报告

结合 8D 报告样例说明分析过程,具体步骤如下。

(1)计划。客户反馈设备异常离线,客服联系客户进行常见问题指导。如果重新插拔设备、检查 SIM 卡、改变车辆停靠位置等都未能解决问题,则需要研发人员和测试人员进行定位分析。

(2)成立改善小组。由相关的人员成立 8D 改善小组,如表 8-2 所示。

表 8-2 8D 改善小组

角色	部门	人员	职责
组长	售后部	杨*	负责问题的解决和组织内部的改善
硬件工程师	硬件部	刘*	诊断硬件问题并提供解决方案
测试工程师	硬件部	强*	定位硬件问题并验证改善措施
售后质量工程师	售后部	小明	跟进问题过程并总结问题解决过程

(3)描述问题。客户投诉 2021 年 1 月 29 日绑定编号为 60019××××的设备到车牌号为苏 A××××的车辆上,设备于 2021 年 2 月 5 日 21 点后异常离线。

(4)制定临时处理措施。给客户更换新设备。

(5)分析根本原因。

① 用网络分析仪测试 GPS,GPS 无测试值,如图 8-3 所示。

② 拆开后盖,用万用表测试芯线的焊点位置,如图 8-4 所示。

8.4 不良品分析报告

图 8-3　GPS 无测试值

图 8-4　用万用表检测

③ 把线材焊锡端剪断，重新焊接，测试接头端，结果显示 GPS 信号正常，如图 8-5 所示。

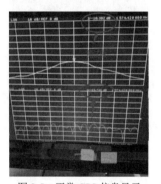

图 8-5　正常 GPS 信息显示

④ 分解不良品，在 CCD（Charge Coupled Device，电荷耦合元件）显微镜下检查焊接位置发现：绝缘材料焊接烫伤严重，这导致导体与编织焊接点接触，形成短路。

⑤ 测试、确认结论。经对不同设备确认，此不良为焊接 GPS 时发生的短路不良，这导致 GPS 无法定位。经对不良品进行分解、重新焊接、测试验证，接头端与 GPS 功能恢复正常。

（6）制定永久纠正对策。焊锡温度管控标准为 380℃±20℃，由 IPQC（Input Process Quality Control，制程质量控制）进行温度点检确认，并做温度点检记录。对所有焊接人员进行焊接培训，使其熟练掌握焊接技术及要求。烙铁温度设定值如图 8-6 所示。

图 8-6　烙铁温度设定值

（7）实施/确认永久措施。焊接后增加全检焊点（如图 8-7 所示），并对全检人员进行焊点检查培训，焊点不可有锡渣残留、锡尖、假焊、内绝缘材料烫伤等不良。

图 8-7　全检焊点

（8）防止再发生。后续在 SOP 中增加 GPS 搜星测试，并标注搜星标准，GPS 定位产品要 100%进行搜星测试，通过标准为至少搜到 4 颗星，其中一条值需达到 40 以上。

（9）结案并感谢。组长召集问题总结会，对问题的分析过程进行回顾，并对解决方案进行归档，同时针对生产作业中潜在的隐患进行检查并修订作业指导书文档，最后对问题解决过程中的所有人员表示感谢。

8.5 质量改进措施

为全面提高产品质量覆盖面,改善客户使用体验,提升客户满意度,以售后质量为切入点,定期地在全公司范围内开展"质量改进月"活动。从产品的外观、包装形式、使用手册、产品功能、稳定性、客户服务响应等方面,全面进行改进,在全公司范围内提升人员质量意识和技术水平,增强责任心,使企业的产品质量提升一个层次,进而增加产品的市场竞争力。质量改进活动计划如表 8-3 所示。

表 8-3 质量改进活动计划

序号	改进任务	责任部门
1	完善质量改进组织架构和人员职责	质量委员会
2	收集客户投诉和抱怨的问题	运维部、市场部
3	从用户体验出发,全公司各个部门开展自检自查,开展"每人提一条合理化质量改进建议"的活动	产品部、硬件部、平台部、质量部、运维部、市场部
4	汇总公司各个部门的问题和建议,对问题进行分类并确定优先级,落实责任人和预计完成时间	质量部
5	质量改进活动实施,问题跟踪和总结	质量部

对质量改进活动中的问题和建议进行汇总,得出如下改进点。

- 在客户需求转化为技术和质量标准这方面欠缺,这导致产品在生产时不断变更,增加质量隐患。

- 对客户投诉的问题和故障缺乏有效统计、量化、分析和对比。

- 没有做深层次的产品失效分析,没有找到原因。

- 缺乏让缺陷分析结果转化成技术标准和质量标准的机制,存在再次出错的风险。

- 售后不良品处理周期长,导致客户不满意。

下面介绍专项的改进。

8.5.1 订单需求配置

客户需求是产品验收的依据,若在客户需求不明确的情况下直接开始生产,则会不断地产生变更,最终使交付成为噩梦。因此,不仅需要在订单环节就将客户的需求定义清楚,还需要将客户需求转化为研发和生产的标准描述。

为准确理解客户的需求和期望,在订单前期阶段就进行需求标准化的约束。产品订单规格说明如表 8-4 所示。

表 8-4 产品订单规格说明

产品名称			订单交期	
型号规格			订单数量	
硬件配置	产品制式	□ GSM □ FDD □ TDD □ 其他		
	定位方式	□ GPS □ 北斗+GPS □ 北斗		
	外观丝印	外壳,丝印内容(附 AI 与 PDF 文件)		
	其他要求			
软件配置	网关			
	APN			
	软件版本号			
	硬件版本号			
	软件配置参数			
配件配置	OBD 延长线配置	□ 否 □ 是 数量:____ 规格:____		
	其他配置	□ 魔术贴 数量:____ 规格:____ □ 扎带 数量:____ 规格:____ □ SIM 卡 数量:____ 规格:____		
包装配置	□ 简易中性包装 □ 标准包装(彩盒、说明书、合格证、安装指南等) □ 定制彩盒(附 AI 与 PDF 文件)			
生产信息及工具	设备序列编号范围: 设备自检版本号: 设备写号软件版本号:			
客户其他定制要求				

以上订单生成后,增加一个订单会签的环节,让市场部、车机部、供应链、质量部等部门对客户订单的细节进行逐项确认以确保细节的准确性,这样导入供应链生产时就降低了后期变更的风险。

8.5.2 生产质量度量

对代工厂家进行生产质量分析,如表 8-5 所示,对日常的生产批次结果进行统计,建立质量档案,将其作为对代工厂家的质量考核标准。同时,基于工厂的统计数据进行分析,找出潜在的问题,完善流程中的短板,为后续批次产品的质量改进提供机制上的保障。

表 8-5 供应链商批次合格率统计表

工厂	月份	检验批次	合格批次	批次合格率	数量合计
南方	1	12	10	83%	10 000
	2	8	8	100%	8 000
	3	10	10	100%	12 000
北方	1	10	9	90%	12 000
	2	8	8	100%	8 000
	3	12	11	91.6%	10 000

下面结合工厂样例简单分析一下。在产品加工方面,有两个合作工厂,1~3 月的产品订单批次总数都是 30,南方工厂加工的产品合格批次为 28,北方工厂加工的产品合格批次也为 28。从合格批次总数上看,两个工厂是一样的。但若观察每个月的批次合格率,发现南方工厂的品质管控的可靠性趋于稳定,而北方工厂的月度批次合格率不很稳定,存在隐患,需要对北方工厂的批次不良产品进行故障原因分析。

8.5.3 鱼骨图分析

与软件缺陷不同,硬件故障有一定的不确定性。软件的问题通过一定的方法基本可以进行重现,但对于硬件故障,影响的因素比较多,如环境温度变化、生产加工过程不够规范等都可能导致故障。要解决硬件故障,最彻底的办法是原因分析。从故障现象切入,从下向上溯源,从整机到模块再到器件,一直找到最终导致故障的元器件。找到导致故障的元器件还不够,还要找到究竟什么原因导致元器件失效。

对不良设备使用鱼骨图方法进行根本原因分析，如图 8-8 所示。针对 GPS 无法定位的问题，从人、机、料、法、环、检等环节进行检查，对一些可能的原因进行标注。其中，在"机"的环节，焊锡设备温度过高是产生不良品的根本原因，同时存在人的问题、检测缺失、作业流程不完善等因素，它们导致最终的不良品流出。

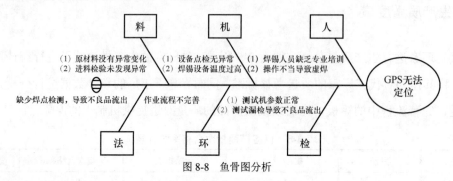

图 8-8　鱼骨图分析

8.5.4　质量标准化机制

以国家和行业标准为基础，通过在研发、生产、售后等阶段总结反馈，逐步建立和完善智能车载终端产品的各项质量标准，如图 8-9 所示。

图 8-9　车载终端产品质量标准

8.6　小结

整个售后质量管理是一个全方位考量客户质量问题并予以解决的管理过程。售后质量直接决定了客户使用产品的体验和对产品的满意度，因此售后服务质量至关重要。本章介绍售后流程、不良品分析、质量改进措施等内容，这对产品的质量改进和客户满意度的提升具有非常重要的指导意义。

第 9 章　平台评审与测试设计

车联网系统架构包括硬件感知、平台数据、客户应用 3 层。作为车联网设备连接到客户应用场景的关键桥梁，平台提供了丰富的数据服务接口功能。平台测试是车联网质量控制重要的一个环节，也是测试的难点之一。本章将从平台面临的质量挑战开始，分析系统质量属性，并讨论如何设计测试用例。

9.1 质量需求

平台功能主要包括设备连接管理、数据解析与存储、业务数据分析及接口数据服务等内容。

9.1.1 质量挑战

车联网与传统的互联网有较大的差别，这对质量管理提出了很大的挑战，主要体现在以下方面。

- 车联网将现实生活中的车辆实体接入网络中，因此在互联网的基础上增加了对车辆数据的获取和控制。相对于普通用户而言，车辆是实时在线的，需要不断通过终端管道和平台交互并上传数据。如果互联网以间断性下行数据为主，那么车联网以连续性上行数据为主。

- 车联网终端在线时间要远长于互联网用户的在线时间。车机终端只要安装在车上就处于在线状态，而且长时间在线。互联网用户的使用时间相对要短得多。因此，连接管道的处理与互联网应用中的有很大的差别。

- 车联网中的车辆数据是不断实时上传的,因此写入数据的量是非常大的,而且需要实时写入。对于互联网的数据,以读优化为主;对于车联网的数据,要注重读写平衡,甚至实现写优化。在写优化的同时,要求数据实时存储。

- 车辆数据基本上是原始数据,在使用过程中针对不同的应用要做不同的加工处理,因此车联网后台数据的二次处理要远多于互联网的。

- 车联网的很多应用(如实时路况、实时导航等)对数据处理的实时性要求比较高,因此汇总的数据量大而且计算要快速、准确。

9.1.2 质量属性

平台端质量属性包括功能性、性能效率、可靠性、信息安全性、可维护性,如图 9-1 所示。

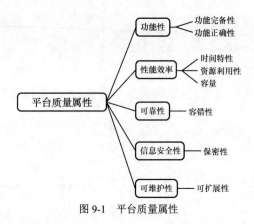

图 9-1 平台质量属性

基于质量属性,进行测试用例的设计。

9.2 开发过程

平台开发过程如图 9-2 所示。

9.2 开发过程

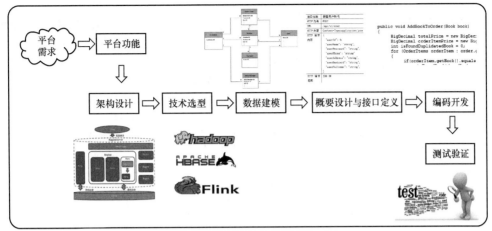

图 9-2 平台开发过程

平台开发涉及的步骤如下。

（1）收集平台需求。识别用户场景和需求，将需求整理出来作为功能定义和分析设计的依据。平台的需求不仅包括功能需求，还包括性能、可靠性、安全性等内容。这些内容直接影响后续的系统架构、技术选型、资源配置等内容。

（2）定义平台功能。对需求进行分析，提取出平台功能点，其中包括用户管理功能、车辆管理功能、设备管理功能等，为上层业务的开展提供输出。

（3）设计平台架构。平台架构主要分为设备层、平台层和用户层，如图 9-3 所示。用户层负责业务展示，无须对数据进行计算和分析，只需要通过查询接口获取平台层中已经处理过的数据并展示。平台层是核心，主要提供数据接入、数据存储、数据计算（包含实时计算和批量计算）以及数据的交换和监控管理等服务。设备层包括各种 OBD 设备、T-BOX 设备、ADAS。

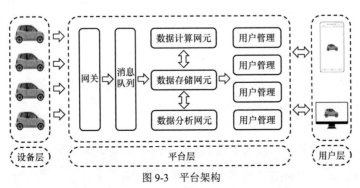

图 9-3 平台架构

（4）完成平台技术选型。平台技术选型包括操作系统、数据库和中间件等。具体内容如表 9-1 所示。

表 9-1 平台技术选型

分类	功能	性能	数量要求	系统软件
操作系统	服务器硬件基础管理	64 位	按节点安装	CentOS 6.4
分布式计算支持	应用计算所需的计算机制	高性能	按节点安装	Hadoop
实时计算支持	流处理和批处理	低延迟、分布式、可扩展	按节点安装	Flink
消息队列	分布式的消息发布	速度快、可扩展且持久	1 套	Kafka
分布式文件/数据库	云计算所需的海量存储管理	支持拍字节级/百亿记录规模的管理	按节点安装	HDFS、HBase
应用数据库	大型关系数据库系统	高可靠性/支持集群处理	1 套	MySQL Cluster
内存数据库	关系型内存数据库	大并发访问量/分布式/高可靠性	1 套	Redis
Web 容器	Web 服务器/中间件	高性能/高并发	1 套	Tomcat

（5）对平台数据建模。平台数据建模包括数据存储和数据处理两大部分。数据存储包括各类型数据（实时数据、批量数据、缓存数据、结果数据、结构化数据、半结构化数据、非结构化数据）的海量存储。数据处理包括设备数据、车辆数据、用户数据的计算和加工。车机终端主要为平台提供了位置数据、车辆数据以及车机终端信息数据。位置数据基本上通过 GPS 数据体现；车辆数据相对比较多，包括 CAN 总线数据、故障码数据、3D 传感器数据等；车机终端信息数据包括终端状态数据、终端信息数据等。通过对数据建模，为设备、车辆、用户建立关联和映射，为上层业务开发提供数据服务。

（6）完成平台概要设计与接口定义。根据需求，由系统工程师设计数据库表结构，并定义业务接口，为上层应用提供 API 调用。

（7）完成平台编码开发。根据概要设计文档，开发程序，完成模拟测试，进行网元对接，通过后端 API 获取数据，编写功能业务的逻辑代码。

（8）完成平台测试验证。开发人员提供测试版本，部署到测试服务器后，测试人员完成功能测试、性能测试、稳定性测试、安全性测试等。

9.3 需求与设计评审

质量管控的关键点是识别需求。下面对平台需求进行评审检查。

9.3.1 需求评审

针对平台的需求评审包括功能和非功能两方面。下面从优先级、资源依赖角度进行初步分析。

平台端功能需求检查项如表 9-2 所示。

表 9-2 平台端功能需求检查项

检查项	描述	优先级	资源依赖
基础数据存储	数据解析，对车机数据按照协议进行解析	高	车辆通信协议依赖
	数据发布，根据车机数据类型，按照主题进行数据发布，业务系统可以根据业务需求订阅相关主题数据，进行业务处理	高	系统架构 模型依赖
	数据存储，对业务数据按照专题进行统一的分类和管理，为基础数据提供统一的大数据存储、修改、查询和删除服务	高	资源依赖
实时数据计算	数据入库	高	资源依赖
	轨迹分段	高	资源依赖
	驾驶行为	高	资源依赖
	里程油耗计算	高	资源依赖
	车辆检测、告警	高	资源依赖
	在线状态	高	资源依赖
业务数据接口	用户账号增、删、改、查接口	高	—
	车辆信息增、删、改、查接口	高	—
	设备信息增、删、改、查接口	高	—
	车辆位置及轨迹查询接口	高	—
	车辆报警查询接口	高	—
	车辆报表查询接口	低	—
	车辆检测接口	低	—
	用户驾驶行为四急数据接口	低	—
系统报警监控	系统具备自主监控能力，发生故障时能够主动进行报警	低	—

平台非功能需求体现在网关接入、用户在线、数据存储、响应时间等方面。平台端非功能需求检查项如表 9-3 所示。

表 9-3 平台端非功能需求检查项

检查项	描述	优先级	备注
终端接入能力	平台系统能够支撑 200 万终端的接入,在高峰时能够支持 80%的终端同时在线	高	资源依赖
用户支撑能力	稳定支持 500 万用户注册,支持日常 20%的用户同时在线	高	资源依赖
响应时间	业务后台所有功能响应时间不超过 2 s	高	资源依赖
系统可靠性	平台系统故障停机时间 3 个月内不能超过 2 h	高	资源依赖
数据可恢复	系统数据和业务数据可联机备份,数据保持完整性和一致性	高	资源依赖
数据存储	生产库保留至少 6 个月的数据,备份库保留至少 12 个月的数据	低	资源依赖
可维护性	平台具有集中维护配置功能,包括系统参数设置、系统日志管理	中	—
安全性	系统具备完善的安全机制,包括数据传输加密和授权访问等	高	—
可扩展性	可以动态加载不同的行业模块,比如不同用车管理的应用场景	低	资源依赖

9.3.2 功能框图

平台是分布式的高性能、高可用、易扩展的一体化大数据中心,涵盖了车联网系统中的各个环节,包括数据接入、数据处理、数据存储、数据交换。平台整体架构如图 9-4 所示。

数据采集端负责车辆位置数据和车辆 CAN 数据的采集,采用 TCP 或 UDP 对数据进行打包,然后利用各种通信网络上传数据。

设备网关负责接收终端上报的数据、指令下发和数据路由。数据网关接收到的终端上报数据包括 MQTT 协议、808 协议、私有协议等。网关对协议进行解析,然后把解析后的数据写入消息中间件(Kafka),供其他网元使用数据。

数据管道通过消息队列提供服务。通常平台使用 Kafka 作为消息中间件,Kafka 传递的消息主要包括原始数据(由网关简单解析后的产物)、轨迹数据、报警数据等(由数据解析程序完全解析后的产物)。

平台对大数据处理的计算时效性要求很高,要求计算能在非常短的时延内完成。目前,在实时计算中,比较优秀的框架主要有 Storm 和 Flink。两者都有很好的可扩展性和容错性,区别主要在于 Storm 采用微批处理,当收到一个时间间隔的消息后才会去处理,对数据的处理可以达到毫秒级的延迟;Flink 则采用基于操作符的连续流模型,可以达到微秒级的延迟。依据本平台对时效性的要求,选择 Flink 作为实时处理框架。

业务数据接口主要包括设备数据、车辆数据、用户数据、统计报表等,主要为上层的业务展示提供数据支撑。

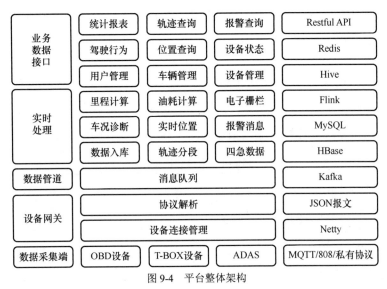

图 9-4 平台整体架构

9.3.3 数据模型

保险公司可引入车联网数据,并全面应用于产品开发、客户关系管理、承保管理、理赔服务、防灾防损等车险经营管理活动,以优化流程、管控风险、提升体验、降低成本,具体如下。

❑ 通过车联网设备获取驾驶行为数据,如速度、急转弯、急加速、急减速等,结合道路、天气数据,分析评估车辆驾驶行为风险,用于确定风险成本。

❑ 通过车联网数据分析建立车主驾驶行为特征画像,制定客户营销策略。

❑ 通过车联网数据分析帮助核保人员准确识别车辆的行驶区域、驾驶行为特征,精准识

- 借助车联网设备实时感知车辆事故的发生，并将数据传输给保险公司，触发自动报案，便于保险公司主动、及时地提供服务。

- 通过车联网数据分析识别车主驾驶行为特征，保险公司可分类建立运营方案，激励车主改善驾驶行为，减少事故的发生。

平台主要的工作是接收终端上报的位置数据、车辆数据和车机终端信息数据，并对数据进行存储和实时计算，以满足上层业务的需求。

用户特征数据（见表9-4）用于定义用户身份和设备状态。此类数据的采集及上传一般在每次设备上电、行程开始后进行一次即可，也可在数据采集完毕后进行补全、添加。其中，设备唯一标识、行程编号应随连续采集的数据定时上传，以便准确区分数据来源。

表 9-4 用户特征数据

数据项	说明
用户识别号	设备用户个人或单一主体的编号
设备唯一标识	硬件设备自身的唯一识别码
行程编号	行程开始的时间戳
车辆识别代号	车辆的身份证号，根据国家车辆管理标准确定，包含车辆的生产企业、年代、车型、车身代码、发动机代码及组装地点等信息，也称为VIN
车牌号	机动车号牌的号码
发动机号	车辆生产企业在发动机缸体上打印的出厂号码
车型信息	车型信息应由英文字母和阿拉伯数字组成。车辆型号应能表明车辆的生产企业、车辆类型和主要特征参数等
扩展信息	用于标记设备和用户的其他相关信息

GPS位置信息数据包括经度、纬度、定位方向、海拔等信息，如表9-5所示。

表 9-5 GPS位置信息数据

数据项	说明
设备唯一标识	硬件设备自身的唯一识别码
行程编号	行程开始的时间戳
事件类型编号	车联网事件类型编号
终端系统时间	数据采集终端的系统时间
卫星定位时间	卫星定位系统授时，以时间戳形式表示

续表

数据项	说明
卫星定位纬度	当前定位的纬度信息
卫星定位经度	当前定位的经度信息
卫星定位方向	卫星定位所得的车辆方向角度信息
卫星定位速度	卫星定位所得的车辆速度信息
卫星定位海拔	卫星定位所得的海拔信息
当前使用卫星数	当前定位中使用的卫星数
卫星定位水平精度	卫星定位当前的经纬度值的精确度
扩展信息	用于事件或消息的其他相关信息

通过采集车辆 CAN 总线数据可以获得车辆速度、方向盘转角和发动机转速等信息，如表 9-6 所示。

表 9-6 车辆 CAN 总线数据

数据项	说明
终端系统时间/s	数据采集终端的系统时间
车辆速度/（km/h）	直接从 CAN 总线或 OBD 接口读取到的车辆速度
方向盘转角/°	方向盘当前转动角度信息
发动机转速/（r/min）	发动机转速
蓄电池电压/V	用来给其他车内设备供电
车辆总线里程/km	直接从 CAN 总线或 OBD 接口读取的车辆行驶里程
剩余动力	以百分比表示的燃油车及混动车的剩余油量，或纯电动车的动力电池剩余电量
瞬时油耗/（L/100km）	车辆的瞬时油耗
车辆总线纵向加速度/（m/s^2）	直接从 CAN 总线读取的车辆纵向加速度信息
车辆总线横向加速度/（m/s^2）	直接从 CAN 总线读取的车辆横向加速度信息
车辆总线垂直加速度/（m/s^2）	直接从 CAN 总线读取的车辆垂直方向加速度信息
节气门开度	以百分比表示的节气门开度，无单位
刹车系统液压/bar[①]	刹车系统的液压系统压强
扩展信息	可自行定义的采集数据项

[①] 1bar=10^{5}Pa。

9.4 测试工具

平台测试工具主要包括两类：一类是针对大数据网元的负载测试工具，另一类是针对数据服务的接口测试工具。

9.4.1 负载模拟器

负载测试及压力测试主要针对平台的各个网元，如网关、数据存储模块、数据计算模块、数据接口模块等，通过开发模拟测试工具实现。

模拟测试工具主要分为如下两类。

- 车机模拟器，模拟真实的车机消息，构建 GPS 和 CAN 二进制数据报文，持续发送大量的报文数据来对网关进行负载压力测试。
- 网关协议模拟器，通过模拟解析后的车机报文和消息事件信息，直接发给数据存储网元来验证功能的正确性，并构建多线程来模拟大量设备并发场景以验证网元的性能和健壮性。

9.4.2 接口测试工具

平台为上层业务调用提供了业务数据服务，为验证业务接口功能的正确性，可以使用 HTTP 发送 JSON 格式的数据。通常使用 Postman 或 JMeter 测试报文接口。

9.5 测试设计

平台功能主要分为车机数据接入、数据存储和加工、业务处理接口。因此平台测试设计的重点就是围绕车辆数据、设备数据和用户数据进行验证。

9.5.1 测试思维导图

为有效评估平台系统质量，需要先对平台端各个质量属性（见图 9-5）进行评估。

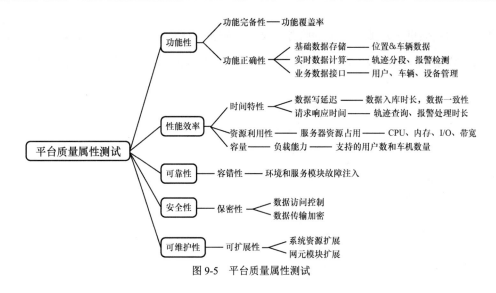

图 9-5 平台质量属性测试

- 功能性,包括功能完备性和功能正确性。功能完备性通过统计平台功能覆盖率评估。功能正确性和业务特性相关,重点关注基础数据存储、实时数据计算、业务数据接口调用的正确性。

- 性能效率,包括时间特性、资源利用性和容量。时间特性和具体业务相关,通过统计数据写延迟和请求响应时间评估数据入库与数据查询时长等。资源利用性主要统计业务运行过程中对服务器资源的占用和消耗程度。容量主要指支持的业务的并发数量。

- 可靠性,体现在容错性上,验证并统计故障注入对环境和模块的影响程度。

- 安全性,体现在保密性上,验证并统计数据访问控制和数据传输加密的程度。

- 可维护性,体现在可扩展性上,验证并统计系统资源和程序模块支持业务扩展的程度。

9.5.2 功能性测试

平台系统网元都提供中间件支撑服务。对于业务层来说,这些服务是不可见的,这无形中增加了测试的复杂性。上层用户要访问平台服务必须通过业务接口服务网元,它是系统对外提供服务的模块，提供用户服务、车辆服务、设备服务和系统管理等接口。通常客户端请求几乎不可能成为性能的瓶颈，服务器端的响应可能是短板，因此需要关注平台业务服务接口的性能和效率。

车联网平台中几乎所有的业务接口都通过 HTTP 进行通信，因此需要对重要的接口或频繁调用的接口进行功能和性能测试。主要的接口包括：

- 认证登录类接口；
- 查询类接口（如轨迹查询接口等）；
- 业务提交类接口（如新建车辆接口等）。

接口测试的重点如下。

- 验证状态变化。
- 验证边界数值。
- 验证错误处理。
- 验证权限访问、用户认证等。

业务接口测试如图 9-6 所示。

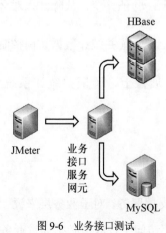

图 9-6 业务接口测试

使用接口测试工具 JMeter 发送登录接口请求报文,验证用户登录接口功能是否正确。部分用户登录接口测试用例如表 9-7 所示。

表 9-7　部分用户登录接口测试用例

条目	说明
质量属性类别	功能完备性、功能正确性
质量指标	功能通过率
测试预置条件	测试环境搭建完成,用户数据和车辆数据预置
测试步骤	(1) 使用接口测试工具 JMeter 建立 HTTP 测试。 (2) 输入用户登录报文,并将用户名称和密码参数化。 {"cmd":"signin","params":{"userName":var_user, "password"var_pwd,"ua":"GT-I9100", "imei":"04:46:65:53:95:8F","imsi":"079510812040", "sdk":"10","APPVersion":"1.0.1"}} (3) 设置线程数量,如 50,并依次递增
测试预期结果	接口功能断言正确;接口平均响应时间短于 500 ms

使用接口测试工具 JMeter 发送车辆查询接口报文,验证车辆查询接口功能是否正确。部分车辆查询接口测试用例如表 9-8 所示。

表 9-8　部分车辆查询接口测试用例

条目	说明
质量属性类别	功能完备性、功能正确性
质量指标	功能通过率
测试预置条件	测试环境搭建完成,用户数据和车辆数据预置
测试步骤	(1) 使用接口测试工具 JMeter 建立 HTTP 测试。 (2) 输入车辆查询报文,并将车辆名称参数化。 {"cmd":"userVehicleInfo","vehicleId:var_id} (3) 设置线程数量,如 50,并依次递增
测试预期结果	接口功能断言正确,接口平均响应时间短于 500 ms

使用接口测试工具 JMeter 发送行车轨迹请求报文,验证行车轨迹接口功能是否正确。部分行车轨迹接口测试用例如表 9-9 所示。

表 9-9　部分行车轨迹接口测试用例

条目	说明
质量属性类别	功能完备性、功能正确性
质量指标	功能通过率
测试预置条件	测试环境搭建完成，用户数据、车辆数据、轨迹数据预置
测试步骤	（1）使用接口测试工具 JMeter 建立 HTTP 测试。 （2）输入车辆轨迹查询报文，并将车辆 ID、起始和结束时间参数化。 {"cmd":"segTrackData","params":{"Id":var_id,"beginTime": "var_starttime,"endTime":var_endtime} （3）设置线程数量，如 50，然后依次递增
测试预期结果	接口功能断言正确，接口平均响应时间短于 500 ms

9.5.3　性能测试

平台测试的重点是平台系统性能效率和可靠性属性。通过负载和压力测试验证系统网元在不同车机量接入量、不同用户数量下的负载能力，找出影响系统运行的瓶颈，以支持业务的正常运行。

在对平台开展性能测试之前，需要先分析平台的数据特征，具体如下。

- 数据类型多样化，包括结构化和半结构化数据。

- 数据量大，车机设备产生的数据量为太字节级别。

- 读写量大，每秒并发数大，每小时写入的数据达到吉字节级别。

- 数据读写包括设备数据写和业务服务读写。

- 一致性，只接受强一致性，需要进行业务统计。

- 延迟低，数据延迟不能超过 500 ms。

以 10 万台车机为例，假设车机每 30 s 产生一条 OBD 数据，每 20 s 产生一条 GPS 数据，车机每天在线时间为 8 h，峰值时 90%的车辆同时在线，则 10 万台车机每秒产生的数据包有

8330 个，一天产生的数据存储容量将达到 70 TB。因此需要通过测试评估每个单独的网元支持的最大负载，并根据负载容量评估集群配置。

1. 网关服务网元测试

网关服务网元负责设备接入后的数据解析和分发，需要开发车机模拟工具来进行性能测试。测试环境部署如图 9-7 所示。

图 9-7　测试环境部署

部分网关服务网元测试用例如表 9-10 所示。

表 9-10　部分网关服务网元测试用例

条目	说明
质量属性类别	性能效率中的时间特性、资源利用性、容量
质量指标	❏ 处理器、内存、I/O 平均占用率； ❏ 用户访问量
测试预置条件	❏ 搭建测试环境，如图 9-7 所示。 ❏ 对于提到的需求点，都要事先准备好相应的测试脚本，包括参数化，并且调试好，保证脚本在测试的时候能够顺利运行。 ❏ 准备好测试脚本对应的测试数据，测试数据需要提前通过联调
测试步骤	（1）配置车机模拟器、车机数量及每 10 s 一个 GPS 包和一个 CAN 数据包的发送频率。 （2）启动车机模拟器向网关服务网元发送数据。 （3）测试出单机配置下网关服务网元支持的最大并发数量。 （4）持续运行 1 h，观察是否出现错误或数据入库延迟。 （5）持续运行 24 h，观察是否出现错误或数据入库延迟
测试预期结果	❏ 持续运行期间，网关服务网元没有产生数据堆积。 ❏ CPU、内存占用率均为 75%

2. 数据存储服务网元测试

数据存储服务网元主要负责数据的存储和分发，需要开发网关协议模拟器工具来进行性能测试。测试环境部署如图 9-8 所示。

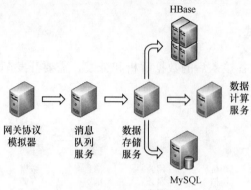

图 9-8　测试环境部署

部分数据存储服务网元测试用例如表 9-11 所示。

表 9-11　部分数据存储服务网元测试用例

条目	说明
质量属性类别	性能效率中的时间特性、资源利用性、容量
质量指标	❑　平均响应时间； ❑　处理器、内存、I/O 平均占用率
测试预置条件	搭建测试环境
测试步骤	（1）网关协议模拟器向数据存储服务网元发送数据，按照每台车机每 10 s 一个 GPS 包和一个 CAN 数据包的频率发送。 （2）测试单机配置下支持并发的数量。 （3）持续运行 1 h，观察是否出现错误或数据入库延迟。 （4）持续运行 24 h，观察是否出现错误或数据入库延迟
测试预期结果	❑　持续运行期间，数据存储服务网元没有产生数据堆积。 ❑　查询 HBase 数据是否有丢失。 ❑　数据入库延迟时间短于 500 ms。 ❑　CPU、内存占用率均为 75%

3. 系统性能测试

当与系统相关的网元通过性能测试后，需要进行一个系统级的全链路测试来验证系统整体的性能。测试环境部署如图 9-9 所示。

9.5 测试设计

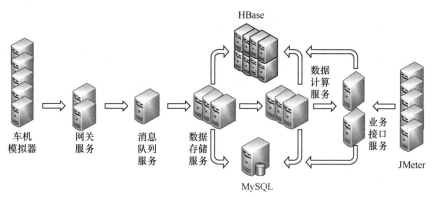

图 9-9 测试环境部署

部分平台系统性能测试用例具体如表 9-12 所示。

表 9-12 部分平台系统性能测试用例

条目	说明
质量属性类别	性能效率中的时间特性、资源利用性、容量
质量指标	❑ 平均响应时间； ❑ 处理器、内存、I/O 平均占用率； ❑ 用户访问量
测试预置条件	搭建测试环境
测试步骤	（1）搭建集群测试环境。 （2）通过车机模拟器发送车机数据。 （3）通过 JMeter 发送业务请求。 （4）持续运行 1 h，观察日志是否出现错误或数据堆积。 （5）持续运行 24 h，观察日志是否出现错误或数据堆积
测试预期结果	❑ 网关服务网元没有数据堆积。 ❑ 数据存储服务网元没有数据堆积。 ❑ 数据计算服务网元没有数据堆积。 ❑ 业务接口服务延迟时间短于 1000 ms。 ❑ 各服务模块 CPU 及内存占用率均不大于 75%

9.5.4 可靠性测试

为验证平台服务的可靠性，以确保能持续、稳定地存储数据并对外提供业务服务，特采取故障模拟注入的方法。

常见的平台故障包括磁盘错误、服务器宕机、重启、断网、主要服务模块进程重启、假死等，因此在进行可靠性测试时，需要专门针对这些故障进行错误的注入来验证系统的容错性和可靠性。在实际测试中，可以对这些操作按照一定的比例进行随机组合，在这样的压力和故障操作下，长时间（至少 7×24 h）模拟上层应用场景，并通过后台在线监控工具检查平台系统是否正常。

大数据平台测试的要点如下。

（1）单块硬盘的插拔（如不再挂载在指定的目录上）造成部分数据丢失。检查文件系统中是否有文件的备份数从 3 变为 2，然后判断名称节点。什么时候发现备份数减少，就通知数据节点对备份数达不到 3 的文件进行复制，并且观察 HDFS 和 HBase 集群是否仍然正常工作。

（2）对整个节点拔掉网线，观察名称节点。什么时候发现其中一个节点已经消亡，就通知其他几个存活的节点备份已消亡节点的数据，同时观察 HDFS 和 HBase 集群是否仍然正常工作。

（3）对整个节点断电，然后重启节点，再重启数据节点，看看数据节点是否正常，观察 HDFS 和 HBase 集群是否仍然正常工作。

（4）插拔单块硬盘（如不再挂载在指定的目录上），看看 HDFS 和 HBase 集群是否仍然正常工作。

（5）对整个节点拔掉网线，观察 HDFS 和 HBase 集群是否仍然正常工作。拔掉 15 min 后，重新插上网线，看看 HDFS 和 HBase 集群是否仍然正常工作。

（6）对整个节点断电，尝试从 HA 或者辅助节点复制 fsimage 和 edit 来恢复名称节点，看看是否成功。

（7）对整个节点断电，查看 HDFS 和 HBase 集群的情况。

1. HDFS 主节点故障注入

HDFS 主节点故障注入验证大数据平台 HDFS 主节点产生故障后的容错性。部分 HDFS 主节点故障注入测试用例如表 9-13 所示。

9.5 测试设计

表 9-13 部分 HDFS 主节点故障注入测试用例

条目	说明
质量属性类别	可靠性中的容错性
质量指标	避免失效率
测试预置条件	搭建测试环境，系统运行正常
测试步骤	（1）向平台加载 5 GB 的文件。 （2）在文件加载过程中，将主节点关闭，模拟故障，记录时间。 （3）观察应用日志文件并发现故障，记录发现的时间。 （4）原节点服务器主备切换完成。 （5）在加载期间将故障节点恢复并重新加入集群，记录其状态。 （6）查看网元的相关告警信息。 （7）验证数据可正常访问查询。 （8）记录切换完成时间。 （9）对比当前文件系统中文件是否有丢失，将 5 GB 文件复制到本地，检测文件的一致性
测试预期结果	❑ 在主备切换完成后恢复正常； ❑ 管理节点在限定时间内发现故障，开始进行切换操作； ❑ 未检测到任何数据或元数据不一致； ❑ 事件记录中有相关的告警记录； ❑ 未检测到数据丢失

2. HDFS 数据存储节点故障注入

HDFS 数据存储节点故障注入验证大数据平台 HDFS 数据存储节点产生故障后的容错性。部分 HDFS 数据存储节点故障注入测试用例如表 9-14 所示。

表 9-14 部分 HDFS 数据存储节点故障注入测试用例

条目	说明
质量属性类别	可靠性中的容错性
质量指标	避免失效率
测试预置条件	搭建测试环境
测试步骤	（1）清空数据。 hbase shell disable 'device_track' drop 'device_track' （2）创建 device_track 表。 sh hbaseToFile.sh -start device_track （3）使用工具，将现有相关源表加载到大数据平台。 sh fileToHbase.sh -start device_track2019022

续表

条目	说明
测试步骤	（4）使用工具或命令，将文件导出到本地。 sh hbaseToFile.sh -start device_track （5）在文件导出过程中，将任意一个正在读的数据存储节点（数据节点）对应的进程关闭，模拟故障。 ps-ef|grep //数据节点名称 kill pid （6）所有文件导出完成，通过比对数据条数检查导出数据的完整性。 cat device_track.txt |wc-l 32583483 条记录 （7）查看网元相关告警信息
测试预期结果	☐ 文件导出过程不受影响。 ☐ 管理节点在 30 s 内发现故障，并开始进行修复。 ☐ 未检测到任何文件数据或元数据不一致。 ☐ 事件记录中有相关的告警记录。 ☐ 系统中原文件未丢失

9.5.5 安全性测试

平台数据安全通常涉及数据加密、身份验证、访问控制、系统组件漏洞评估、网络安全、存储安全等方面。下面仅基于数据加密、身份验证和访问控制说明测试设计过程。

数据加密测试验证平台数据是否有加密机制且对传输的报文是否进行加密处理。部分数据加密测试用例如表 9-15 所示。

表 9-15　部分数据加密测试用例

条目	说明
质量属性类别	信息安全性中的保密性
度量指标	数据加密正确性
测试预置条件	对设备、车辆、用户、敏感信息等进行加密，同时数据传输采用 HTTPS
测试步骤	（1）截取传输的设备、车辆、用户报文数据。 （2）查看报文数据
测试预期结果	报文数据内容加密，不可识别

身份验证及访问控制测试验证平台对不同用户的身份验证和访问控制机制。部分身份验证及访问控制测试用例如表 9-16 所示。

表 9-16　部分身份验证及访问控制测试用例

条目	说明
质量属性类别	信息安全性中的保密性
度量指标	访问控制性
测试预置条件	设置数据访问范围和用户权限
测试步骤	（1）使用非授权用户的账号访问车辆、用户、设备数据； （2）使用授权用户的账号访问车辆、用户、设备数据； （3）使用授权用户的账号访问授权范围之外的车辆、用户、设备数据
测试预期结果	❑ 数据接口访问失败。 ❑ 数据接口访问成功

9.5.6　可维护性测试

可扩展性测试是平台可维护性的一个很重要的内容。随着业务容量的不断增加，各网元应该可以动态扩容来满足业务要求。测试环境部署如图 9-10 所示。

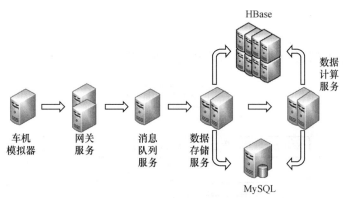

图 9-10　测试环境部署

部分可扩展性测试用例如表 9-17 所示。

表9-17 部分可扩展性测试用例

条目	说明
质量属性类别	可维护性中的可扩展性
度量指标	资产的可扩展性
测试预置条件	搭建测试环境
测试步骤	（1）搭建测试环境，部署两个网关、两个数据存储、两个数据计算模块。 （2）通过车机模拟器发送车机数据。 （3）观察数据存储和数据计算结果是否正确
测试预期结果	❑ 网关服务网元工作正常。 ❑ 数据存储正确。 ❑ 数据计算正确

9.6 模拟器工具开发

针对车联网平台系统网元，在开发阶段，需要编写测试模拟器来验证网关、数据存储网元和数据计算网元的功能正确性；在测试阶段，以模拟器作为负载和压力测试工具来验证单个网元模块的负载能力，为网元集群配置提供容量支撑依据。

9.6.1 工具原理

下面以网关模拟器为例介绍模拟器的开发原理。模拟器的原理如图9-11所示。

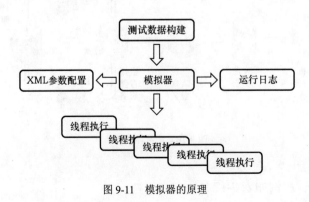

图9-11 模拟器的原理

模拟器运行过程如下。

（1）模拟器读取 XML 配置参数，确认网元地址、端口、设备数量、等待时间等参数。

（2）开始构建 GPS 和 CAN 数据包，为车机模拟线程提供报文数据参数。

（3）按照并发设备数量，创建线程池，建立线程，读取 GPS 和 CAN 报文数据，并把报文数据发送到测试的网元地址。

（4）记录运行的状态和错误信息，用于分析和调试定位。

9.6.2 测试代码

为说明测试数据报文和模拟器线程执行的过程，代码清单 9-1 展示了部分代码。

代码清单 9-1

```
1   import java.util.concurrent.ExecutorService;
2   import java.util.concurrent.Executors;
3   import org.apache.log4j.Logger;
4   public class Simulator extends Thread                              //模拟器主程序
5   {
6       private static Logger logger=Logger.getLogger(Simulator.class);//程序日志
7       private static int threadNum;                                  //线程数量
8       private static long reqNum;
9       private static long interval;                                  //间隔时长
10      private static long riseTime;                                  //启动时间
11      private static long avgTime;
12      private static long downTime;                                  //停止时间
13      private static String paramName;
14      private static int beforeRunWaitTime;                          //等待时间
15      private static int startThreadInterval;                        //线程运行等待时间
16      private static ExecutorService exc;
17      private static int count=0;
18      static
19      {   //获取配置的参数信息
20          threadNum=Integer.valueOf(PropertyManager.getValue("threadNum"));
21          reqNum=Long.valueOf(PropertyManager.getValue("reqNum"));
22          interval=Long.valueOf(PropertyManager.getValue("interval"));
23          riseTime=Long.valueOf(PropertyManager.getValue("riseTime"));
24          avgTime=Long.valueOf(PropertyManager.getValue("avgTime"));
```

```java
25          downTime=Long.valueOf(PropertyManager.getValue("downTime"));
26          paramName=PropertyManager.getValue("paramName");
27      beforeRunWaitTime=Integer.valueOf(PropertyManager.getValue("beforeRunWaitTime"));
28      startThreadInterval=Integer.valueOf(PropertyManager.getValue
        ("startThreadInterval"));
29          exc=Executors.newFixedThreadPool(threadNum) ;        //创建配置线程数量的线程池
30      }
31
32      @Override
33      public void run()                                         //执行线程
34      {
35          try
36          {
37              Thread.sleep(beforeRunWaitTime);                  //线程运行等待时间
38          } catch (InterruptedException e)
39          {
40              logger.error("occur error in the beforeRunWaitTime",e);
41          }
42
43          long start=System.currentTimeMillis();                //开始时间
44          for(int i=0;i<threadNum;i++)
45          {
46              try
47              {
48                  Thread.sleep(startThreadInterval);
49              } catch (InterruptedException e)
50              {
51                  logger.error(e);
52              }
53              exc.execute(new SimulatorThread(this));           //提交线程并执行
54          }
55
56          wt();
57          ReqDataBuilder.closeDataResource();
58          ReqUtil.close();
59          exc.shutdown();
60          exc.shutdownNow();
61          long end=System.currentTimeMillis();                  //结束时间
62          logger.error("Simulator run block is end and used time is: "+(end-start));
63      }
64
65      private static class SimulatorThread implements Runnable  //模拟器线程
66      {
67          private static Logger logger=Logger.getLogger(SimulatorThread.class);
68
```

```java
69          private Simulator simulator;
70          public SimulatorThread(Simulator simulator)
71          {
72              this.simulator=simulator;
73          }
74
75          @Override
76          public void run()                                    //发送数据报文的任务
77          {
78              logger.info("rise block");
79              long rTimePiece=System.currentTimeMillis();
80              long j=0;
81              while(!Thread.interrupted())                     //若线程未中断则继续执行
82              {
83                  j=j+(reqNum*interval)/riseTime;
84
85                  if(j>reqNum)
86                  {
87                      j=reqNum;
88                  }
89                  for(int i=0;i<j;i++)
90                  {
91                      String dataStr=ReqDataBuilder.getData(); //获取测试数据包
92                      ReqUtil.postData(dataStr);               //使用 HttpClient 发送数据包
93                      dataStr=null;
94                  }
95                  try
96                  {
97                      Thread.sleep(interval);                  //线程等待间隔
98                  } catch (InterruptedException e)
99                  {
100                     logger.error(e);
101                 }
102                 long rTimePieceEnd=System.currentTimeMillis();
103                 if((rTimePieceEnd-rTimePiece)>=riseTime)
104                 {
105                     break;
106                 }
107             }
108             simulator.nf();
109         }
110 }
```

类 DataResource 负责生成 GPS 和 CAN 测试数据。数据的生成方法如代码清单 9-2 所示。

代码清单 9-2

```java
1   public class MemoryDataResource implements DataResource
2   {
3       private static Logger logger=Logger.getLogger(LocalFileDataResource.class);
4       private DataType type;                                  //定义 GPS 和 CAN 数据类型
5       private volatile long deviceIdStart;                    //设备起始编号
6       private volatile long deviceIdEnd;                      //设备结束编号
7       private volatile long deviceIdCurrent;                  //当前设备编号
8       private volatile int i=0;
9       public String getData()                                 //获取测试数据
10      {
11          SimpleDateFormat format=new SimpleDateFormat("yyyy-MM-dd HH:mm:ss");
12          DecimalFormat df=new DecimalFormat("0.0");
13          DecimalFormat df01=new DecimalFormat("#0.000000");
14          Random random=new Random();
15          String jsonStr=null;
16          if(type.equals(DataType.GPS))                       //GPS 数据
17          {
18              JSONObject json=new JSONObject();
19              json.put("posAltitude", random.nextInt(5));     //经度
20              json.put("posTime", ""+format.format(new Date()));  //上报时间
21              json.put("posDirection",                        //方向
22                      Float.valueOf(df.format((float)random.nextInt(3)/10)));
23              json.put("gateNo", "324098");                   //网关号
24              json.put("alertStatus", 0);                     //报警状态
25              json.put("posPrecision", 0);
26              double d0=random.nextInt(11)>5?-1f:1f;
27              String plt=df01.format(random.nextDouble()*180*d0);
28              json.put("posLongitude",Float.valueOf(plt));    //纬度
29              json.put("posSpeed", 44+random.nextInt(8));     //速度
30              json.put("accStatus", 1);                       //点火状态
31              double d=random.nextInt(11)>5?-1f:1f;
32              String plat=df01.format(random.nextDouble()*90*d);
33              json.put("posLatitude", Float.valueOf(plat));   //高度
34              json.put("id", "6024a8f5004e28e2233ae846efd5df23"); //设备号
35              json.put("imei", "2006548888");                 //IMEI
36              json.put("posMethod", 1);
37              json.put("parameterType", "GPS");               //GPS 参数
38              json.put("sampleTime", ""+format.format(new Date()));//采样时间
39
40              if(deviceIdCurrent<=deviceIdEnd)                //对当前设备号进行判断
41              {
42                  json.put("deviceId", ""+deviceIdCurrent);
43              }else{
44                  deviceIdCurrent=deviceIdStart;
```

9.6 模拟器工具开发

```
45                json.put("deviceId", ""+deviceIdCurrent);
46            }
47            deviceIdCurrent++;                                    //设备号递增
48
49            return json.toString();
50
51        }
52
53        if(type.equals(DataType.CAN))                              //CAN 数据
54        {
55            i++;
56            if(i>=(Integer.MAX_VALUE-100))
57            {
58                i=0;
59            }
60            JSONObject json=new JSONObject();
61            json.put("obdStd", "1");                               //OBD 类型
62            json.put("oilPressuse", ""+(500+random.nextInt(50)));  //大气压力
63            json.put("airFlowRate", ""+(440+Float.valueOf(df.format(random.
                nextDouble()*50))));                                 //空气流量
64            json.put("totalFuelConsumption", ""+(10+i));
65            json.put("storageBatteryVoltage", ""+(100+Float.valueOf(df.format
                (random.nextDouble()*20))));                         //电池电量
66            json.put("fuelPressure", ""+(65+Float.valueOf(df.format(random.
                nextDouble()*20)))+"%");                             //燃油压力
67            json.put("parameterType", "CAN");                      //CAN 数据
68            json.put("distanceAfterMil", "0");                     //故障后行驶里程
69            json.put("longTermFuelTrim", ""+(110+Float.valueOf(df.format(random.
                nextDouble()*10))));                                 //长期燃油修正
70            json.put("engineDTCNumber", "0");                      //发动机故障码
71
72            String deviceId=null;
73            if(deviceIdCurrent<=deviceIdEnd)                       //对当前设备号进行判断
74            {
75                deviceId=""+deviceIdCurrent;
76            }else{
77                deviceIdCurrent=deviceIdStart;
78                deviceId=""+deviceIdCurrent;
79            }
80            deviceIdCurrent++;                                     //设备号递增
81            json.put("deviceId", deviceId);                        //设备号
82            json.put("posTime", ""+format.format(new Date()));
83            json.put("distanceType", "2");
84            json.put("engineRpm", ""+(8000+random.nextInt(800)));//转速
85            json.put("engineCoolliquidTemp", ""+(140+random.nextInt(30)));
                //发动机冷却液温度
```

```
86        json.put("intakeManifoldPressure", ""+(180+random.nextInt(10)));
          //进气歧管压力
87        json.put("barometricPressure", ""+(250+random.nextInt(10)));
          //大气压力
88        json.put("airThrottlePosition", ""+(80+Float.valueOf(df.format
          (random.nextDouble()*10))));                                    //节气门位置
89        json.put("distanceTotal", (500000+random.nextInt(80000)));  //总里程
90        json.put("engineInletportTemp", ""+(200+random.nextInt(20)));
91        json.put("calcuLoad", ""+(65+random.nextInt(10)));      //发动机计算负载
92        json.put("vehicleSpeed", ""+(140+random.nextInt(10)));//车身
93        json.put("id", "6024a8f5004e28e2233ae846efd5df23");
94        json.put("deviceImei", deviceId);              //使用设备号作为 IMEI
95        return json.toString();
96      }
97      return jsonStr;                                 //GPS, CAN 测试报文
98    }
99 }
```

9.7 小结

本章首先介绍了平台面临的质量挑战和质量属性,并对质量属性进行了系统分析。作为设备层数据和用户层业务的中间桥梁,平台一方面需要应对来自设备端的并发写入压力,另一方面需要应对来自客户端的读取压力,因此平台质量属性中的性能效率和可靠性就显得尤其重要,要针对这些质量属性开展性能、可靠性测试设计。为提高开发和测试的效率,需要开发模拟器工具。本章最后介绍了模拟器的工作原理和部分代码,以帮助读者了解工具的实现过程。

第 10 章　Web 端评审与测试设计

Web 端是业务的管理端和操作平台，主要对终端数据、车辆数据、用户数据进行管理。因此需要从硬件、平台、业务端进行功能的对齐和完善，并从业务流程方面进行优化，以满足日常管理和监管要求。

10.1　质量需求

Web 端负责产品功能的呈现。下面先对 Web 需求进行回顾，然后基于需求提取产品的质量属性，并对质量属性开展测试设计，为后续的测试用例开发提供指导，作为后续验收和产品成熟度的度量依据。

10.1.1　用户关注点

Web 端是一个集成管理平台，包含虚拟运营商、授权点、客服、个人等用户角色。Web 端主要进行账户、机构、车辆、企业、故障、报表等管理操作。Web 端的使用者是企业管理员，主要关注产品的以下质量属性。

- ❑ 功能性，功能的正确性和完备性，能够满足日常车辆管理活动。
- ❑ 性能效率，页面能够及时响应查询、修改、统计等操作。
- ❑ 兼容性，能够兼容主流的浏览器。

❑ 易用性，版本便于操作，容易使用。

10.1.2 质量属性

从用户关注点出发，对 Web 端的质量属性（见图 10-1）进行细化，它们主要体现在功能性、性能效率、可靠性、兼容性、信息安全性、易用性方面。针对每个质量属性，选择出合适的质量子属性，开展测试用例设计。

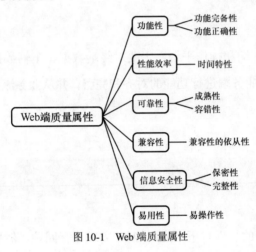

图 10-1　Web 端质量属性

10.2 开发过程

Web 应用程序开发过程如图 10-2 所示。

（1）产品需求收集。Web 端主要的客户是企业管理类人员，他们需要对接企业端产品经理、车辆管理员等，了解客户业务的需求和操作流程。

（2）产品功能定义。产品经理整理出企业客户的需求文档，并梳理出功能列表。基于输出的文档和客户进行沟通确认，其中包括功能要求、页面布局要求、操作流程等细节。

（3）网页原型设计。网页原型包括功能结构性布局、页面设计、业务操作流定义。由产品经理进行网页原型设计，如图 10-3 所示，经过产品、研发、测试团队内部评审后，由美工输出高保真设计图以供开发工程师编码,网页原型设计页面也可作为后期测试验收的依据。具体的页面原型图可用 Axure、Visio 等工具设计。

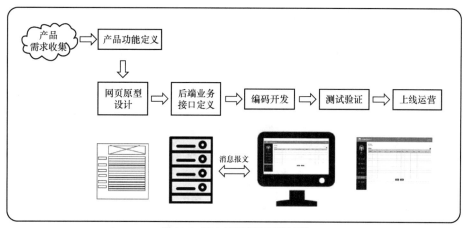

图 10-2　Web 应用程序开发过程

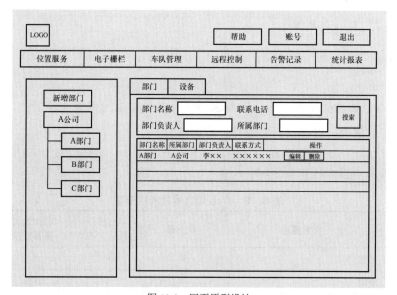

图 10-3　网页原型设计

（4）后端业务接口定义。由系统工程师编写接口协议文档,设计数据库和定义业务接口,为 Web 端应用提供 API 调用。

（5）编码开发。开发工程师根据网页原型图进行页面开发,页面开发完成后,与平台后端对接,通过后端 API 获取数据,编写功能业务的逻辑代码。

（6）测试验证。开发人员提供测试版本，Web 应用程序部署到测试服务器后，测试人员完成功能测试、性能测试、稳定性测试、安全性测试等，尤其是需要进行浏览器适配的兼容性测试，浏览器包括 IE、谷歌、火狐等主流的浏览器。

（7）上线运营。版本内部验收评审通过后，部署到运营服务器并发布，持续跟进用户反馈，进行版本的优化和迭代。

10.3 需求与设计评审

Web 端的主要操作对象是管理员，需要满足日常用车、管车的需求。这也是产品后期能够成功推广、应用的关键。因此需要对需求和设计进行详细的评审，以确保需求的完整性和正确性。

10.3.1 需求评审

Web 端需求包括功能需求和非功能需求两部分。从功能的完整性和平台、固件、硬件三者支持的层面评估需求，以确保对需求功能的覆盖性。

Web 端功能需求检查项如表 10-1 所示。

表 10-1　Web 端功能需求检查项

需求检查项	需求描述	优先级	平台接口是否支持	固件功能是否支持	硬件是否支持
账号管理	新建	高	是	否	否
账号管理	查询	高	是	否	否
账号管理	修改	中	是	否	否
账号管理	删除	低	是	否	否
车辆管理	新建	高	是	否	否
车辆管理	查询	高	是	否	否
车辆管理	修改	中	是	否	否
车辆管理	删除	低	是	否	否

续表

需求检查项	需求描述	优先级	平台接口是否支持	固件功能是否支持	硬件是否支持
设备管理	导入设备 设备查询检索	高	是	是	是
	车辆绑定	高	是	否	否
	解绑操作	低	是	否	否
实时车况	获取车辆的当前使用状况和历史车况信息等	高	是	是	是
报警管理	设置报警参数、低电、插拔、碰撞等提醒和处理状态等	高	是	是	是
业务中心	设置车辆保养、故障救援、车辆年检、商家结算等业务	高	是	否	否
统计报表	包括驾驶行为统计、设备统计、车辆统计、服务期统计等	高	是	否	否
远程升级	支持设备进行在线升级	中	是	是	否

Web 端非功能需求检查项包括性能、稳定性、兼容性、安全性、易用性内容，具体如表 10-2 所示。

表 10-2　Web 端非功能需求检查项

需求检查项	需求描述	平台接口是否支持	固件功能是否支持	硬件是否支持
性能	主要业务操作界面响应时间不能长于 3 s	是	否	否
稳定性	系统崩溃率不高于 1%	是	否	否
兼容性	需要支持主流的浏览器（如 Chrome、IE 等），无页面展示错位等兼容性错误	是	否	否
安全性	需要支持数据加密处理和授权访问	是	否	否
易用性	页面操作简便易用，提示信息通俗易懂	是	否	否

10.3.2　功能框图

Web 端功能框图如图 10-4 所示。当车辆点火启动后，OBD 终端将采集的数据上传到车辆网关，车辆网关对数据进行解析和存储，供平台业务网元进行数据加工处理，接着由业务数据接口为上层业务提供用户管理、车辆管理、设备管理、实时车况、报警管理、业务中心、统计报表、远程升级等接口功能调用。

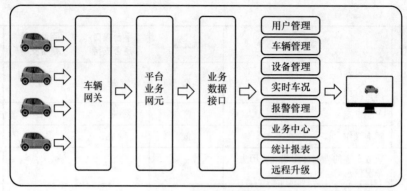

图 10-4　Web 端功能框图

10.3.3　代码评审

Web 开发活动分为前端开发和后端开发两部分。前端开发主要使用 JavaScript、CSS、HTML 等，后端开发通常使用 Java。通过开展代码评审，我们能够发现编码风格、程序框架、功能逻辑等问题，帮助团队提高编码能力，统一编码风格，提高程序的健壮性和可读性。编码设计的基本原则是功能高内聚低耦合，便于重用和维护。部分常用的编码检测规则如表 10-3 所示。

表 10-3　部分常用的编码检测规则

分类	检测描述
前端编码要求	❑ 禁止页面代码中出现硬编码。 ❑ 循环嵌套层次少于 3 层。 ❑ 禁止多条语句写在一行中。 ❑ 禁止编写全局的方法。 ❑ 命名需要语义化。 ❑ 使用工具对代码进行静态检查
后端编码要求	❑ 包名统一使用小写字母。 ❑ 类名使用驼峰风格且首字母大写。 ❑ 方法名、参数名、成员变量、局部变量都统一使用小写驼峰风格。 ❑ 常量命名全部大写，单词间用下画线隔开，力求语义表达完整清楚。 ❑ 构造方法里面禁止加入任何业务逻辑。 ❑ 不能使用过时的类或方法。 ❑ 所有整型包装类对象值之间的比较使用 equals() 方法。 ❑ 使用 isEmpty() 方法判断所有集合内部的元素是否为空元素。

续表

分类	检测描述
后端编码要求	☐ 不要将多个功能放在一个类或函数中，类和函数应该短小，并且专注一件事。 ☐ 没有重复的代码。 ☐ 函数不应采用过多的输入参数。 ☐ 对异常情况进行适当的错误处理。 ☐ 验证输入（有效数据、大小、范围、边界条件等）。 ☐ 如果不用于继承，则将类设为 final。 ☐ 使用后释放资源（文件句柄、数据库连接等）。 ☐ 尽可能使用 Guava 或 Apache 公共库。 ☐ 使用非阻塞机制进行服务间通信。 ☐ 对基本功能进行单元测试。 ☐ 当添加新功能时，不应修改现有代码，新功能应该写在新的类和函数中。 ☐ 使用静态代码分析工具 SonarQube 进行规则校验。 ☐ 不要创建冗长的接口，要根据功能将它们拆分为更小的接口。 ☐ 避免多个 if/else 块。 ☐ 没有硬编码，使用常量/配置值

10.4 测试工具

Web 端的测试主要是针对接口和 UI 的功能自动化测试。通常使用各种开源的测试工具编写测试脚本。

10.4.1 功能测试工具

功能测试工具包括 Selenium 和 JMeter。

Selenium 是一个用于 Web 功能测试的开源自动化测试工具。Selenium 通过使用针对每种开发语言的驱动程序支持多种编程语言，目前支持的语言包括 C#、Java、Perl、PHP、Python 和 Ruby。Selenium 测试脚本可以使用任何支持的编程语言编写，并且可以直接在大多数 Web 浏览器中运行。当前支持的浏览器包括 IE、Firefox、Chrome 和 Safari。Selenium 的基本功能如下。

- 通过 Selenium IDE 提供回放和记录功能。
- 支持并行测试,提高测试效率。
- 支持与 Ant 和 Maven 等框架集成以进行源代码编译。
- 支持与 TestNG 等测试框架集成,用于测试应用程序和生成报告。
- 与其他自动化测试工具相比,Selenium 需要的资源更少。

JMeter 是一款基于 Java 的开源工具,主要用于接口测试、压力测试和性能测试。该工具支持并发和多线程或线程组,可以对服务器、网络或对象进行负载模拟,在不同压力类别下测试它们的强度并分析整体性能。同时,它能够对应用程序做功能和回归测试,通过创建带断言的脚本验证程序是否返回正确的结果。从 JMeter 官网可查看相关的信息。

JMeter 的基本功能如下。

- 支持 HTTP、HTTPS、SOAP(Simple Object Access Protocol,简单对象访问协议)、REST Web Service、TCP 等服务和协议类型。
- 具有功能齐全的测试环境,能够进行快速测试计划的录制、构建和调试。
- 在命令行模式(非 GUI 模式)下能够为任何兼容 Java 的系统(Linux 系统、Windows 系统、macOS)提供压力测试。
- 提供完整的动态 HTML 报告。

10.4.2 性能测试工具

性能测试工具包括 LoadRunner 和 Lighthouse。

LoadRunner 支持各种应用程序环境和协议(包括 Web 服务、MQTT、HTML5 数据库)的性能与负载测试。LoadRunner 提供集成开发环境,测试人员可以直接在集成开发环境中创建 LoadRunner 脚本来模拟用户操作,通过成百上千的并发虚拟用户增加业务负载,验证 Web 应用程序的响应时间，确保应用程序满足要求。

Lighthouse 用来收集网站的性能指标并提供改进建议。该功能可以在谷歌浏览器 Chrome 的开发者工具中使用，或者通过 Node.js 命令行工具或浏览器插件使用。当向 Lighthouse 输入一个网址时，它会针对该页面执行一系列审核，然后生成一份关于该页面执行情况的报告。可以参考报告结果改进页面的性能。

10.5 测试设计

测试设计是 Web 测试活动的指南，为后续的测试活动提供参考。

10.5.1 测试思维导图

为有效评估 Web 端系统质量成熟度，需要先对 Web 端的各个质量属性（见图 10-5）进行评估。

功能性包括功能完备性和功能正确性。功能完备性通过统计需求规格说明书中的功能覆盖率评估，正确性通过统计功能需求规格说明书的功能实现正确率评估。

性能效率主要体现在时间特性上。通过验证主界面启动时间和关键业务响应时间统计性能效率。

可靠性包括成熟性和容错性。成熟性与容错性分别表示主要业务接口运行稳定性和异常处理能力。

兼容性主要包括兼容性的依从性。通过验证并统计程序 Web 页面在不同浏览器中功能正确性和界面完整性的比例验证兼容性。

信息安全性包括保密性和完整性。验证并统计数据访问控制和数据传输加密以及 SQL 注入等响应的结果。

易用性体现在易操作性上。验证界面布局是否符合用户习惯、操作内容提示是否友好等。

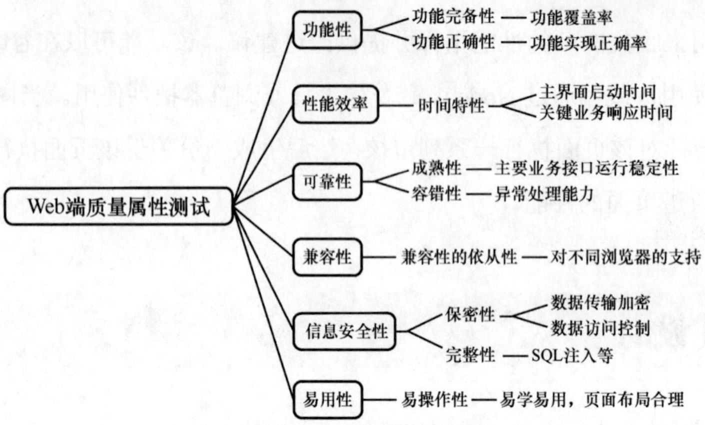

```
Web端质量属性测试
├── 功能性
│   ├── 功能完备性 —— 功能覆盖率
│   └── 功能正确性 —— 功能实现正确率
├── 性能效率
│   └── 时间特性 ┬── 主界面启动时间
│               └── 关键业务响应时间
├── 可靠性
│   ├── 成熟性 —— 主要业务接口运行稳定性
│   └── 容错性 —— 异常处理能力
├── 兼容性
│   └── 兼容性的依从性 —— 对不同浏览器的支持
├── 信息安全性
│   ├── 保密性 ┬── 数据传输加密
│   │         └── 数据访问控制
│   └── 完整性 —— SQL注入等
└── 易用性
    └── 易操作性 —— 易学易用,页面布局合理
```

图 10-5　Web 端质量属性测试

10.5.2　功能测试

Web 端是车联网业务的操作端。在功能测试中,主要使用黑盒测试验证用户的操作结果,可以使用诸如等价类划分法、边界值分析法、状态图等方法进行功能测试。下面基于用户管理、组织机构、终端管理、车辆管理、碰撞报警提醒、远程升级等模块的部分功能介绍如何开展测试设计。

用户管理测试验证总管理员角色的权限访问功能是否正确。部分用户管理测试用例如表 10-4 所示。

表 10-4　部分用户管理测试用例

条目	说明
质量属性类别	功能完备性、功能正确性
测试预置条件	已存在总管理员角色账号
测试步骤	(1) 使用总管理员账号登录车联网管理系统。 (2) 进入"客户管理"。 (3) 进行客户增加、编辑、查询、修改操作。
测试预期结果	❏　能查看个人客户、企业客户; ❏　不能新建、修改、删除个人客户和企业客户; ❏　不能重置密码

组织机构测试验证组织机构中企业注册功能是否可以正常使用。部分组织机构测试用例如表 10-5 所示。

10.5 测试设计

表 10-5 部分组织机构测试用例

条目	说明
质量属性类别	功能完备性、功能正确性
测试预置条件	已存在企业管理员角色账号
测试步骤	(1) 使用企业管理员账号登录车联网管理系统。 (2) 进入"组织机构"模块。 (3) 输入与企业相关的信息，如企业名称、地址、联系人信息等后提交信息
测试预期结果	系统提示"企业创建成功！"，数据库中存在新的记录

终端管理测试验证终端管理的设备调拨功能是否能够操作成功。部分终端管理测试用例如表 10-6 所示。

表 10-6 部分终端管理测试用例

条目	说明
质量属性类别	功能完备性、功能正确性
测试预置条件	❑ 存在总管理员角色账号。 ❑ 此企业下有授权点 A 和授权点 B，其下均有设备
测试步骤	(1) 使用总管理员账号登录车联网管理系统。 (2) 操作"设备管理"模块中的"设备调拨"功能。 (3) 选择授权点 A 下的某个设备，选择调出机构，从授权点 A 调入授权点 B
测试预期结果	系统提示"调拨成功！"，数据库相关表中记录被修改

车辆管理测试验证车辆管理中的车辆保养提醒功能是否能够操作成功。部分车辆管理测试用例如表 10-7 所示。

表 10-7 部分车辆管理测试用例

条目	说明
质量属性类别	功能完备性、功能正确性
测试预置条件	❑ 已知的授权点管理员。 ❑ 此授权点下已存在需保养的多台车辆（如 A 车、B 车）的信息
测试步骤	(1) 授权点管理员成功登录车联网管理系统。 (2) 选择"车辆管理"下的 A 车，进行解绑操作。 (3) 再次查询 A 车下的保养信息
测试预期结果	A 车在此授权点下的保养记录消失

碰撞报警提醒测试验证车辆管理中的碰撞报警提醒功能是否能够操作成功。部分碰撞报警提醒测试用例如表 10-8 所示。

表 10-8　部分碰撞报警提醒测试用例

条目	说明
质量属性类别	功能完备性、功能正确性
测试预置条件	在企业授权点下已经创建车辆 A，并和设备绑定
测试步骤	通过车机模拟器给指定编号的设备发送碰撞报警事件
测试预期结果	❏ 经企业授权弹出通知框，带报警的声音，并提醒此车发生碰撞。 ❏ 碰撞提醒待处理界面出现此车记录，单击消息能查看到具体的碰撞信息。 ❏ 在数据库中出现此车的碰撞记录数据

远程升级测试验证车机固件程序远程升级的功能是否可以正常使用。部分远程升级测试用例如表 10-9 所示。

表 10-9　部分远程升级测试用例

条目	说明
质量属性类别	功能完备性、功能正确性
测试预置条件	已存在总管理员角色账号
测试步骤	（1）使用总管理员账号登录车联网管理系统。 （2）进入升级模块。 （3）导入车机固件增量包。 （4）选择升级车辆，显示当前车机固件版本。 （5）提交升级请求，升级完成版本号自动更新
测试预期结果	车机在线后会自动下载升级包，且版本号更新为升级后的版本

10.5.3　性能测试

性能测试主要包括 Web 端首页启动时间、关键业务（如设备信息查询、车辆轨迹数据查询等）的响应时间。

Web 端首页启动时间测试验证车联网管理系统 Web 端首页启动时间是否满足性能要求。部分 Web 端首页启动时间测试用例如表 10-10 所示。

表 10-10　部分 Web 端首页启动时间测试用例

条目	说明
质量属性类别	性能效率中的时间特性
测试预置条件	Web 程序未启动，清除缓存信息

续表

条目	说明
测试步骤	（1）在谷歌浏览器 Chrome 中输入车联网管理系统网址。 （2）打开开发者模式，选择"网络"，查看页面加载时间，如图 10-6 所示
测试预期结果	车联网管理系统 Web 端首页启动后，首页内容显示完整的时间不超过 1 s

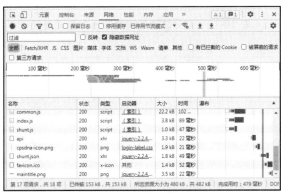

图 10-6　Web 端页面加载时间

设备管理查询时间测试验证授权点管理查询设备的性能是否满足 1 s 内响应的要求。部分设备管理查询时间测试用例如表 10-11 所示。

表 10-11　部分设备管理查询时间测试用例

条目	说明
质量属性类别	性能效率中的时间特性
测试预置条件	❑ 在数据库中预置 100 万条设备数据。 ❑ 参数化测试设备。 ❑ 准备测试工具 LoadRunner
测试步骤	（1）启动 LoadRunner 录制用户登录和设备查询脚本。 （2）对搜索的设备信息进行参数化。 （3）插入运行集合点。 （4）设置并发用户数为 10，调试通过后，修改它为 200。 （5）持续运行 LoadRunner，观察测试结果
测试预期结果	系统响应时间在 1 s 内，服务器不返回错误

10.5.4　可靠性测试

通过使用户常用的业务接口参数化进行持续的压力测试，验证系统的稳定性和可靠性。此处以轨迹查询接口为例，说明可靠性测试设计过程。

从接口测试角度，使用压力测试工具 JMeter 持续发送报文，使用轨迹查询接口压力测试验证车联网管理系统的轨迹查询接口是否稳定并响应及时。部分轨迹查询接口压力测试用例如表 10-12 所示。

表 10-12　部分轨迹查询接口压力测试用例

条目	说明
质量属性类别	可靠性中的成熟性
测试预置条件	参数化若干用户数据和若干条车辆轨迹数据
测试脚本	（1）使用 JMeter 工具添加 HTTP 请求报文，如图 10-7 所示。 { "auth":{"APPName":"carinhand","password":"000000","userName": "${username}","mapType":"google"}, "cmd": "segTrackPressData", "params": { "objId": "${obj_id}", "beginTime": "${beginTime}", "endTime": "${endTime}"}} （2）添加响应断言。 （3）执行脚本并观察结果
测试预期结果	请求执行成功，接口响应不超过 1 s，服务器不返回错误

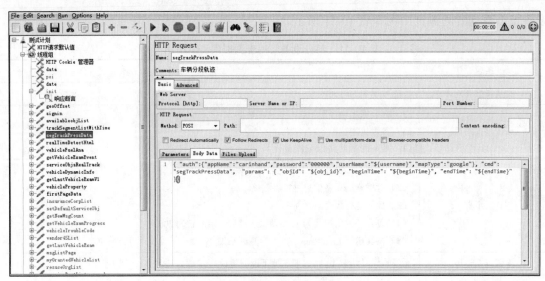

图 10-7　添加 HTTP 请求报文

10.5.5　兼容性测试

目前常用的浏览器包括 Chrome、IE、Firefox、360、QQ 等，不同厂商的浏览器对 JavaScript

10.5 测试设计

和 HTML 的支持程度不同。即使是同一厂商的浏览器，也可能存在不同版本的兼容问题。因此必须针对当前的主流浏览器进行测试，保证兼容性测试的完整性。

浏览器兼容性测试验证在不同的主流浏览器中操作时车联网管理系统 Web 端页面显示和功能是否正常。部分浏览器兼容性测试用例如表 10-13 所示。

表 10-13　部分浏览器兼容性测试用例

条目	说明
质量属性类别	兼容性的依从性
测试预置条件	安装下载不同的浏览器（如 IE、Firefox、Chrome 等） 安装下载同一浏览器的不同版本
测试步骤	（1）使用不同浏览器登录车联网管理系统。 （2）对系统的功能进行页面检查。 （3）观察页面显示和功能的正确性
测试预期结果	支持主流的浏览器，未出现页面错乱、数据错误等

常见的兼容性错误——页面布局错位如图 10-8 所示。

图 10-8　页面布局错位

10.5.6　安全性测试

安全性测试主要包括数据加密、身份验证、权限访问、会话管理、跨站脚本（Cross Site Script，XSS）、跨站请求伪造（Cross Site Request Forgery，CSRF）、注入缺陷、应用程序漏洞评估等内容。下面介绍数据加密、权限访问、SQL 注入的测试设计过程。

数据加密测试验证车联网管理系统 Web 端的数据加密机制是否正确。部分 Web 端数据加密测试用例如表 10-14 所示。

表 10-14　部分 Web 端数据加密测试用例

条目	说明
质量属性类别	信息安全性中的保密性
测试预置条件	配置抓包工具
测试步骤	（1）使用授权点管理员角色账号，登录车联网管理系统 Web 端。 （2）启动抓包工具，截取报文信息，查看报文数据
测试预期结果	报文数据内容加密，不可识别

权限访问测试验证不同角色用户登录 Web 端的权限访问机制是否正确。部分 Web 端权限访问测试用例如表 10-15 所示。

表 10-15　部分 Web 端权限访问测试用例

条目	说明
质量属性类别	信息安全性中的保密性
测试预置条件	建立车辆企业管理员账户、不同部门管理员账户、操作员账号
测试步骤	使用系统管理员、授权点管理员、企业管理员等角色账号分别登录车联网管理系统 Web 端，反复进行账号切换，查看数据访问信息
测试预期结果	不同用户只能访问受限的车辆、数据等信息

SQL 注入测试验证车联网管理系统 Web 端是否存在 SQL 注入风险。部分 Web 端 SQL 注入测试用例如表 10-16 所示。

表 10-16　部分 Web 端 SQL 注入测试用例

条目	说明
质量属性类别	信息安全性中的完整性
测试预置条件	预置用户名 test001
测试步骤	（1）打开车联网系统登录页面。 （2）在"用户"文本框中输入 and 1=1 或 and '1'='1'，提交。 （3）在"用户"文本框中输入 test001 and 1=1 或 test001 and '1'='1'
测试预期结果	系统提示用户名或密码错误，否则就存在 SQL 注入风险

10.5.7 易用性测试

易用性测试验证车联网管理系统 Web 端界面是否存在常见的易用性问题。部分 Web 端页面易用性测试用例如表 10-17 所示。

表 10-17 部分 Web 端页面易用性测试用例

条目	说明
质量属性类别	易用性的依从性
测试预置条件	准备不同角色的测试账号
测试步骤	使用各个角色的测试账号登录车联网管理系统，进行如下内容检查。 （1）验证页面的功能布局是否合理，是否符合用户常用操作习惯。 （2）验证页面的表现形式是否统一，表单、按钮、控件风格是否统一。 （3）验证所有的提示框和提示术语是否统一。 （4）验证页面显示内容是否完整、不错乱。 （5）验证操作功能是否完整，如有新增功能，则允许编辑和删除等操作
测试预期结果	Web 端各个显示页面不存在明显不一致问题，符合页面设计规范

10.6 测试脚本开发

为提高回归测试效率，对功能测试用例进行分析，围绕基本功能点开发自动化测试脚本。通常测试脚本分为 API 测试脚本和 UI 测试脚本两种类型。其本质都是通过 HTTP 进行通信，通过使报文数据参数化，对校验返回值进行断言，判断结果是否正确。

10.6.1 API 测试

为便于 Web 端的功能开发，平台为业务端提供了开放接口调用，通过发送 JSON 报文进行数据的传输，并对结果进行校验。在代码清单 10-1 所示的代码中实现了用户登录的 5 种参数组合。

- ❑ 用户名、密码、开发密钥名。

- ❑ 用户名、错误密码、开发密钥名。

第 10 章　Web 端评审与测试设计

- 错误的开发密钥名。
- 开发密钥参数为空值。
- 开发密钥名失效。

在代码清单 10-1 中，首先定义 KeyStoreSend 类，在该类中封装 HttpPost 方法，在获得密钥信息后发送和接收报文参数，然后进行结果的比对和校验，输出测试结果。

代码清单 10-1

```
1    import static org.junit.Assert.assertEquals;
2    import net.sf.json.JSONObject;
3    import org.junit.After;
4    import org.junit.Before;
5    import org.junit.Test;
6    import com.google.gson.JsonObject;
7    //定义用户登录测试用例类
8    public class SigninTest {
9        private static KeyStoreSend send;
10       String url = "https://192.168.1.37:8443/openapi/openapi";
11       String userName="person00003";
12       String devKey="ninth123";
13       String expiredDevKey="testkey1";
14
15       @Before
16       public void setUp() throws Exception {
17           send=new KeyStoreSend();
18           send.SetConn(url);
19       }
20       //定义用户登录测试用例，输入正确的参数
21       @Test
22       public void testSignin()
23       {
24           String responseMsg = null;
25           String json="{\"cmd\":\"signin\",\"auth\":{\"devKey\":\""+devKey+"\"},\"params\"
26           :{\"userName\":\""+userName+"\",\"password\":\"000000\"}}";
27           responseMsg=send.postHttpReq(json);
28           JSONObject jsonObject = JSONObject.fromObject(responseMsg);
29           String result = jsonObject.getString("result");
30           String resultNote=jsonObject.getString("resultNote");
31       assertEquals("0", result);
32       assertEquals("Success", resultNote);
```

```java
33      }
34
35      //定义用户登录测试用例，输入错误的密码
36      @Test
37      public void testSigninWithErrorPW()
38      {
39          String responseMsg = null;
40          String json="{\"cmd\":\"signin\",\"auth\":{\"devKey\":\""+devKey+"\"},\"params\"
41          :{\"userName\":\""+userName+"\",\"password\":\"01200000\"}}";
42          responseMsg=send.postHttpReq(json);
43          JSONObject jsonObject = JSONObject.fromObject(responseMsg);
44          String result = jsonObject.getString("result");
45          String resultNote=jsonObject.getString("resultNote");
46          assertEquals("364", result);
47          assertEquals("登录失败,用户密码错误", resultNote);
48      }
49
50      //定义用户登录测试用例，输入的密码为空值
51      @Test
52      public void testSigninWithNoPW()
53      {
54          String responseMsg = null;
55          String json="{\"cmd\":\"signin\",\"auth\":{\"devKey\":\""+devKey+"\"},\"params\"
56          :{\"userName\":\""+userName+"\",\"password\":\"\"}}";
57          responseMsg=send.postHttpReq(json);
58          JSONObject jsonObject = JSONObject.fromObject(responseMsg);
59          String result = jsonObject.getString("result");
60          String resultNote=jsonObject.getString("resultNote");
61          assertEquals("364", result);
62          assertEquals("密码为空值,不能登录", resultNote);
63      }
64
65      //定义用户登录测试用例，输入错误的开发密钥名
66      @Test
67      public void testSigninWithErrorKey()
68      {
69          String responseMsg = null;
70          String json="{\"cmd\":\"signin\",\"auth\":{\"devKey\":\""+devKey+"4\"},\"params\"
71          :{\"userName\":\""+userName+"\",\"password\":\"000000\"}}";
72          responseMsg=send.postHttpReq(json);
73          JSONObject jsonObject = JSONObject.fromObject(responseMsg);
74          String result = jsonObject.getString("result");
75          String resultNote=jsonObject.getString("resultNote");
76
77          assertEquals("2562", result);
```

```
78          assertEquals("开发者KEY不正确", resultNote);
79      }
80
81      //定义用户登录测试用例,不输入开发密钥名参数
82      @Test
83      public void testSigninWithNoKey()
84      {
85          String responseMsg = null;
86          String json="{\"cmd\":\"signin\",\"params\":{\"userName\":\""+userName+"\",\"password\"
87  :\"000000\"}}";
88          responseMsg=send.postHttpReq(json);
89          JSONObject jsonObject = JSONObject.fromObject(responseMsg);
90          String result = jsonObject.getString("result");
91          String resultNote=jsonObject.getString("resultNote");
92          assertEquals("2561", result);
93          assertEquals("请求报文中缺少开发者KEY参数", resultNote);
94      }
95
96      //定义用户登录测试用例,提供失效的开发密钥名
97      @Test
98      public void testSigninWithExpiredKey()
99      {
100         String responseMsg = null;
101         String json="{\"cmd\":\"signin\",\"auth\":{\"devKey\":\""+expiredDevKey+"\"},\"params\"
102 :{\"userName\":\""+userName+"\",\"password\":\"000000\"}}";
103         responseMsg=send.postHttpReq(json);
104         JSONObject jsonObject = JSONObject.fromObject(responseMsg);
105         String result = jsonObject.getString("result");
106         String resultNote=jsonObject.getString("resultNote");
107         assertEquals("2563", result);
108         assertEquals("开发者KEY已过期", resultNote);
109     }
110
111     @After
112     public void tearDown() throws Exception {
113     }
114 }
```

10.6.2　UI测试

使用Selenium工具进行UI测试脚本的开发。Selenium的定位器提供了一种从网页访问HTML元素的方法。在Selenium中,可以使用定位器对文本框、链接、复选框和其他Web元

素执行操作。以谷歌浏览器 Chrome 为例,可以借助开发者工具来快速识别页面元素,选中要指定的页面元素后,右击,选择"检查"或者按快捷键 Ctrl+Shift+I 查看元素定位信息。因此使用 Selenium 能够非常方便地开发 UI 测试脚本来提高测试效率。

代码清单 10-2 以管理员新增车辆为例说明脚本开发过程。首先,对 Selenium 中的参数进行初始化,打开需要测试的网页。然后,获得页面定位元素,模拟用户操作,对结果进行校验。

代码清单 10-2

```
1   devstack@devstack:~/devstack$ neutron
2   package com.laso.vehicle;
3   import com.laso.util.*;
4   import org.junit.After;
5   import org.junit.Before;
6   import org.junit.Test;
7   import com.thoughtworks.selenium.DefaultSelenium;
8   import com.thoughtworks.selenium.SeleneseTestCase;
9   @SuppressWarnings("deprecation")
10  public class AddVehicleTest extends SeleneseTestCase{
11      GetVehicleValue val =new GetVehicleValue();
12      GetSystemValue sys=new GetSystemValue();
13      PostJsonTools jsontool=new PostJsonTools();
14      String apiUrl="http://192.168.1.230:30081/laso/api";
15      String request;
16      String response;
17      String domainName="testaddcorp";
18
19      @Before
20      public void setUp() throws Exception {
21          sys.getValue();
22          selenium = new DefaultSelenium("localhost", 4444, sys.browserInfo, sys.baseUrl);
23          selenium.start();
24          selenium.setSpeed("500");
25      }
26      @Test
27      public void testAddVehicle() throws Exception {
28          val.AddVehicleTestValue();
29          selenium.open("/laso/index.jsp");
30          selenium.windowMaximize();
31          selenium.type("id=loginemail",val.loginEmail);
32          selenium.type("id=loginpassword", val.loginPassword);
33          Thread.sleep(1000);
```

```
34          selenium.type("id=loginvalidate", "0000");
35          selenium.click("id=loginbtn");
36          selenium.waitForPageToLoad("30000");
37          selenium.open("/laso/corpMana.jsp");
38
39          //首先进入企业客户页面,判断是否有未删除的测试数据(企业),若有则删除,为后面的测试做准备
40          selenium.type("id=corpName", "testaddcorp002");
41          selenium.click("id=searchSubmit");
42          if(selenium.isElementPresent("//table[@id='departUserList']/tbody/tr/td")==true)
43          {
44              request="{ \"cmd\": \"removeUser\", \"params\": { \"userName\":
                \"admin@"+domainName+"\" } }";
45              jsontool.postHttpReq(request, apiUrl);
46              selenium.click("link=删除");
47              selenium.click("id=popup_ok");
48              assertEquals("企业销户成功", selenium.getText("id=popup_message"));
49              selenium.click("id=popup_ok");
50          }
51
52          //新建一个测试企业,为后面的新建车辆做准备
53          selenium.click("//a[@id='orgAdd']/span");
54          selenium.type("id=departNameAdd", "testaddcorp002");
55          selenium.type("id=departDomainAdd", domainName);
56          domainName=selenium.getValue("id=departDomainAdd");
57          selenium.select("id=industryId_add", "label=通用企业");
58          selenium.select("id=subindustryId_add", "label=出租车公司");
59          selenium.select("id=cityId_add", "label=北京市");
60          selenium.click("//div[14]/div[11]/div/button");
61          assertEquals("添加成功", selenium.getText("id=popup_message"));
62          selenium.click("id=popup_ok");
63
64          //进入车辆管理页面
65          selenium.open("/laso/viechlMana.jsp");
66
67          //判断是否有未删除的测试数据(车辆),若有则删除
68          selenium.type("id=licensePlateNo", "试P00001");
69          selenium.click("id=searchSubmit");
70
71          if(selenium.isElementPresent("css=#departViechlList > tbody > tr > td")==true)
72          {
73              selenium.click("link=删除");
74              selenium.click("id=popup_ok");
75              assertEquals("删除服务对象成功", selenium.getText("id=popup_message"));
76              selenium.click("id=popup_ok");
77          }
78
```

```
79      //新建一个测试车辆
80      selenium.click("//a[@id='addViechlInfo']/span");
81      selenium.click("//div[2]/table/tbody/tr/td/input[2]");
82      selenium.click("id=selectOwner");
83      selenium.type("id=corpSearchName", "testaddcorp002");
84      selenium.click("//input[@value='搜索']");
85      selenium.click("//input[@value='选择']");
86      selenium.type("id=lpnoAdd", "试P00001");
87      selenium.select("id=brandAdd", "label=奥迪");
88      selenium.select("id=productAdd", "label=奥迪A4");
89      selenium.click("//div[14]/div[11]/div/button");
90      assertEquals("添加服务对象成功", selenium.getText("id=popup_message"));
91      selenium.click("id=popup_ok");
92
93      //根据使用者类型的用户名查找车辆,并添加断言,验证新建车辆的信息
94      selenium.select("id=searchOwnerType", "label=企业");
95      selenium.click("id=ownerSearchBtn");
96      selenium.type("id=corpSearchName", "testaddcorp002");
97      selenium.click("//input[@value='搜索']");
98      selenium.click("//input[@value='选择']");
99      selenium.type("id=licensePlateNo", "试P00001");
100     selenium.click("id=searchSubmit");
101     assertEquals("试P00001", selenium.getText
        ("css=# departViechlList > tbody > tr > td"));
102     assertEquals("testaddcorp002", selenium.getText("//table[@id=
        'departViechlList']/tbody/tr/td[3]"));
103
104     //删除测试数据(车辆)
105     selenium.click("link=删除");
106     selenium.click("id=popup_ok");
107     assertEquals("删除服务对象成功", selenium.getText("id=popup_message"));
108     selenium.click("id=popup_ok");
109
110     //进入企业客户页面,删除为新建车辆而新建的测试数据(企业)
111     selenium.open("/laso/corpMana.jsp");
112     selenium.type("id=corpName", "testaddcorp002");
113     selenium.click("id=searchSubmit");
114     assertEquals("testaddcorp002", selenium.getText("//table[@id=
        'departUserList']/tbody/tr/td"));
115
116     request="{ \"cmd\": \"removeUser\", \"params\": { \"userName\":
        \"admin@"+domainName+"\" } }";
117     jsontool.postHttpReq(request, apiUrl);
118
119     selenium.click("link=删除");
120     selenium.click("id=popup_ok");
```

```
121            assertEquals("企业销户成功", selenium.getText("id=popup_message"));
122            selenium.click("id=popup_ok");
123
124        }
125        @After
126        public void tearDown() throws Exception {
127            selenium.stop();
128        }
```

测试套件包括多个业务测试用例模块。车辆测试用例模块的代码如代码清单 10-3 所示。

代码清单 10-3

```
1   package com.laso.vehicle;
2   import junit.framework.Test;
3   import junit.framework.TestSuite;
4   public class AllTestsForVehicle {
5       public static Test suite() {
6           TestSuite suite = new TestSuite("Test for com.laso.vehicle");
7           suite.addTestSuite(VspAdminQueVehicleByLicensePlateNoTest.class);
8           suite.addTestSuite(VspDepQueVehicleByLicensePlateNoTest.class);
9           suite.addTestSuite(AddVehicleTest.class);
10          return suite;
11      }
12  }
```

代码清单 10-4 展示了包括所有测试用例模块的总的测试套件——AllTests.java，通过执行该文件运行测试脚本并产生测试结果。

代码清单 10-4

```
1   import junit.framework.Test;
2   import junit.framework.TestSuite;
3   public class AllTests {
4       public static Test suite() {
5           TestSuite suite = new  TestSuite("AllTest for laso");
6           suite.addTestSuite(VspAdminQueCorpByCorpNameTest.class);
7           suite.addTestSuite(VspAuthQueCorpByIndustryTest.class);
8           suite.addTestSuite(VspDepQueCorpByCorpNameTest.class);
9           suite.addTestSuite(AddCorpTest.class);
10          suite.addTestSuite(GIDLedgerTest.class);
11          suite.addTestSuite(CorpLedgerTest.class);
12          suite.addTestSuite(AddAccountLedgerTest.class);
13          suite.addTestSuite(VehicleLedgerTest.class);
14          suite.addTestSuite(TroubleLedgerTest.class);
15          suite.addTestSuite(DeviceLedgerTest.class);
```

```
16        suite.addTestSuite(MaintainLedgerTest.class);
17        suite.addTestSuite(VspAdminQueVehicleByLicensePlateNoTest.class);
18        suite.addTestSuite(VspDepQueVehicleByLicensePlateNoTest.class);
19        suite.addTestSuite(AddVehicleTest.class);
20        suite.addTestSuite(VspAdminQueOrgByDepTest.class);
21        suite.addTestSuite(AddDepTest.class);
22        suite.addTestSuite(ModLogoTest.class);
23        suite.addTestSuite(VspDepQueOrgByDepTest.class);
24        suite.addTestSuite(VspAdminQueVspUserByDepTest.class);
25        suite.addTestSuite(VspDepQueVspUserByDepTest.class);
26        suite.addTestSuite(AddVspAdminUserTest.class);
27        suite.addTestSuite(AddVspAuthUserTest.class);
28        suite.addTestSuite(VspAdminViewWebUserTest.class);
29        suite.addTestSuite(VspDepViewWebUserTest.class);
30        suite.addTestSuite(AddWebUserAndQueWebUserTest.class);
31        return suite;
32    }
```

10.7 小结

本章首先介绍了 Web 端用户需求，并围绕用户关注点分析和归纳了 Web 端质量属性。Web 端作为业务管理系统不仅需要确保车辆管理、设备管理、用户管理等功能的正确性，还需要兼容各种不同的主流浏览器来满足不同管理者的使用要求，因此在质量属性中功能性和兼容性需要重点关注。在实际应用场景下，用户对业务查询和统计的功能及性能也会有要求，因此需要增加这方面的测试用例。

第 11 章　APP 端评审与测试设计

当设备采集车辆数据后，上报到平台端，平台对数据进行存储和计算，为上层应用提供业务接口调用，最终 APP 端进行数据处理，展示给用户。在这个过程中，APP 是直达用户的载体，是产品数据和价值的直接呈现，因此需要确保客户端的质量。

11.1　质量需求

APP 端需求是产品功能的体现，需要确保产品需求的覆盖率和实现的正确性。首先需要识别出用户关注点，然后归纳出质量属性，为后续测试设计提供依据和指导。

11.1.1　用户关注点

APP 端的用户是个人车主，主要关注如下质量属性。

- 功能性，满足典型车主用车的场景。

- 性能效率，满足界面功能的响应速度要求。

- 兼容性，满足不同品牌手机、操作系统、分辨率大小的兼容性。

- 易用性，与同类竞品相比较，操作便利。

11.1.2 质量属性

从用户关注点出发,对 APP 端的质量属性(见图 11-1)进行细化,它们主要体现在功能性、性能效率、可靠性、兼容性、信息安全性、易用性方面。针对每个质量属性,选择合适的质量子属性,开展测试用例设计。

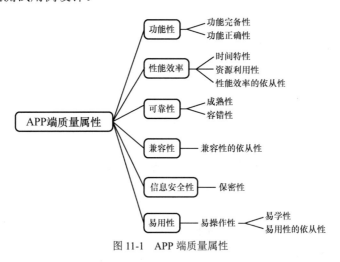

图 11-1　APP 端质量属性

11.2 开发过程

APP 开发过程如图 11-2 所示。

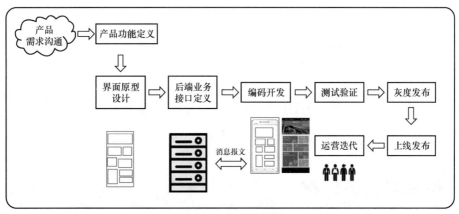

图 11-2　APP 开发过程

APP 开发过程包括如下步骤。

（1）产品需求沟通。与客户沟通，了解用户群及主要应用场景。

（2）产品功能定义。整理出应用程序的需求文档和功能列表，包括应用程序的风格和布局要求等。需求分析阶段是应用开发中最重要的一个环节，决定着产品的成败。针对车联网产品 APP 需求，在进行功能定义时需要考虑硬件的支撑能力，避免出现硬件无法支持软件展示功能的情况。

（3）界面原型设计。由产品经理设计功能原型图，经过内部开发、测试团队评审和确认后，导出给美工以进行高保真原型设计，再供开发人员编码。

（4）后端业务接口定义。系统工程师定义并编写后端业务接口文档，供上层 APP 进行功能调用。

（5）编码开发。开发工程师根据美工提供的高保真图进行界面开发，并通过后端业务接口调用编写功能业务的逻辑代码。

（6）测试验证。开发人员提供测试版本，测试人员开展功能测试、性能测试、稳定性测试、安全性测试，尤其是需要进行手机适配的兼容性测试，寻找市场上主流的机型，进行多机型适配测试。

（7）灰度发布。版本内部测试通过后，让内部人员和市场潜在客户使用，进行问题的收集和优化。

（8）上线发布。版本内部验收评审通过后，在应用市场中提交、发布。若提交到苹果 APP Store，审核一般需要一周左右；若提交各大 Android 市场，需要 3 天左右。因此在项目计划时，需要预留相关的上线审核时间。

（9）运营迭代。对上线的应用程序进行埋点数据分析，并收集上线后用户的反馈信息，作为版本功能优化和迭代的基础，进行下一版本的升级。

11.3 需求与设计评审

APP 是产品在用户侧的呈现，是用户的操作界面，也是产品最终成败的关键环境，因此

11.3 需求与设计评审

需要对需求和设计进行详细的评审，以确保需求的完整性和正确性。

11.3.1 需求评审

针对 APP 的需求评审，一方面，检查功能和非功能点定义是否完整，主要基于产品需求规格说明书进行走查，确认是否有功能点遗漏，是否完全覆盖产品的需求，是否定义清楚非功能点的需求和指标等；另一方面，检查功能和非功能点在硬件与平台上是否支持，在业务层、平台层、数据加工和采集层是否支持，即硬件和软件的功能是否对齐。

APP 端功能需求检查项如表 11-1 所示。

表 11-1 APP 端功能需求检查项

功能需求检查项	描述	平台接口是否支持	固件功能是否支持	硬件是否支持
用户管理	用户注册、注销、名称编辑，用户头像显示及更换，密码更改等	是	否	否
车辆管理	车辆添加、编辑、删除	是	否	否
	设备与车辆绑定、解绑	是	是	是
实时位置	显示车辆实时位置，包括车辆熄火后的位置	是	是	是
行车轨迹	行车历史分段轨迹查询和显示	是	否	否
驾驶行为	统计用户的驾驶行为次数，包含急加速、急减速、急刹车、急转弯	是	是	是
报警提醒	车辆点火、故障、碰撞、拖吊、设备插拔断电、低电压等报警提醒	是	是	是
	车辆违章、续保、限行等用车过程中的主动关怀提醒	是	否	否
车辆报表	显示车辆里程、油耗周报、月报统计	是	是	是
实时监控	显示车辆实时速度、油耗、动态轨迹信息	是	是	是
车况体检	故障查询，针对车辆车况给出综合评估分数	是	是	是
一键报案	车主可以通过手机端进行出险报案	是	是	是
汽车商城	提供用车相关的商品购买和支付	是	否	否

APP 端非功能需求检查项包括性能、稳定性、兼容性、安全性、易用性，具体如表 11-2 所示。

表 11-2 APP 端非功能需求检查项

非功能需求检查项	需求描述	平台接口是否支持	固件功能是否支持	硬件是否支持
性能	应用冷启动时间（从单击应用图标到进入主界面时间）不能超过 2 s	否	否	否
	关键业务页面响应时间不能超过 3 s	是	否	否
	安装包尺寸不大于同类竞品	否	否	否
稳定性	Android 和 iOS 线上版本闪退崩溃率不高于 1%	否	否	否
兼容性	支持主流手机安装和页面展示	否	否	否
安全性	数据传输加密处理，仅授权用户能够安装访问数据和信息	是	否	否
易用性	操作简便易用，提示信息通俗易懂	否	否	否

11.3.2 功能框图

APP 端功能框图如图 11-3 所示。业务流程和 Web 端类似，也由车辆点火触发 OBD 终端采集数据并上传到车辆网关，然后网关对数据进行存储，供平台业务网元进行数据的加工和处理，最后由业务数据接口为上层 APP 提供用户管理、车辆管理、驾驶行为、报警提醒、车辆报表、汽车商场等功能。

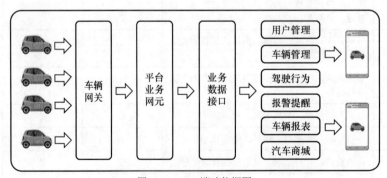

图 11-3 APP 端功能框图

11.3.3 代码评审

APP 的评审包括 Android 和 iOS 两部分内容，在此提取共性的部分，避免出现常见的代码错误并提高代码的可读性和可维护性。APP 代码评审检测项如表 11-3 所示。

表 11-3　APP 代码评审检测项

分类	检测描述
编码规范	❑ 检查命名是否规范。 ❑ 检查类、方法、函数等接口是否有注释。 ❑ 检查类的定义是否符合单一原则。 ❑ 检查是否有重复代码调用。 ❑ 检查数据访问是否符合一致性
功能逻辑	❑ 检查代码的逻辑并确保所有条件都正确且没有错误。 ❑ 检查业务逻辑处理是否包括异常处理。 ❑ 检查错误处理是否统一,如错误提示内容是否一致、弹出框风格是否一致
代码安全	❑ 检查程序代码是否考虑线程安全。 ❑ 检查是否有内存泄漏。 ❑ 检查是否有循环依赖。 ❑ 检查代码的嵌套是否不超过 3 级

11.4　测试工具

针对 APP 的测试主要是针对接口和 UI 的功能自动化测试。通常使用各种开源的测试工具编写测试脚本。比较主流的工具有 Robotium 和 Appium。

11.4.1　功能测试工具

Robotium 是一个开源的移动程序 UI 测试框架,用于编写 Android 应用程序自动化测试用例,可以覆盖功能测试。Robotium 测试脚本可以在模拟器和移动设备上运行。当使用 Robotium 编写测试用例时,需要先创建一个 Android 测试项目并添加一个测试类。Robotium 与所有 Android 测试类兼容,但测试时 Robotium 只使用 com.jayway.android.robotium.solo,这个类与 ActivityInstrumentationTestCase2 集成。在 Solo 对象中封装了很多便捷的方法,调用这些方法可以很方便地操控界面的控件。

Appium 也是一个开源的移动应用程序 UI 测试框架。通过 Appium 可以开发本地、混合和

Web 应用程序自动化测试脚本，并在物理设备或模拟器上执行自动化测试脚本。它提供了跨平台执行的能力，因此测试脚本可以同时用于 Android 和 iOS 应用程序。Appium 实际上是一个使用 Node.js 编写的 HTTP 服务器，它接收来自客户端的连接、请求和操作指令，在移动设备上执行这些指令并将响应结果返回给客户端。可以使用 Java、Python、Ruby 等语言开发测试脚本。

11.4.2 车机消息模拟器

车机消息模拟器是基于 Java 的车机模拟器，主要通过模拟车辆报警，产生报警消息并发送给客户端，验证客户端的功能和页面展示的正确性，如图 11-4 所示。

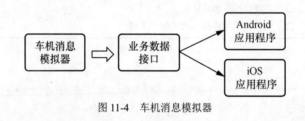

图 11-4 车机消息模拟器

11.5 测试设计

测试设计是后续 APP 测试活动的指南。通常 APP 的版本迭代过程较快，需要在有限的时间内完成产品的测试，因此需要进行有效的测试设计来为后续的测试活动提供参考。

11.5.1 测试思维导图

为有效评估 APP 端质量，需要先对 APP 端各个质量属性（见图 11-5）进行测试。

功能性包括功能完备性和功能正确性。功能完备性通过统计需求规格说明书中的功能覆盖率评估，正确性通过统计功能需求规格说明书中的功能实现正确率评估。

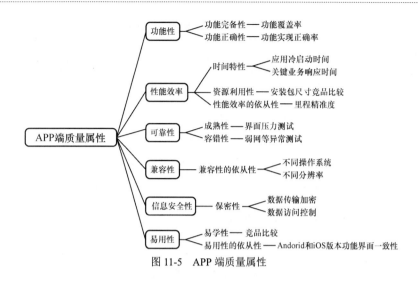

图 11-5 APP 端质量属性

性能效率包括时间特性、资源利用性和性能效率的依从性。时间特性通过验证并统计 APP 主界面冷启动时间和关键业务响应时间评估。资源利用性和性能效率可以通过比较竞品 APP 程序的安装包尺寸和里程精准度结果判断。

可靠性包括成熟性和容错性。二者分别验证并统计界面压力测试和弱网等异常测试的结果。

兼容性体现在兼容性的依从性上。通过统计应用程序安装在不同操作系统和分辨率的手机上的结果验证兼容性。

信息安全性体现在保密性上。信息安全性验证并统计数据传输加密和数据访问控制的结果。

易用性体现在易学性和易用性的依从性上。通过对比同类竞品进行评估,并对比 Android 和苹果版本中 APP 的功能、界面布局、显示的一致性。

11.5.2 功能测试

功能测试主要采用黑盒测试,基于功能规格说明书对功能进行验证。下面介绍设备绑定测试、实时位置测试、行车轨迹测试。

设备绑定测试验证设备是否可以成功和车辆建立绑定关系。部分设备绑定测试用例如表 11-4 所示。

表 11-4　部分设备绑定测试用例

条目	说明
质量属性类别	功能完备性、功能正确性
测试预置条件	用户完成注册，创建用户车辆，OBD 设备正常出库且未注册
测试步骤	（1）使用手机客户端 APP 扫描 OBD 设备二维码。 （2）在客户端确认扫描的 OBD 设备编码与设备编码一致。 （3）在客户端检查绑定状态
测试预期结果	设备可以正确注册并绑定到用户车辆上

实时位置测试验证车辆实时位置数据是否能够正确显示。部分实时位置测试用例如表 11-5 所示。

表 11-5　部分实时位置测试用例

条目	说明
质量属性类别	功能完备性、功能正确性
测试预置条件	OBD 设备正常安装，设备与车辆完成绑定，测试车辆已熄火
测试步骤	（1）车辆点火启动，行驶几分钟后停止。 （2）登录客户端 APP，查看车辆位置
测试预期结果	APP 中车辆位置与实际车辆位置一致

行车轨迹测试验证车辆行车轨迹数据是否能够显示以及显示是否正确。部分行车轨迹测试用例如表 11-6 所示。

表 11-6　部分行车轨迹测试用例

条目	说明
质量属性类别	功能完备性、功能正确性
测试预置条件	设备正常安装，设备与车辆完成绑定，测试车辆已熄火
测试步骤	（1）测试车辆点火，进行实际路测，行驶一段时间后熄火。 （2）登录 APP，查看车辆轨迹
测试预期结果	在 APP 中能够查询到一条行程记录，并且轨迹与实际一致

11.5.3　性能测试

性能测试主要包括 APP 端启动时间、安装包大小、里程精准度和业务响应时间等内容的测试。

11.5 测试设计

APP 端启动时间测试验证客户端 APP 启动花费的时间是否符合性能定义。部分 APP 端启动时间测试用例如表 11-7 所示。

表 11-7　部分 APP 端启动时间测试用例

条目	说明
质量属性类别	性能效率中的时间特性
测试预置条件	APP 安装完成
测试步骤	运行启动脚本，启动 APP，观察输出日志的时间
测试预期结果	APP 冷启动（从单击 APP 图标到进入主界面）的时间不超过 2 s

安装包大小测试用于和同类 APP 产品进行比较，判断 APP 的安装包的大小。部分安装包大小测试用例如表 11-8 所示。

表 11-8　部分安装大小测试用例

条目	说明
质量属性类别	性能效率中的资源利用性
测试预置条件	获取编译后的 APP 安装包
测试步骤	下载同类的 APP，比较安装包大小
测试预期结果	安装包占用的空间与编译后的二进制安装包占用的空间应不高于竞品占用的空间

里程精准度测试验证车辆采集和上报的里程信息是否符合要求。部分里程精准度测试用例如表 11-9 所示。

表 11-9　部分里程精准度测试用例

条目	说明
质量属性类别	性能效率的依从性
测试预置条件	OBD 设备正常安装，设备与车辆完成绑定，测试车辆已熄火，测试车辆加满油
测试步骤	（1）车辆点火，记录仪表盘上的相应数据。 （2）开启测试车辆，行驶 1 h 后熄火，记录仪表盘上的数据。 （3）对比 APP 里程数据与实际仪表盘产生的数据
测试预期结果	APP 的里程误差率小于 3%

业务响应时间测试验证 APP 的关键业务（如车辆轨迹查询时间、车辆报警提醒时间）的响应时间是否满足设计要求。部分业务响应时间测试用例如表 11-10 所示。

表 11-10　部分业务响应时间测试用例

条目	说明
质量属性类别	性能效率中的时间特性
测试预置条件	APP 安装完成
测试步骤	通过 JMeter 之类的接口压力测试工具向关键业务的接口发送报文，重复多次，统计平均响应时间
测试预期结果	关键业务平均响应时间不超过 1 s

11.5.4　可靠性测试

可靠性测试包括稳定性测试和弱网测试。

稳定性测试验证 APP 长时间运行的稳定性。部分稳定性测试用例如表 11-11 所示。

表 11-11　部分稳定性测试用例

条目	说明
质量属性类别	可靠性中的成熟性
测试预置条件	获取编译后的 APP 安装包，编写压力测试脚本
测试步骤	针对 Android 版本，使用 Monkey 或通过 MonkeyRunner 接口编写脚本来进行压力测试。 针对 iOS 版本，使用 UIAutomation 编写测试脚本
测试预期结果	进行 5000 次随机测试，Android 和 iOS 版本均未出现崩溃现象

弱网测试验证 APP 在弱网环境下的稳定性。部分弱网测试用例如表 11-12 所示。

表 11-12　部分弱网测试用例

条目	说明
质量属性类别	可靠性中的容错性
测试预置条件	在 PC 上使用工具 Charles 设置延时模拟弱网络
测试步骤	（1）验证在 Wi-Fi 和 2G、4G 环境切换下 APP 的关键业务活动的响应情况。 （2）验证无网、断网、流量受限制等情况下 APP 的关键业务活动的响应情况
测试预期结果	APP 超时重连不会导致闪退、卡死等异常情况

11.5 测试设计

11.5.5 兼容性测试

兼容性测试验证 APP 是否能够在不同手机操作系统和屏幕分辨率下安装成功并且功能正常。部分兼容性测试用例如表 11-13 所示。

表 11-13 部分兼容性测试用例

条目	说明
质量属性类别	兼容性的依从性
测试预置条件	准备不同品牌的测试手机，或购买第三方兼容性测试平台 Testin 或腾讯云平台测试服务
测试步骤	（1）在不同 Android 系统版本和屏幕分辨率下安装。 （2）在不同 iOS 版本和屏幕分辨率下安装
测试预期结果	APP 能够在不同手机上正常安装并且功能及显示正确

11.5.6 安全性测试

安全性测试包括数据加密测试和权限访问测试。

数据加密测试验证 APP 的数据传输是否进行了加密处理。部分数据加密测试用例如表 11-14 所示。

表 11-14 部分数据加密测试用例

条目	说明
质量属性类别	信息安全性中的保密性
测试预置条件	获取编译后的 APP 安装包
测试步骤	配置抓包工具，登录 APP，截取报文信息，查看报文数据
测试预期结果	报文数据加密，不可识别

权限访问测试验证 APP 针对不同用户权限的访问机制是否正确。部分权限访问测试用例如表 11-15 所示。

表 11-15 部分权限访问测试用例

条目	说明
质量属性类别	信息安全性中的保密性
测试预置条件	建立不同的用户账号
测试步骤	使用不同的用户账号登录 APP，反复进行账号切换，查看数据访问信息
测试预期结果	不同用户只能访问各自绑定的车辆信息

11.5.7 易用性测试

易用性测试验证 APP 是否易学易用,其中界面风格和操作的一致性是关注的重点。通常 Android 和 iOS 版本的 APP 由不同的开发人员开发,不同的人员对 APP 的界面布局和细节的理解不同,因此需要验证在 Android 和 iOS 中 APP 的操作界面显示是否一致。部分易用性测试用例如表 11-16 所示。

表 11-16 部分易用性测试用例

条目	说明
质量属性类别	易用性的依从性
测试预置条件	获取编译后的 Android 和 iOS 版本的 APP 安装包
测试步骤	分别安装 APP 到 Android 和 iOS 手机中,判断 APP 功能、界面布局、操作流程是否一致
测试预期结果	Android 和 iOS 版本的 APP 未出现明显的不一致界面

11.5.8 探索测试

探索测试是一种自由的软件测试风格,强调测试人员同时开展测试学习、测试设计、测试执行和测试结果评估等活动,以持续优化测试工作。探索测试体现测试人员的主观能动性,它抛弃了繁杂的测试计划和测试用例设计过程,强调在碰到问题时及时改变测试策略。针对 APP,开展探索测试能够有效补充测试设计的不足。具体的测试方法如图 11-6 所示。

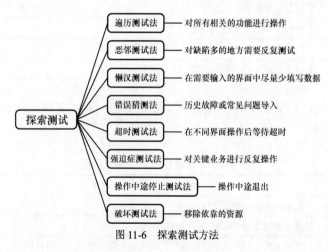

图 11-6 探索测试方法

11.6 测试脚本开发

通常针对一个 APP 要执行上千项测试用例，若完全采用手工的方式，不但工作量巨大，而且执行周期会特别长，这将严重影响开发效率。为解决这个问题，需要对测试用例进行自动化脚本开发，其中包括接口测试脚本开发和 UI 测试脚本开发两部分。脚本开发的基本原理是通过 HTTP 对功能接口进行调用，通过使报文数据参数化，对校验返回值进行断言以判断结果是否正确。

11.6.1 接口测试脚本

通常 APP 的开发周期较短，UI 变化较大，进行 UI 自动化测试效果较差。为提高测试的效率，一般优先进行接口测试。车联网类的 APP 主要通过后端提供的数据接口调用获取业务数据，因此开展接口测试是比较合适的选择。

OBD 设备让市场上的乘用车能够连接到统一的车辆运营平台，通过平台为各个车主提供用车、管车等服务。因为市场上的车辆品牌和型号众多，所以车辆数据上报的正确性检查就是很重要的一项工作。APP 上线后，很重要的一项工作就是在线的功能和数据巡检。

最初每天通过人工方式进行功能和车辆数据的巡查。运维人员每天登录程序，观察测试车辆数据显示的正确性，若发现数据异常，及时通知测试和开发人员。针对重复的工作，为提高效率，开发了功能和数据自动化巡检的测试代码，主要通过调用后台的业务数据接口获得车辆数据，对车辆数据进行规则校验来输出测试结果。以车辆实时检测页面的代码为例，接口测试过程如图 11-7 所示。

整个车辆功能和数据巡检的基本逻辑是从用例参数文件中读取用户名与密码信息，然后查询用户名下的车辆信息，调用业务接口，获取车辆实时检测的页面信息，读取车辆检测参数页面的数据项信息，分别对获取的数据项进行数据校验，判断是否存在数据异常。例如，设置一个电瓶电压值（11.5 V< 电瓶电压<15 V），基于图 11-7 中的参数，检测代码如代码清单 11-1 所示。

第 11 章　APP 端评审与测试设计

图 11-7　接口测试过程

代码清单 11-1

```
1    @Test
2    public void testRealTimeDetect() {
3        String json;
4        String url = "http://192.168.1.159:8098/vehicleapi";
5        String outPackage = null;
6        JSONObject jsonObject;
7        PostJsonTools pjt = new PostJsonTools();
8        log.info("【Begin testRealTimeDetect Info】 ");
9        try {
10           json = "{\"auth\":{\"password\":\""+ password[i]+ "\",\"userName\":\""
11               + userName[i]+ "\",\"mapType\":\"baidu\"},\"cmd\":\"realTimeDetectHtml\",
12               \"params\":{\"vehicleId\":\""+ objId + "\"}}";
13           outPackage = pjt.postHttpReq(json, url);
14           log.info("HttpStatus="+pjt.statusCode);
15           assertTrue(pjt.statusCode==200);
16           jsonObject = JSONObject.fromObject(outPackage);
17           log.info(json);
18           log.info(outPackage);
19           result = jsonObject.getString("result");
20           resultNote = jsonObject.getString("resultNote");
```

```java
21      if (result.equals("0")) {
22          if (outPackage.substring(outPackage.indexOf("<td>电瓶电压 (V)</td><td>") +
23              21,outPackage.indexOf("</td><td>11.5-15.0</td></tr><tr bgcolor='#FFFFFF'><td>
24              当前车速")).equals("--")) {
25              log.info("电瓶电压=--");
26          }else{
27              if (outPackage.substring(outPackage.indexOf("<td>电瓶电压 (V)</td><td>") +
28                  21,outPackage.indexOf("</td><td>11.5-15.0</td></tr><tr bgcolor='#FFFFFF'><td>
29                  当前车速")).contains("↓")) {
30                  realTimeBatteryVoltage = Double.parseDouble(outPackage.substring(outPackage
31                      .indexOf("<td>电瓶电压 (V)</td>") + 39,outPackage.indexOf("</td><td>11.5-15.0
                        </td></tr><tr bgcolor='#FFFFFF'><td>当前车速")-7));
32                  log.info("电瓶电压=" + realTimeBatteryVoltage);
33              }else if(outPackage.substring(outPackage.indexOf("<td>电瓶电压 (V)</td><td>") +
34                  21,outPackage.indexOf("</td><td>11.5-15.0</td></tr><tr
35                  bgcolor='#FFFFFF'><td>当前车速")).contains("↑")) {
36                  realTimeBatteryVoltage = Double.parseDouble(outPackage.substring(outPackage
37                      .indexOf("<td>电瓶电压 (V)</td>") + 39,outPackage.indexOf("</td><td>11.5-15.0
                        </td></tr><tr bgcolor='#FFFFFF'><td>当前车速")-7));
38                  log.info("电瓶电压=" + realTimeBatteryVoltage);
39              }else{
40                  realTimeBatteryVoltage = Double.parseDouble(outPackage.substring(outPackage
41                      .indexOf("<td>电瓶电压 (V)</td><td>") +21,outPackage.indexOf("</td><td>
                        11.5-15.0</td></tr><tr bgcolor='#FFFFFF'><td>当前车速")));
42                  log.info("电瓶电压=" + realTimeBatteryVoltage);
43              }
44              assertTrue(realTimeBatteryVoltage >= 11.5 && realTimeBatteryVoltage <= 15);
45              if (outPackage.substring(outPackage.indexOf("<td>当前车速 (Km/h)</td><td>") +
46                  24,outPackage.indexOf("</td><td>0-255</td></tr><tr +bgcolor='#f5f5f5'>
                    <td>发动机转速")).equals("--")) {
47                  log.info("当前车速=--");
48              } else {
49                  realTimeSpeed = Double.parseDouble(outPackage.substring(outPackage.indexOf("<td>当
50                      前车速 (Km/h)</td><td>") + 24, outPackage.indexOf("</td><td>0-255</td>
                        </tr><tr +bgcolor='#f5f5f5'><td>发动机转速")));
51                  log.info("当前车速=" + realTimeSpeed);
52                  assertTrue(realTimeSpeed >= 0 && realTimeSpeed <= 255);                         }
53          if (outPackage.substring(outPackage.indexOf("<td>发动机转速 (Rpm)</td><td>") +
54              24,outPackage.indexOf("</td><td>0-5000</td></tr><tr bgcolor='#FFFFFF'><td>
                发动机运行时间")).equals("--")) {
55              log.info("发动机转速=--");
56      } else {
57      realTimeEngineSpeed = Double.parseDouble(outPackage.substring( outPackage
58                          .indexOf("<td>发动机转速 (Rpm)</td><td>") + 24,
```

```
59                              outPackage.indexOf("</td><td>0-5000</td></tr><tr
60                              bgcolor='#FFFFFF'><td>发动机运行时间")));
61      log.info("发动机转速=" + realTimeEngineSpeed);
62      assertTrue(realTimeEngineSpeed >= 0   && realTimeEngineSpeed <= 5000);
63  }
64  if (outPackage.substring(outPackage.indexOf("<td>发动机运行时间 (s)</td><td>") + 24,
65      outPackage.indexOf("</td><td>0-86400</td></tr><tr bgcolor='#FFFFFF'><td>发动机水温
66      ")).equals("--")) {
67  log.info("发动机运行时间=---");
68  } else {
69      realTimeEngineRunningTime = Double.parseDouble(outPackage.substring(
70          outPackage.indexOf("<td>发动机运行时间 (s) </td><td>") +24,outPackage.indexOf
            ("</td><td>0-86400</td></tr><tr
71                              bgcolor='#FFFFFF'><td>发动机水温")));
72      log.info("发动机运行时间 ="+ realTimeEngineRunningTime);
73      assertTrue(realTimeEngineRunningTime >= 0 && realTimeEngineRunningTime <= 86400);
74      if(realTimeEngineSpeed>0){
75          assertTrue(realTimeEngineRunningTime > 0 ||
76          outPackage.substring(outPackage.indexOf("<td>发动机运行时间 (s)</td>
            <td>") + 24,
77          outPackage.indexOf("</td><td>0-86400</td></tr><tr bgcolor='#FFFFFF'><td>
            发动机水温
78          ")).equals("--"));
79  }
80  if (outPackage .substring( outPackage .indexOf("<td>发动机水温(℃)</td><td>") +
81      21,outPackage.indexOf("</td><td>-40-110</td></tr><tr bgcolor='#f5f5f5'><td>车外
82          环境温度")).equals("--")) {
83          log.info("发动机水温=---");
84  } else {
85      realTimeEngineWaterTemperature = Double.parseDouble(outPackage.substring
86          (outPackage.indexOf("<td>发动机水温(℃)</td><td>") +21,outPackage.indexOf
            ("</td><td>-40-110</td></tr><trbgcolor='#f5f5f5'><td>车外环境温度")));
87      log.info("发动机水温 ="+ realTimeEngineWaterTemperature);
88      assertTrue(realTimeEngineWaterTemperature >= -40 && realTimeEngineWaterTemperature
89          <= 110);
90  } else {
91      log.info(resultNote);
92      assertTrue(resultNote.equals("没有采集到此车的实时车况信息")||resultNote.equals
93          ("您还未激活服务,所以无法获取实时数据"));
94  } catch (Exception e) {
95          log.error(this, e);
96          fail("Exception hAPPened");
97      }
98          }
```

```
 99            log.info("【End testRealTimeDetect Info】");
100        }
```

11.6.2 业务响应时间脚本

针对关键业务的响应时间,可以使用接口进行统计,也可以使用 APP 的自动化脚本统计,在 APP 中统计主要考虑 APP 启动的时间和页面的加载时间及接口响应的时间。代码清单 11-2 中的代码基于 Robotium 统计 Android 版本 APP 中车辆轨迹查询业务的响应时间。

代码清单 11-2

```
 1  package com.robotium.test;
 2  import android.APP.Activity;
 3  import android.test.ActivityInstrumentationTestCase2;
 4  import android.util.Log;
 5  import com.jayway.android.robotium.solo.Solo;
 6  @SuppressWarnings({"unchecked" })
 7  public class ChangePasswordTest extends ActivityInstrumentationTestCase2 {
 8  public Solo solo;
 9  public Activity activity;
10      private static Class<?> launchActivityClass;
11      private static String mainActiviy = "com.apai.tsp.ui.vehicle";
12      private static String packageName = "com.apai.carinhands";
13      static {
14          try {
15              launchActivityClass = Class.forName(mainActiviy);
16          } catch (ClassNotFoundException e) {
17              throw new RuntimeException(e);
18          }
19      }
20      public ChangePasswordTest() {
21          super(packageName, launchActivityClass);
22      }
23
24      //测试开始之前的初始化方法
25      @Override
26      protected void setUp() throws Exception {
27          super.setUp();
28          this.activity = this.getActivity();
29          this.solo = new Solo(getInstrumentation(), getActivity());
30      }
31
```

```
32        //具体的测试方法
33        public void test() throws Exception {
34            long stsrtTime;
35            long endTime;
36            long spendTime;
37            long AverageTime;
38            long totalTime = 0;
39            int i;
40
41            //写一个循环,多次执行,记录每次执行所花费的时间
42            stsrtTime = System.currentTimeMillis();
              //记录每一次的开始时间,精确到毫秒,下同
43            solo.waitForText("我的车辆");   //等待"我的车辆"模块显示
44            solo.clickOnText("我的车辆");   //进入"我的车辆"
45            solo.waitForText("行车记录");   //等待"行车记录"模块显示
46            solo.clickOnText("行车记录");
47            solo.clickOnButton("全天轨迹");  //单击"全天轨迹"
48            solo.waitForText("轨迹记录");
49            solo.clickOnButton("返回");     //单击"返回"按钮
50            solo.clickOnButton("主界面");   //单击"主界面"按钮
51            assertTrue(solo.searchText("我的车辆", true));
              //添加一个断言,判断是否真的回到了主界面
52            endTime = System.currentTimeMillis();//记录每一次的结束时间,精确到毫秒
53            spendTime = endTime - stsrtTime;//结束时间减去开始时间,得到每次所花费的时间
54            Log.e("spendTime--------------------------------",
              String.valueOf(spendTime));//把每次花费的时间写入logcat里面
55        }
56    }
57        //测试完成之后的清理方法
58        @Override
59        public void tearDown() throws Exception {
60            try {
61                this.solo.finalize();
62                this.solo.finishOpenedActivities();
63            } catch (Throwable e) {
64                e.printStackTrace();
65            }
66            getActivity().finish();
67        }
68    }
```

11.6.3 UI 测试脚本

当 APP 的功能和 UI 稳定之后,可以开发自动化的 UI 脚本,进行日常的功能回归测试,

以评估是否存在版本功能的衰减。以 Appium 为例，使用 Python 代码（见代码清单 11-3）说明登录的测试过程。首先，获取手机的相关信息。然后，和本地测试程序建立通信。接着，启动 APP，获得手机屏幕尺寸，滑动略过功能宣传页面，进入登录界面，输入用户和密码，增加断言，判断是否进入主界面。

代码清单 11-3

```
1   #-*- coding: UTF-8 -*-
2   import os
3   import time
4   import unittest
5   #from selenium import webdriver
6   from Appium import webdriver
7
8   PATH=lambda p:os.path.abspath(
9   os.path.join(os.path.dirname(__file__),p)
10  )
11  global driver
12
13  class Login(unittest.TestCase):
14      def setUp(self):
15          desired_caps={}
16          desired_caps['device'] = 'android'
17          desired_caps['platformName']='Android'
18          desired_caps['browserName']=''
19          desired_caps['version']='7.2.0'
20          #desired_caps['APPWaitActivity'] = '.MainTabLiteActivity'
21          desired_caps['deviceName']='huawei_mt7_tl10-Y9K7N15115004491'
            #这是测试机的型号，可以通过查看手机的"关于本机"选项获得
22          desired_caps['APP'] = PATH('D:\\carinhard.apk')#被测试的APP在计算机上的位置
23          self.driver=webdriver.Remote('http://127.0.0.1:4723/wd/hub',desired_caps)
24      def tearDown(self):
25          self.driver.quit()
26
27      def GetPageSize(self):
28          x = self.driver.get_window_size()['width']
29          y = self.driver.get_window_size()['height']
30          return (x, y)
31
32      def test_SwipeAndLogin(self):   //启动APP后显示宣传页面，滑动后进入登录界面
33          time.sleep(10)
34          for i in range(5):
35              s = self.GetPageSize()
36              self.driver.swipe(s[0] *0.5, s[1] *0.75, s[0]*0.5, s[1]*0.25, 1000)
37              time.sleep(2)
```

```
38              self.driver.swipe(75,500,75,0,1000)
39
40              self.driver.find_element_by_id('picture').click()
41              time.sleep(2)
42
43              name = self.driver.find_element_by_id('et_account')   //用户标签
44              name.click()
45              name.send_keys("demo")
46              time.sleep(5)
47
48              psd = self.driver.find_element_by_id('et_account_pass')   //密码标签
49              psd.click()
50              psd.send_keys("000000")
51              time.sleep(5)
52
53              blogin=self.driver.find_element_by_id('tv_login')
54              blogin.click()
55              time.sleep(5)
56              #此处加上检测登录是否成功的代码
57              elmnt = self.driver.find_element_by_id('et_myVehicle')
58              self.assertEqual('我的车辆', elmnt.get_attribute('text'))
59  if __name__ == '__main__':
60      unittest.main()
61
```

11.7 小结

本章首先介绍了 APP 端的用户需求，并围绕用户关注点分析和归纳了 APP 端质量属性。APP 端需要确保日常用车相关功能的正确性。在实际应用过程中，需要考虑不同品牌手机的屏幕分辨率、操作系统版本等兼容性，以确保 APP 能够正常安装并显示正确。除此之外，用户对性能、可靠性、安全性等也有不同的要求。本章针对各个质量属性的测试设计只提供了部分参考内容，在实际的产品测试活动中，需要根据产品的特性、使用环境、用户场景进行进一步的细化和完善。本章最后提供了接口和 UI 测试自动化脚本样例，用来提高版本功能回归测试效率。

第12章 系统质量评估

12.1 评估目的

通常系统质量评估有以下几个目的。

- ❑ 了解当前质量状态,评估产品的成熟度状态,为产品发布提供依据。

- ❑ 建立内部质量改进的基线,统计一款产品所需的质量活动成本,包括时间周期、人力资源、设备资源等。通过将这些数据和过去的比较,看看增加或减少了多少,通过将这些数据和行业的比较,看看有什么差距。

- ❑ 查找问题,完善组织过程,建立并完善一套组织级的质量体系框架,支撑产品市场发布。

12.2 质量需求

从质量关注内容来看,质量需求分为内部质量需求、外部质量需求和使用质量需求3部分。内部质量和外部质量属于系统质量的范畴,是指从开发和测试的角度评价产品质量。使用质量从最终用户的角度评估产品质量。

12.2.1 内部质量需求

内部质量是指研发工程师所关注的质量，主要涉及系统模型、文档、源代码的质量。这也是开发人员内部进行评审和验证的主要内容。通常缺陷产生于设计和编码环节，尤其是代码风格，因此在编码阶段需要开展评审、使用静态代码分析工具提前过滤掉一些编码隐患。常用的静态代码分析工具可用于代码规则检查和潜在缺陷检查。比如重要的因素有代码圈复杂度、耦合度、循环依赖等，它们对代码的可分析性、模块度、可修改性、可重用性和可测试性等属性影响较大，具体如表 12-1 所示。通过评估圈复杂度、单元测试覆盖率、API 测试覆盖率、代码静态检查通过率度量内部质量。

表 12-1 内部质量属性分布

检查点	可分析性	模块度	可修改性	可重用性	可测试性
代码注释	√	—	—	√	—
圈复杂度	√	—	√	—	√
耦合度	—	√	√	√	√
内聚度	√	√	—	—	—
循环依赖	—	—	√	√	√
方法长度	—	√	√	—	—
重复代码	√	—	√	—	√

12.2.2 外部质量需求

外部质量属性是指从测试人员角度评估产品的质量状态。外部质量评估是指在系统软件运行过程中进行的质量度量，通常在系统测试阶段通过执行各个系统模块的不同类型的测试用例验证各项需求的满足程度。车联网产品功能模块的外部质量属性分布如表 12-2 所示。

表 12-2 外部质量属性分布

功能模块	功能性	性能效率	可靠性	兼容性	安全性	易用性
硬件	√	—	√	—	—	√
固件	√	√	√	√	√	—
平台	√	√	√	√	√	√
Web 端	√	√	—	√	√	√
APP 端	√	√	—	√	√	√

功能性是产品最重要的一个质量属性，需要确保需求的覆盖率和实现的正确性。具体表现

为系统的各个模块的能力对齐,如硬件、固件、平台支持客户端 APP 和 Web 端提供的功能吗?硬件设备数据上报后,平台存储和计算是否准确?Web 和 APP 上是否同时展现出来了?

车联网产品所涉及的数据输入存在多样性、复杂性和实时性的特点,因此需要确保数据处理的准确性和及时性。

在硬件方面,性能效率需要满足设备冷启动和通信联网时间要求;在软件方面,Web 端和 APP 端性能效率也需要满足业务的操作响应时间等要求。

在硬件方面,可靠性要满足在各种不同的环境(如高低温、振动)下系统能够正常运行并且不会对行车安全产生影响;在软件方面,需要确保在大量车辆在线和用户操作时平台运行的稳定性和响应能力。

兼容性需要考虑硬件通信协议兼容性、网关数据兼容性、浏览器兼容性、客户端系统兼容性。

安全性体现在每个环节上,涉及硬件物理安全、嵌入式程序安全、平台安全、系统各个组件的安全补丁、部署的安全性、Web 安全、APP 端安全漏洞扫描、权限设置等。

易用性不仅体现在设备的安装和使用上——能够即插即用,不需要拆解更换 SIM 卡或配件等,还体现在 Web 端和 APP UI 设计的合理性、流程的便携性、操作的便利性、操作指引的正确性。同时,在 Android 系统和 iOS 上,APP 界面保持一致。

12.3 模型选择

基于产品需求,首先从功能上进行模块划分,针对每个模块选出合适的质量属性,然后对质量属性进行细化,提取出质量子属性,并针对每个子属性定义度量的指标。从指标出发,结合产品功能特性,找出合适的测试方法来开展测试设计,形成不同类型的测试用例。通过执行测试用例,得出功能模块的质量状态,统计各个模块的测试结果,最终得到系统的成熟度。具体如图 12-1 所示。在操作过程中,主要通过测试验证产品的质量,因此在选择质量模型时,主要基于外部质量进行评估。

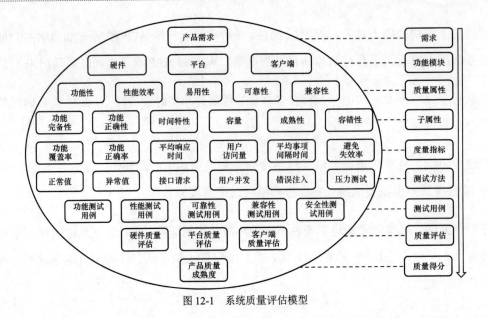

图 12-1 系统质量评估模型

12.4 度量选择

为了对系统质量属性进行评估，需要选择合适的评价等级并选择合适的度量指标。

12.4.1 评价等级

ISO/IEC 25010 对评价等级的定义如表 12-3 所示。通常不同软件产品的评估指标不同，如企业管理类软件通常不会产生人身危害，评估等级可以选择等级 D。但医疗类软件和人的健康相关，在进行评估时需要选择等级 B 或以上的等级。

表 12-3 ISO/IEC 25010 对评价等级的定义

等级	安全	经济	保密	环境
等级 D	可能造成财产损失，但不会对人产生危害	经济损失很小，基本可以忽略不计	没有具体的风险	没有环境方面的风险
等级 C	会造成财产损失，对人有伤害的风险	会产生经济损失	操作错误造成的风险	局部污染
等级 B	对人的生命有威胁	会产生巨大的经济损失	保护重要的数据和服务	可恢复的环境损坏
等级 A	会造成很多人死伤	会产生经济灾难，对公司产生毁灭结果	保护重要的数据和服务	不可恢复的环境损坏

不同于传统的软件产品，车联网产品包括硬件和软件两部分。通常硬件需要在软件开发完成后安装在车辆上，需要确保不会对车辆产生安全隐患，并且在不同路况、天气环境下能够稳定运行。因此，在车联网系统质量评估过程中，按照不同的模块和质量属性要求，选择相应的评价等级，如表 12-4 所示。

表 12-4　质量属性评价等级

质量属性	等级 D	等级 C	等级 B	等级 A
功能性	黑盒功能测试	开发文档评审	单元测试	形式化验证
性能效率	执行时间度量	基准测试	分析算法的复杂性	性能检验分析
兼容性	黑盒功能测试	开发文档评审	真实用户测试	形式化验证
易用性	用户接口和文档评审	确认与接口标准的符合性	真实用户测试	用户智能模型
可靠性	对具体的编程语言攻击进行确认	在软件设计和编码中进行容错分析	可靠性增长建模	形式化验证
信息安全性	黑盒功能测试	开发文档评审	单元测试	形式化验证
可维护性	开发文档检查	静态分析	开发过程分析	开发文档元素之间可跟踪性分析
可移植性	软件安装文档分析	编程规范符合性	环境约束评价	程序设计评价

12.4.2　度量指标

为评估系统质量，需要为质量子属性建立评价等级，并针对每个子属性定义明确的度量指标，通过对质量指标的评估反映质量属性的状态和成熟度。

质量属性度量指标如表 12-5 所示。

表 12-5　质量属性度量指标

质量属性	质量子属性	优先级	评价等级	度量指标	备注
功能性	功能完备性	高	C	需求覆盖率	产品需求和设计文档中客户需求满足的程度
	功能正确性	高	B、C、D	功能测试通过率	产品版本功能实际运行结果满足设计要求的程度
性能效率	时间特性	高	D	平均响应时间	软件完成某项功能所用的处理时间，即单位时间软件的信息处理能力
	资源利用性	高	D	处理器、内存、I/O 平均占用率	执行一组给定的任务，所需要的处理器、内存、I/O 等资源占用程度
	容量	中	D	用户访问量	某一时刻可同时访问系统的用户数量是多少

续表

质量属性	质量子属性	优先级	评价等级	度量指标	备注
兼容性	兼容性的依从性	高	B、C、D	业务需求适配率	评价数据格式的兼容性，评价版本之间的兼容性，评价不同系统之间的兼容性
易用性	易操作性	中	D	操作一致性	交互式任务在多大程度上具有在任务内和类似任务中一致的行为与外观
			D	外观一致性	具有相似项的用户界面中拥有相似外观的比例
可靠性	成熟性	中	B、C、D	平均失效间隔时间	平均失效间隔时间（Mean Time Between Failures, MTBF）指软件在相继两次失效之间正常工作的平均统计时间
	容错性	中	B、C、D	避免失效率	统计故障注入或错误导入类型测试用例的通过率
信息安全性	保密性	高	B、C、D	数据加密正确性	按照需求要求实现数据加密、解密的程度
	完整性	高	B、C、D	数据完整性	防止未授权访问造成数据破坏的程度
	真实性	高	B、C、D	鉴别机制的充分性	系统对主体身份的鉴别能力
可移植性	易安装性	低	D	安装的时间效率	与预期安装时间相比实际安装的效率
可维护性	可维护性的依从性	低	B、C	编码规则的符合率	遵循行业或企业编码规则的程度

12.5 测试结果

按照系统质量评估模型，从整体上对车联网系统各个模块（包括硬件、固件、平台、管理端和客户端）进行评估。首先执行各个功能模块的测试用例，然后统计出测试结果。每个功能模块都对应着多个质量属性，为系统评估功能模块的质量得分，可以根据质量子属性优先级分配权重比例，最后求出加权后的质量得分。

12.5.1 硬件测试结果

按照产品功能特性、环境要求、使用场景等条件，对质量子属性进行权重定义，在实际操作时可根据产品需求进行动态调整。执行硬件测试用例，硬件测试结果为 95 分，由（60%×100% +20%×100% +5%×100% +10%×100%）×100 分得出，具体如表 12-6 所示。

表 12-6 硬件测试结果

质量属性	质量子属性	权重	度量指标	指标统计说明	测试结果
功能性	功能完备性	30%	需求覆盖率	对比需求规格说明书，统计功能覆盖的比率	100%通过
	功能正确性	30%	功能测试通过率	执行功能测试用例，统计功能测试通过率	100%通过
可靠性	成熟性	10%	平均失效间隔时间	执行老化测试用例，统计设备的通过率	100%通过
	容错性	10%	避免失效率	执行环境测试用例，统计通过率	100%通过
兼容性	兼容性的依从性	5%	运营商网络兼容适配率	执行兼容性测试用例，统计兼容适配率	100%通过
		5%	SIM 卡兼容适配率	执行兼容性测试用例，统计兼容适配率	未通过
易用性	易操作性	10%	安装适配率	执行易用性测试用例，统计安装适配率	100%通过

12.5.2 固件测试结果

执行固件测试用例，固件测试结果为 95 分，由（60%×100% +10%×100% +10%×100%+ 10%×100%+ 5%×100%）×100 分得出，如表 12-7 所示。

表 12-7 固件测试结果

质量属性	质量子属性	权重	度量指标	指标说明	测试结果
功能性	功能完备性	30%	需求覆盖率	对比需求规格说明书，统计功能覆盖的比率	100%通过
	功能正确性	30%	功能测试通过率	执行功能测试用例，统计功能测试通过率	100%通过
性能效率	时间特性	4%	平均响应时间	执行时间特性类型测试用例，统计通过率	100%通过
	容量	3%	数据存储数量	执行存储测试用例，统计测试结果	100%通过
	性能效率的依从性	3%	位置精准度	执行位置精准度测试用例，统计平均值	100%通过
			平均上行速率	执行上行速率测试用例，统计平均结果	100%通过
可靠性	成熟性	5%	平均失效间隔时间	执行成熟性测试用例，统计通过率	100%通过
	容错性	5%	避免失效率	执行容错性测试用例，统计通过率	100%通过
兼容性	兼容性的依从性	5%	车辆兼容适配率	执行兼容性测试用例，统计兼容适配率	100%通过
		5%	网关兼容适配率	执行兼容性测试用例，统计兼容适配率	100%通过
信息安全性	保密性	3%	保密性测试用例通过率	执行保密性测试用例，统计通过率	100%通过
	真实性	2%	真实性测试用例通过率	执行真实性测试用例，统计通过率	100%通过
可维护性	可维护性的依从性	5%	MISRA C 规则覆盖率	统计静态代码 MISRA C 中强制规则的覆盖率	未通过

12.5.3 平台测试结果

执行与平台相关的测试用例,平台测试结果为 90 分,由(60%×100% +15%×100 %+ 5%×100% +5%×100% +5%×100%)×100 分得出,如表 12-8 所示。

表 12-8 平台测试结果

质量属性	质量子属性	权重	度量指标	指标说明	测试结果
功能性	功能完备性	30%	需求覆盖率	对比需求规格说明书,统计功能覆盖的比率	100%通过
	功能正确性	30%	功能通过率	执行功能测试用例,统计功能测试通过率	100%通过
性能效率	时间特性	10%	平均响应时间	执行时间特性测试用例,统计通过率	未通过
	资源利用性	5%	处理器、内存、I/O 平均占用率	执行资源利用性测试用例,统计通过率	100%通过
	容量	10%	用户访问量	执行容量测试用例,统计通过率	100%通过
可靠性	容错性	5%	避免失效率	执行故障注入测试用例,统计通过率	100%通过
信息安全性	保密性	5%	数据加密正确性	执行数据加密测试用例,统计数据加密/解密项实现的正确率	100%通过
			访问控制性	执行权限访问测试用例,统计授权访问的通过率	100%通过
可维护性	可重用性	5%	资产的可重用性	执行可扩展性测试用例,统计通过率	100%通过

12.5.4 Web 端测试结果

执行与 Web 端相关的测试用例,Web 端测试结果为 90 分,由(60%×100%+10%×100% + 5%×100%+10%×100% +5%×100%)×100 分得出,具体如表 12-9 所示。

表 12-9 Web 端测试结果

质量属性	度量指标	权重	度量指标	指标说明	测试结果
功能性	功能完备性	30%	需求覆盖率	对比需求规格说明书,统计功能覆盖的比率	100%通过
	功能正确性	30%	功能通过率	执行功能测试用例,统计功能测试通过率	100%通过
性能效率	时间特性	10%	平均响应时间	执行时间特性测试用例,统计通过率	未通过
可靠性	成熟性	5%	平均失效间隔时间	执行成熟性测试用例,统计通过率	100%通过
	容错性	5%	避免失效率	执行容错性测试用例,统计通过率	100%通过
兼容性	兼容性的依从性	5%	浏览器兼容适配率	执行兼容性测试用例,统计兼容适配率	100%通过

续表

质量属性	度量指标	权重	度量指标	指标说明	测试结果
信息安全性	保密性	5%	数据加密正确性	执行数据加密测试用例,统计数据加密/解密项实现的正确率	100%通过
	完整性	5%	数据完整性	执行未授权访问的测试用例,统计数据被破坏的比例	100%通过
易用性	易操作性	5%	操作一致性	执行易用性测试用例,统计不符合定义的行为和外观	100%通过

12.5.5 APP 端测试结果

执行 APP 端相关测试用例,APP 端测试结果为 90 分,由(60%×100% +10%×100% +10%×100%+ 5%×100 % +5%×100 %)×100 分得出,如表 12-10 所示。

表 12-10 APP 端测试结果

质量属性	度量指标	权重	度量指标	指标说明	测试结果
功能性	功能完备性	30%	需求覆盖率	对比需求规格说明书,统计功能覆盖的比率	100%通过
	功能正确性	30%	功能通过率	执行功能测试用例,统计功能测试通过率	100%通过
性能效率	时间特性	5%	平均响应时间	执行时间特性测试用例,统计通过率	未通过
	资源利用性	5%	处理器、内存、I/O 平均占用率	执行资源利用性测试用例,统计通过率	100%通过
	性能效率的依从性	5%	用户访问量	执行容量测试用例,统计通过率	100%通过
可靠性	成熟性	5%	平均失效间隔时间	执行成熟性测试用例,统计通过率	100%通过
	容错性	5%	避免失效	执行容错性测试用例,统计通过率	100%通过
兼容性	兼容性的依从性	5%	手机分辨率和系统兼容适配率	执行兼容性测试用例,统计兼容适配率	未通过
信息安全性	保密性	5%	数据加密正确性	执行数据加密测试用例,统计数据加密/解密项实现的正确率	100%通过
易用性	易用性的依从性	5%	界面一致性	执行易用性测试用例,统计 Android 和 iOS 应用的功能与界面的差异性	100%通过

12.5.6 缺陷管理

针对系统测试过程中发现的缺陷,需要通过缺陷工具统一进行管理,并对缺陷进行等级定义,如表 12-11 所示。同时,对缺陷进行功能分布、严重程度、修复时长、根本原因等统计分析。另外，对测试遗留的缺陷进行风险评估以确认发布后的影响范围。

表 12-11 缺陷等级定义

缺陷等级	缺陷名称	缺陷描述
P1	致命	系统崩溃，或者阻塞开发或测试的工作进度的错误，或影响系统运行的错误
P2	严重	功能未实现，或数据丢失、内存溢出等严重错误
P3	一般	部分功能不正确，或实现和规格说明书存在偏差等
P4	提示	不影响功能的轻微界面问题，如排版方面（如文本对齐和页面显示等）

基于缺陷类型，定义如下发布参考准则。

- 功能测试用例完成评审并全部执行。

- 性能测试用例完成评审并全部执行。

- 应用兼容适配性通过第三方工具检测，并且通过率大于 95%。

- 性能中的负载测试指标满足产品定义。

- 性能中的压力测试结果满足产品定义。

- 所有的缺陷都已录入缺陷管理系统并进行有效跟踪。

- 所有致命、严重的缺陷已经解决并由测试验证通过。

- 所有影响用户使用的缺陷都得到产品经理、市场人员、运营人员、质量人员的评审并确认解决。

- 缺陷发现的趋势呈收敛状态，在最近 3 天内没有发现错误等级为 P2 的缺陷。

12.6 质量评分

为了从整体上对产品质量进行评估，需要先分别统计出组成系统的各个模块的质量，然后对模块的质量进行权重分析，最后计算出系统质量评分。同时，需要结合产品遗留的问题评估发布风险。

12.6.1 评分等级

质量评估等级分为优秀、良好、一般、较差。参考的质量评估评分标准如图 12-2 所示，可根据项目的特点和客户对质量的要求修改相应的可接受指标值。从图 12-2 中可以看出，本项目质量评分可接受的评估标准是 90 分，若评分小于该值，则不接受。

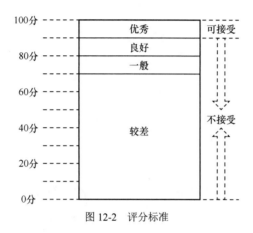

图 12-2　评分标准

12.6.2 评分结果

通过执行硬件、固件、平台、Web 端和 APP 端测试用例，得到评分结果，如表 12-12 所示。基于每个不同模块的权重比例，统计的项目得分为 92 分，按照评分等级的要求，本项目达到验收条件。

表 12-12　评分结果

模块	测试结果/分	权重	得分
硬件	95	20%	19
固件	95	20%	19
平台	90	30%	27
Web 端	90	10%	9
APP 端	90	20%	18

按照雷达图对测试结果进行重新展示，如图 12-3 所示。从图中可以很直观地看出平台、

Web 和 APP 质量存在改进的空间,尤其是平台模块(作为承上启下的关键服务网元)是改进的重点。

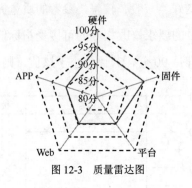

图 12-3　质量雷达图

12.6.3　质量仪表盘

按照系统质量属性,对车联网产品各个功能模块的测试结果进行汇总,形成质量仪表盘(见表 12-13),对质量结果能够一目了然。车联网系统硬件和软件功能是强耦合的,尤其是对于涉及硬件的功能,软件需要硬件的支持,上层软件功能依赖下层硬件功能。如果硬件不支持,则软件功能一定不支持;如果硬件支持,软件功能实现才成为可能,并需要验证功能实现的正确性。

表 12-13　质量仪表盘

质量属性	度量指标	硬件模块	固件模块	平台模块	Web 模块	APP 模块
功能性	功能完备性	支持	支持	支持	支持	支持
	功能正确性	支持	支持	支持	支持	支持
性能效率	时间特性	—	支持	不支持	不支持	不支持
	资源利用性	—	—	支持	—	支持
	容量	—	—	支持	—	—
	性能效率的依从性	—	支持	—	—	支持
兼容性	兼容性的依从性	不支持	—	—	支持	不支持
易用性	易操作性	支持	—	—	不支持	—
	易用性的依从性	—	—	—	—	支持

续表

质量属性	度量指标	硬件模块	固件模块	平台模块	Web 模块	APP 模块
可靠性	成熟性	支持	支持	支持	支持	支持
	容错性	支持	支持	支持	支持	支持
信息安全性	保密性	—	支持	支持	支持	支持
	完整性	—	支持	—	支持	—
可移植性	易安装性	支持	—	—	—	支持
	可移植性的依从性	—	支持	—	—	—
可维护性	可重用性	—	—	支持	—	—
	可维护性的依从性	—	不支持	—	—	—

12.7 发布交付

系统交付的内容包括硬件设备、可部署的软件版本、各个功能模块的产品需求、设计文档、测试文档、安装部署文档等相关资料。

硬件交付清单如表 12-14 所示。

表 12-14 硬件交付清单

序号	项目	备注
1	整机	必选
2	GPS 延长线	可选
3	OBD 延长线	可选
4	3M 胶贴	可选
5	包装外壳	必选
6	产品规格说明书	必选
7	产品安装手册	可选
8	质保单	必选

续表

序号	项目	备注
9	合格证	必选
10	免责条款	必选
11	设备编码标贴	必选
12	产品认证标贴如 3C	必选

研发交付清单如表 12-15 所示。

表 12-15　研发交付清单

类别	项目	备注
硬件	硬件需求规格说明书、硬件设计方案、PCB 原理图、结构设计图、外观设计图、生产 BOM 等	必选
固件	固件需求规格说明书、程序概要设计、详细设计、单元测试文档等	必选
平台	平台需求规格说明书、系统架构设计、数据模型和表结构设计、接口设计文档、单元测试文档等	必选
Web 端	Web 端需求规格说明书、原型设计图、详细设计等	必选
APP 端	APP 端需求规格说明书、原型设计图、详细设计等	必选
版本	固件刷机版本、生产检测工具、平台网元版本、Web 模块版本以及 Android 和 iOS 版 APP 安装包等	必选
质量	质量计划、测试用例、缺陷报告	必选
生产	生产作业指导书、质量验收标准	必选
运维	硬件安装手册、服务流程、系统安装部署指南	必选

12.8　小结

本章主要讨论了度量目标、度量流程和模型，以及如何对车联网系统中各个模块进行成熟度评估。为了从系统整体上对产品质量进行评估，首先选择系统质量模型，基于产品特点进行裁剪，选出合适的质量属性，然后把质量属性映射到产品的各个模块上，针对模块细化相应的质量子属性，选择合适的测试方法设计验证，统计各个模块的测试结果。

第 13 章 使用质量评估

产品开发的目的是满足客户的要求。本章将从客户使用质量的角度评估产品质量。通过设计典型活动场景用例,执行客户真实业务活动,评估产品满足需求的程度。

13.1 使用质量模型

在 ISO/IEC 25010 中使用的质量模型包括有效性、效率、满意度、抗风险、周境覆盖 5 个质量属性。每个质量属性都和产品的特性相关,可根据产品的客户特征、使用环境等因素选择合适的指标,并评估使用质量。

13.1.1 质量模型

从用户的角度看,车联网系统包括两方面的内容:一是硬件设备;二是软件系统。用户通常不关注产品的内部组成和工作原理,主要对产品功能和使用体验比较在意,因此我们要对使用的质量模型进行裁剪,选择有效性、效率、满意度 3 个质量属性。在此基础上对质量属性进行细化,选取对应的子属性并进行指标评估,具体如图 13-1 所示。

按照使用质量评估模型对案例系统进行评估,汇总的度量指标如表 13-1 所示。根据度量指标的要求,识别出测试对象,并选择合适的测试方法进行用例设计。

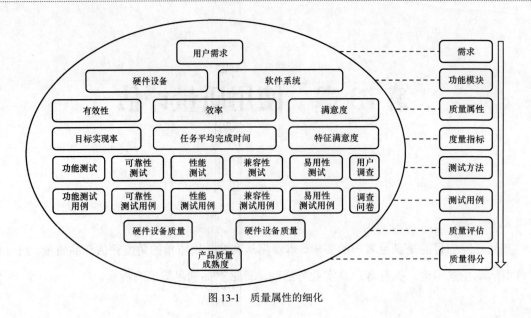

图 13-1　质量属性的细化

表 13-1　汇总的度量指标

质量属性	质量子属性	度量指标	指标说明	测试方法	测试对象
有效性	有效性	目标实现率	在没有协助的情况下正常实现的任务目标比例	功能测试	硬件、Web 端、APP 端
				可靠性测试	硬件、平台
效率	效率	任务平均完成时间	用户在使用系统时实现目标的效率,按照实现的目标数量除以时间计算	性能测试	硬件、Web 端、APP 端
满意度	有用性	特征满意度	用户对特定系统特征的满意度调查问卷法	易用性测试	硬件、APP 端
				兼容性测试	Web 端、APP 端
				用户调查	硬件、APP 端

13.1.2　质量需求

　　在车联网业务活动中,包括两类客户:一类是企业类客户;另一类是个人客户。企业类客户通常是业务运营的管理者,在硬件方面关注功能和可靠性,在软件方面关注功能、可靠性、性能、兼容性。个人客户是车联网服务的实际使用者,通常是企业司机或个人车主,他们比较关注硬件功能性和软件易用性。因此,在使用质量评估时,主要从企业运营管理者和业务使用者这两个角色的活动场景上评估。

硬件需求包括功能需求和可靠性需求。

- 硬件功能需求主要体现在硬件物理外观和固件软件功能上,以满足开箱验收需求。
- 硬件可靠性需求主要体现在平均无故障间隔时间上,具体指硬件设备在一定时间内、一定条件下无故障地执行指定功能的能力。若应用到使用质量评估上,则从整个系统层面评估产品持续正常工作的能力和成熟度,主要评估车机数据的上报是否及时准确,平台数据计算和数据的存储是否完整,终端软件信息展示是否正确。

软件需求包括功能需求、可靠性需求、性能需求和易用性。

功能需求包括企业类需求和用户类需求。

企业类需求的对象是企业管理者,通常是车辆运营类服务的提供方。在软件功能方面,会比较关注所有和车辆管理相关的功能,包括用户管理、车辆管理、设备管理、统计报表等,如表 13-2 所示。

表 13-2　企业类需求关注点

企业类需求关注点	功能描述
用户管理	用户账号的创建、查询、修改、删除等
车辆管理	车辆创建、查询、修改、删除、绑定、解绑等
设备管理	设备创建、查询、修改、删除等
统计报表	包括报警统计、驾驶行为统计、设备统计、车辆统计、服务期统计等

用户是车辆服务的最终使用对象,比较关注车辆位置、状态和数据统计等相关功能,如表 13-3 所示。

表 13-3　用户类需求关注点

用户类需求关注点	功能描述
实时位置	显示车辆实时位置,包括车辆熄火后的位置
车辆状态	显示车辆当前的状态,在线时显示为绿色,离线时显示为灰色
行车轨迹	显示当前行车轨迹和历史轨迹信息

续表

用户类需求关注点	功能描述
车辆仪表盘参数	显示车辆转速、时速、耗油量、行驶里程、剩余油量、百千米油耗、电压、水温、大气压力、进气温度、空气流量、故障数量、油门位置等数据
车况指数	显示用户当前的车辆健康状况
驾驶行为	统计急加速、急减速、急转弯、急刹车等信息
故障码	显示当前故障码、历史故障码
里程统计	显示车辆当前的和历史的里程统计
油耗统计	显示车辆当前的和历史的油耗统计
报警提醒	当点火熄火、低电压、碰撞、拖吊、超速、插入拔出等事件发生时,进行报警消息提醒

可靠性需求验证系统平台在工作期间能够持续上报数据并且真实反映车辆实际工作状态的能力,即当设备安装正常后,车辆就进入在线状态,除非设备被插拔或人为损坏硬件或网络通信中断,否则设备一直保持在线状态。

性能需求主要体现在当用户完成典型业务场景时系统的响应能力,主要相关的指标是业务平均响应时间。

易用性需求主要从易学易用、美感方面评价产品的可用性,以增强产品的用户黏性。易学易用是指产品描述语言清晰、容易理解,不用经过专业培训,只需简单说明即可使用。美感是指产品视觉体验好,感觉比较新颖,时尚感和科技感强,吸引用户使用。

13.2 用户验收准则

车联网产品验收包括硬件设备验收和系统平台验收两部分。从企业客户的角度看,当收到硬件设备后,需要完成硬件的验收,包括包装、外观、功能等方面。硬件设备完成验收后,将安装到客户的车辆上,企业客户将通过构建一个实验局完成硬件、平台、客户端功能的系统验收。因此需要定义硬件设备验收的准则,指导客户进行产品的确认。同时,定义软件准则,帮助客户确认业务功能实现的正确性和准确性。

13.2.1 硬件验收准则

硬件功能主要体现在物理设备功能和固件功能上。硬件功能检测标准如表 13-4 所示。

表 13-4 硬件功能检测标准

检验项目	测试方法	检测标准
外观	目测	设备外观无损伤、结构紧密，无裂缝和污渍等不良
LED	目测	设备终端 LED 应能正常点亮，并根据不同设备状态实时调整亮灯状态，不接受灰暗等不良问题
SIM 卡读取	手动安装	在设备终端应能正常对 SIM 卡进行插拔操作，在插入 SIM 卡并启动后及时检测到网络信号，不接受 SIM 卡无法正常插拔、检测不到网络信号等异常问题
VIN 信息读取	安装设备到车辆上，点火启动车辆后，查看平台网关数据	设备终端安装到车辆上，车辆点火后，需要上传一条报文到平台（报文需要包含 VIN 信息、实时数据）
点火功能	安装设备到车辆上，点火启动车辆后，查看平台网关数据	车辆点火时，若检测到发动机运转，设备上报车辆首次点火报文，报文包含点火时间等相关信息
实时数据	安装设备到车辆上，点火启动车辆后，查看平台网关数据	车辆运行时，设备终端可按照时间配置上报 GPS 信息，报文包含车速、电压、发动机转速等信息
熄火功能	安装设备到车辆上，点火启动车辆后，查看平台网关数据	车辆熄火时，若设备终端检测到发动机不运转，需要上报车辆熄火报文至后台
拔出报警	安装设备到车辆上，点火启动车辆后，查看平台网关数据	车辆处于点火或者熄火状态，设备终端拔出车辆诊断口后，设备需要上报关于拔出的报警信息
里程统计功能	实车测试，查询平台数据	车辆从点火到熄火这一段行车时间范围内，统计车辆这一段时间内的行驶里程信息，并上报至平台，行驶里程精确度需达到 97%以上

硬件设备性能检测主要关注 GPS 冷启动时间。测试方法是将设备安装到车辆上，观察定位指示灯。硬件设备性能检测标准是 GPS 初次定位冷启动时间不超过 50s。

硬件设备可靠性检测方法如下。

（1）假定有 1000 辆车，选择 10%作为测试车辆。

（2）连续观察车辆一段时间（7 天），记录其间的硬件故障数。

（3）统计硬件无故障运行时间 $T=(100\times7\times24)$/故障问题数。

硬件设备可靠性检测标准是 $T>3000$ h。

13.2.2 软件验收准则

软件功能检测项目包括企业类管理需求、用户类使用需求。

软件功能检测方法如下。

（1）选择典型用户活动场景开发测试用例。

（2）执行测试用例场景。

（3）验证功能和数据的正确性与完整性。

软件功能检测标准是功能行为和结果符合产品需求规格说明书定义。

软件功能可靠性检验项目包括验证数据可靠性和一致性。

软件可靠性检测方法如下。

选择部分运行的测试车辆作为远程观察对象，和用户进行互动，确认车辆实际状态结果，并和平台数据进行比对，确认数据状态和实际结果是否一致。

软件可靠性检测标准是在网络信号良好且非插拔状态下，车辆在线率和平台数据的正确率不低于 95%。

软件性能检验项目是关键业务场景的响应时间。

软件性能检测方法如下。

（1）识别典型用户业务活动场景，如用户登录、车辆查询、报警提醒等。

（2）开发性能测试脚本。

（3）对性能进行参数化，执行性能测试用例。

软件性能检测标准是业务响应时间短于 3s。

软件易用性检验项目是用户对产品的使用反馈和用户黏性。

软件易用性检测方法如下。

（1）采取定性研究方法，设计用户调查问卷。

（2）选择典型客户并让他们试用，试用前对客户进行培训和指导，试用结束后收集客户反馈。

（3）测试一个周期，按照抽样标准，对100%的测试用户进行访谈，收集测试用户的真实反馈。

（4）综合分析调查结果。

软件易用性检测标准是用户对系统功能满意度高于95%。

13.3 验收测试用例

为有效评估使用质量，在企业客户中构建一个车联网业务实验局，覆盖企业客户日常业务周期活动（从企业收到硬件设备开始，完成设备验收，然后安排用户上车安装，进行设备绑定，启动车辆运行），观察测试数据和运行结果及日常统计报表等。

13.3.1 硬件测试用例

硬件测试用例主要用于方便企业客户对工厂发送的设备进行验收，主要包括产品包装测试、产品外观测试、功能测试、性能测试、数量清点等方面。下面选择部分内容进行测试用例设计。

产品包装测试验证产品包装是否满足设计要求。部分产品包装测试用例如表13-5所示。

表 13-5 部分产品包装测试用例

条目	说明
质量属性类别	有效性
测试预置条件	提前随机抽检，开箱选择数套硬件设备
测试步骤	（1）观察产品外包装、进行内容比对，包括终端名称、型号、规格，以及终端厂名、商标图标、功能说明、设备编号、序列号等信息。 （2）打开产品包装，进行设备附件数量比对，包括产品使用说明书、合格证、服务受理单、质保卡、车机、连接线等
测试预期结果	包装和附件符合产品要求

产品外观测试验证产品外观是否符合出货要求。部分产品外观测试用例如表 13-6 所示。

表 13-6　部分产品外观测试用例

条目	说明
质量属性类别	有效性
测试预置条件	提前随机抽检，开箱选择数套硬件设备
测试步骤	（1）通过目测观察设备。 （2）设备表面颜色均匀，无裂纹，无起泡，无碰伤，无刮伤，清洁度良好
测试预期结果	设备外观符合产品要求

产品结构测试验证产品是否存在常见的结构问题。部分产品结构测试用例如表 13-7 所示。

表 13-7　部分产品结构测试用例

条目	说明
质量属性类别	有效性
测试预置条件	提前随机抽检，开箱选择数套硬件设备，准备好测试 SIM 卡
测试步骤	（1）检查设备连接处是否有缝隙。 （2）晃动车机，观察是否有声响。 （3）安装插拔 SIM 卡，确认拔插是否顺畅
测试预期结果	设备连接处紧密、无缝隙，无声响，SIM 卡插拔顺畅，未出现无法插拔的情况

产品指示灯测试验证产品指示灯通电后状态显示是否正确。部分产品指示灯测试用例如表 13-8 所示。

表 13-8　部分产品指示灯测试用例

条目	说明
质量属性类别	有效性
测试预置条件	提前随机抽检，开箱选择数套硬件设备，准备好测试 SIM 卡
测试步骤	（1）设备插入 SIM 卡，安装到车辆上。 （2）车辆点火启动，观察设备指示灯状态。 （3）设备熄火后等待几分钟，观察设备指示灯状态
测试预期结果	设备指示灯工作正常，无死灯等现象

GPS 冷启动时间测试验证产品 GPS 冷启动时间是否满足性能要求。部分 GPS 冷启动时间测试用例如表 13-9 所示。

13.3 验收测试用例

表 13-9 部分 GPS 冷启动时间测试用例

条目	说明
质量属性类别	效率
测试预置条件	提前随机抽检,开箱选择数套硬件设备,准备好测试 SIM 卡
测试步骤	(1) 设备插入 SIM 卡,安装到车辆上。 (2) 车辆点火启动,设备定位后指示灯常亮。 (3) 记录下花费的时间,测试 3 次,取平均值
测试预期结果	GPS 初次定位冷启动时间不超过 50 s

平均无故障间隔时间主要用于评估设备运行的稳定性,为业务的大批量推广提供数据支持。部分平均无故障间隔时间测试用例如表 13-10 所示。

表 13-10 部分平均无故障间隔时间测试用例

条目	说明
质量属性类别	有效性
测试预置条件	准备多辆测试车辆
测试步骤	(1) 选择多辆车,如 100 台车。 (2) 设备安装上电,不进行任何插拔操作,每日车辆正常行驶。 (3) 连续观察车辆 7 天,即 7×24 h 以上,其间在平台上进行故障问题数统计。 (4) 统计终端设备的无故障运行时间 $T=(100×7×24)$/故障问题数,单位是小时
测试预期结果	满足可靠性检测标准

13.3.2 软件测试用例

软件测试主要验证企业客户与最终用户的使用体验,主要涉及用户注册、设备绑定、实时位置、驾驶行为、报警统计等。下面选择部分典型功能进行测试用例设计。

用户注册测试验证用户注册功能是否操作成功。部分用户注册测试用例如表 13-11 所示。

表 13-11 部分用户注册测试用例

条目	说明
质量属性类别	有效性
测试类型	功能测试
测试预置条件	用户未注册过
测试步骤	(1) 用户登录车联网系统客户端 APP。 (2) 安装提示进行新用户注册,填写用户相关信息后提交。 (3) 企业管理员登录车联网系统,添加用户,填写相关信息
测试预期结果	用户注册成功,能够正常登录;管理员添加用户成功,能够使用新账号登录 APP

设备绑定测试验证设备是否可以和车辆绑定成功。部分设备绑定测试用例如表 13-12 所示。

表 13-12　部分设备绑定测试用例

条目	说明
质量属性类别	有效性
测试预置条件	用户完成注册，设备正常出库
测试步骤	（1）用户登录车联网系统客户端 APP。 （2）进入设备绑定界面，扫描设备二维码信息，能够正常完成设备和车辆的绑定。 （3）企业管理员在业务平台车辆管理界面中能够完成设备和车辆的绑定
测试预期结果	用户通过扫描设备二维码绑定设备后，可以在车联网系统客户端 APP 中查看车辆信息，企业管理员在车联网系统中可以查看到设备和车辆绑定成功状态

实时位置测试验证车联网系统客户端 APP 中车辆定位位置信息与实际停靠信息是否一致。部分实时位置测试用例如表 13-13 所示。

表 13-13　部分实时位置测试用例

条目	说明
质量属性类别	有效性、效率
测试预置条件	设备安装正确，且完成车辆绑定
测试步骤	（1）车辆正常行驶 10 min 后，怠速停靠路边。 （2）登录车联网系统客户端 APP。 （3）查看用户车辆位置
测试预期结果	车辆实际停靠位置与显示位置一致，设备轨迹未出现漂移

车辆仪表盘参数测试验证在车联网系统客户端 APP 中是否能够查看车辆仪表盘参数信息。部分车辆仪表盘参数测试用例如表 13-14 所示。

表 13-14　部分车辆仪表盘参数测试用例

条目	说明
质量属性类别	有效性
测试预置条件	设备正常安装，设备与车辆完成绑定，测试车辆已熄火
测试步骤	（1）测试车辆正常点火，行驶一段时间，停车怠速。 （2）登录车联网系统客户端 APP。 （3）选择用户车辆。 （4）查看车辆仪表盘参数
测试预期结果	在车联网系统客户端 APP 中可以查询出转速、时速、耗油量、行驶里程、平均油量、电压、水温、大气压力、进气温度、空气流量、故障数量、油门位置等信息

行车分段轨迹测试验证在车联网系统客户端 APP 中查询车辆行车分段轨迹信息是否成功。部分行车分段轨迹测试用例如表 13-15 所示。

表 13-15　部分行车分段轨迹测试用例

条目	说明
质量属性类别	有效性
测试预置条件	设备与车辆完成绑定，测试车辆已熄火
测试步骤	（1）测试车辆点火，进行实际路测，行驶一段时间后熄火。 （2）用户登录车联网系统客户端 APP，查看车辆轨迹
测试预期结果	车辆的行车记录分段中的起点、终点、停留时间等信息与实际一致

驾驶行为四急数据测试验证驾驶行为中的四急数据是否能够成功采集并进行统计。部分驾驶行为四急数据测试用例如表 13-16 所示。

表 13-16　部分驾驶行为四急数据测试用例

条目	说明
质量属性类别	有效性
测试预置条件	设备正常安装，设备与车辆完成绑定，测试车辆已熄火
测试步骤	（1）选择空旷地带，测试车辆点火启动。 （2）进行急加速、急减速、急转弯、急刹车等动作。 （3）登录车联网系统客户端 APP，查看车辆四急信息。 （4）登录车联网系统，查看车辆四急信息
测试预期结果	在车联网系统客户端 APP 和车联网系统中可以查看到车辆的四急统计数据

故障码测试验证车辆的故障码信息是否能够检测，故障提醒消息是否可以推送。部分故障码测试用例如表 13-17 所示。

表 13-17　部分故障码测试用例

条目	说明
质量属性类别	有效性
测试预置条件	设备安装正确
测试步骤	（1）车辆行驶到附件修理厂店，车辆熄火后，请维修师傅拔掉一个传感器。 （2）车辆点火启动，进行自动故障扫描。 （3）登录车联网系统客户端 APP 或业务平台，查看车辆故障提醒信息
测试预期结果	车联网系统客户端 APP 能够收到故障提醒消息，并且在车辆故障提醒界面能够查看到故障信息

里程精度统计测试验证车联网系统采集的里程和车辆仪表盘里程的精度误差率是否在设计范围之内。部分里程精度统计测试用例如表 13-18 所示。

表 13-18 部分里程精度统计测试用例

条目	说明
质量属性类别	有效性
测试预置条件	车机安装正确
测试步骤	（1）车辆点火，记录下仪表盘中的里程数据。 （2）开启测试车辆行驶 1 h 后熄火，记录仪表盘中的数据。 （3）登录车联网系统客户端 APP，查看里程数据，通过业务平台查看里程信息。 （4）与实际仪表盘里程数据对比
测试预期结果	对比仪表盘里程与车联网系统客户端 APP 中的里程统计数据，误差率小于 3%

消息提醒测试验证车联网系统客户端 APP 是否能够收到消息提醒。部分消息提醒测试用例如表 13-19 所示。

表 13-19 部分消息提醒测试用例

条目	说明
质量属性类别	有效性
测试预置条件	设备安装正确 在消息提醒界面中，打开所有提醒开关设置
测试步骤	（1）车辆点火，查看车联网系统客户端 APP 是否能够收到点火启动消息提醒。 （2）当车辆行驶速度超过系统阈值后，查看车联网系统客户端 APP 是否能够收到车辆超速提醒。 （3）当车机拔掉后，查看车联网系统客户端 APP 是否能够收到设备断电或离线提醒
测试预期结果	❑ 车联网系统客户端 APP 能够收到点火启动提醒消息。 ❑ 车联网系统客户端 APP 能够收到车辆超速提醒。 ❑ 车联网系统客户端 APP 能够收到设备断电或离线提醒

数据查询测试验证关键场景（如轨迹查询、报表统计、车辆查询等）的操作时长，主要从客户操作的角度观察这些业务的响应时间。部分数据查询测试用例如表 13-20 所示。

表 13-20 部分数据查询测试用例

条目	说明
质量属性类别	效率
测试预置条件	车辆存在多日的行驶轨迹
测试步骤	（1）登录车联网系统客户端 APP。 （2）选择指定车辆。 （3）查看车辆的全天轨迹，记录轨迹响应时间。 （4）进行日期的切换，反复查看全体轨迹，记录轨迹响应时间
测试预期结果	满足性能检测标准，响应时间短于 3 s

数据一致性测试验证车辆在使用过程中数据的可靠性和一致性。部分数据一致性测试用例如表 13-21 所示。

表 13-21 部分数据一致性测试用例

条目	数据一致性
质量属性类别	有效性
测试预置条件	提前准备好测试车辆
测试步骤	（1）选择 5%的测试车辆作为远程观察对象，并和用户进行互动。 （2）当车辆处于运动状态时，通过业务平台观察设备数据。 （3）对车机进行插拔操作，观察手机端车辆是否离线。 （4）当车辆行驶后，在手机端或者业务平台端观察分段轨迹、里程、油耗等信息。 （5）在测试周期内，和用户进行互动，确认车辆实际状态结果，并和平台数据进行比对，确认数据状态和实际结果是否一致
测试预期结果	满足可靠性检测标准

13.3.3 用户调查问卷

首先，识别和筛选典型的用户。分析用户的组成和使用特征，以确保整个用户抽样的样本具备一定的覆盖率。结合汽车电子产品的特征，本次假定调查的用户为年龄分布在 22～30 岁且首次购车的年轻人，他们对新潮汽车电子产品充满好奇，具有探索精神，这样能够有效确保参与度和调查效果。

其次，计算典型车辆的覆盖率。调查所选取的车辆应该是大众常见的车型，具备一定的代表性和通用性，且属于车机支持的车型列表范围。

基于以上原则，招募、收集满足用户特征和车辆要求的用户，通过各种方式保证用户的参与度和对用户的吸引力。用户调查问卷样例如表 13-22 所示。

表 13-22 用户调查问卷样例

任务	用户 1	用户 2	用户 3	…	用户 10	平均分
您喜欢车机的外观吗						
您认为车机安装方便吗						
您认为客户端 APP 容易使用吗						
您能够方便查看到车辆的当前位置吗						

续表

任务	用户1	用户2	用户3	…	用户10	平均分
您能够方便地看到车辆的行驶轨迹吗						
您认为油耗统计功能对您有帮助吗						
您认为车况指数体检对您有帮助吗						
您喜欢实时车况的功能吗						
您喜欢报警提示的功能吗						
您在使用中遇到过问题吗,具体问题是什么						

13.4 验收测试实施

用户测试的资源需求和角色安排如表13-23所示。

表13-23 用户测试的资源需求和角色安排

角色	数量/名	职责
企业客户经理	1	负责测试用户的选择、组织和测试结果确认
客服工程师	2	用户培训
运维工程师	3	负责车机的安装
用户代表	若干	负责车机的试用体验

为了确保实际测试的实施效果,计划对测试用户进行两类测试:一类是深度测试,另一类是广度测试,具体如表13-24所示。

表13-24 测试实施策略

测试策略	测试目的	测试方法	测试人员的数量	测试的车辆数	测试周期/天	测试输出
深度测试	专注业务基本功能	功能测试	5	5	2	功能测试报告
	专注关键业务场景的功能响应时间	性能测试	1	—	1	性能测试报告
广度测试	专注在大样本范围下的系统的可靠性、可存在性、可用性、兼容性等验证	可靠性测试	10	10	7~30	可靠性结果
		易用性测试	100	100	7~30	用户调查报告

注:建议在企业客户内部选择5个人作为深度测试用户,并确保他们能够随时配合测试。

用户使用质量评估计划如表 13-25 所示。

表 13-25 用户使用质量评估计划

任务	预计时间/天	前置条件	备注
企业客户平台环境搭建与联调	0.5	硬件服务器到位	研发人员
筛选测试人群	0.5	用户特征范围	市场人员
调查问卷设计	0.5	产品功能特性	市场人员
测试用户简单培训	0.5	提前准备产品说明资料	市场人员
车机安装和用户登记	2	提前准备好硬件设备	运维人员
深度测试实施	5	评审测试用例	测试人员
广度测试实施	30	评审测试用例	测试人员
用户调查问卷结果反馈	5	评审用户调查问卷	测试人员
用户使用结果整理	1	测试结果	市场人员
产品试用总结和测试报告	1	测试报告	市场人员

13.5 质量评估

执行用户验收测试用例，统计测试结果为 95 分，计算公式是（60%×95% +20%×100% +20%×90%）× 100 分，具体如表 13-26 所示。

表 13-26 使用质量度量结果

质量属性	质量子属性	权重	度量指标	指标统计说明	测试结果
有效性	有效性	60%	目标实现率	在没有协助的情况下正常实现的任务目标比例	通过率为 95%
效率	效率	20%	任务平均完成时间	用户在使用系统时实现目标的效率	通过率为 100%
满意度	有用性	20%	特征满意度	用户调查问卷结果反馈统计	通过率为 90%

13.6 小结

在本章中,我们从客户角度构建了车联网业务的实验局,基于用户使用质量评估模型的指导,结合部分硬件产品验收和平台功能开展测试用例设计,通过执行软硬件的测试用例评估使用质量的结果。这不仅为客户大范围地开展后续业务提供了数据支持,还为产品的改善提供了用户反馈。